Zwei Brüder

Feldpostbriefe und Tagebuchblätter

ULRICH NIEBUHR

Geleitwort zur Neuausgabe

Dr. Gustav von Rohden, mein Großonkel, hat 1917, noch während des Ersten Weltkrieges, eine Sammlung von Briefen und Tagebuchaufzeichnungen seiner Söhne von der Front in Frankreich und Galizien veröffentlicht. Sie geben ein bewegendes Zeugnis von ihrem Erleben damals in den Schützengräben des Kampfgebietes.

Zwischen dem Kriegsbeginn am 1. August 1914, dessen heute schwer zu begreifende Stimmung von nationalem Überschwang hier deutlich wird, und dem Krigesende am 11. November 1918 liegen vier Jahre militärischer Auseinandersetzungen zwischen den Großmächten von bisher nicht gekanntem Ausmaß. Es kommt erstmals in Frankreich zum sogenannten »unbeweglichen Stellungskrieg, in dem minimale Geländegewinne oft mit dem Leben von Tausenden von Soldaten bezahlt werden müssen.

In dieser Situation befinden sich die beiden Brüder Gotthold und Heinz von Rohden. Als Marburger Theologiestudenten hatten sie sich, wie zahllose Andere, in einem euphorischen Patriotismus freiwillig an die Westfront gemeldet, voller Zuversicht auf ein gutes Gelingen.

Anfangs waren die Briefe an die Eltern, Freunde und Verwandten auch von dieser Stimmung getragen. In den Folgemonaten des Jahres 1915 werden jedoch aus den Briefen und Tagebuchaufzeichnungen mehr und mehr bedrückende Frontberichte. Der Ernst der Lage, in der sich die gerade zwanzig Jahre alten Offiziere befinden, die damit verbundene Verantwortung für die ihnen anvertrauten Soldaten sowie die ständige tägliche Konfrontation mit dem Tod, bisweilen hautnah bei Kameraden erlebt, hat sie reifen lassen.

Besonders in den Briefen des jüngeren Bruders Heinz, der sich vor dem Kriege mit Elan dem Studium der Kunst, Philosophie, Theologie und Musik (Violine, Bratsche) gewidmet hatte, wird die Wandlung zu einem pflichtbewußten, sich den Gefahren stellenden jungen Offizier offensichtlich, seine inneren Kämpfe in der Suche nach dem Lebenssinn in dem bedrückenden Kriegsgeschehen besonders deutlich. Dabei ist ihm wie auch seinem Bruder Gotthold der christliche Glaube eine wesentliche Stütze.

Am 5. Juli 1916 fällt Heinz von Rohden als letzter der drei Brüder während schwerer Kämpfe gegen die russische Armee in Galizien.

Der Erste Weltkrieg wird zu Recht als die »Europäische Katastrophe des 20. Jahrhunderts« bezeichnet.

Er muss vielleicht als die entscheidende Ursache für die folgenden tiefgreifenden gesellschaftlichen, politischen und kulturellen Umwälzungen, weit über die Zwanziger Jahre hinaus, gesehen werden. Er hat letztlich zum Zweiten Weltkrieg mit seinen zerstörerischen Folgen (auch dem Kosovo-Konflikt der Neunziger Jahre) geführt.

Vielen kommt das Geschehen von 1914 bis 1918 als sehr entfernt vor – als eine Epoche, von der die Meisten annehmen, sie ginge uns Menschen des 21. Jahrhunderts nichts mehr an.

Angesichts der heutigen kriegerischen Konflikte in Teilen der Welt scheint dieses persönliche Dokument jedoch von einer beklemmenden Aktualität.

GUSTAV VON ROHDEN

Vorwort zur Erstausgabe

Zwei Brüder, zwei Marburger Studenten, zwei junge Theologen, die der Krieg zu Rittern gemacht, mit Tod und Teufel sieghaft zu streiten. Nur Zwei aus der unabsehbaren Schar der Todgeweihten, die mit Begeisterung in den heiligen Kampf zogen und ihr junges Leben für die große Sache willig hingaben!

Eigentlich waren es drei Brüder, von im ganzen fünf Brüdern drei, die denselben raschen steilen Aufstieg nahmen und ihre Aufgabe früh vollendeten. Der älteste von ihnen, Harald, am schnellsten; er war mit gleichem freudig frommen Mute zuletzt ausgezogen und zuerst, als Landsturmmann, im Priesterwalde Pfingsten 1915 sofort gefallen. So ist von ihm kein Feldpostbrief, kein Tagebuchblatt vorhanden. Gotthold hatte früher ihm innerlich am nächsten gestanden. In Marburg aber schloss er sich mit dem zweiten Bruder Heinz in demselben Studium und edlem Streben für alles Schöne und Gute zusammen und ließ sich von dem fünf Semester Älteren in das Studentenleben einführen. Zusammen erlebten sie den Kriegsausbruch und kamen an jenem denkwürdigen 1. August nach Hause, um sich alsbald freiwillig zu melden. In der Innenarbeit eins wurden sie aber erst draußen im Felde, wo Gotthold nun umgekehrt als Leutnant seinem Bruder, der wegen schwacher Gesundheit erst sechs Monate nach ihm ins aktive Heer eintreten konnte, die körperlichen und seelischen Drangsale des Soldatenlebens erleichtern durfte. Sie haben dann fast fünf Monate lang alles Schwere und Große zusammen erlebt und sind immer mehr mit und ineinander gewachsen. Sie schauten in dieser eigenartigen Lage, wo der Jüngere der wenn auch nicht unmittelbare Vorgesetzte des Älteren war, zu einander hinauf und einer stärkte sich am anderen und die Gemeinschaft des Kriegserlebnisses vertiefte und steigerte dieses. Wie sehr sie als zwei Brüder und Kommilitonen, als Gleichgesinnte zusammengehörten, zeigt die Einleitung zu Heinzens Nachruf für seinen ihm vorangegangenen Bruder, die Wort für Wort seine eigene Grabschrift hätte darstellen können, und umgekehrt Gottholds Freude an dem älteren Bruder, wie er sie in seinem Briefe vom 22. Juni 1915 ausspricht.

So mag denn dieses gleichgesinnte Erfassen und Verarbeiten des unergründlichen Kriegserlebnisses bei aller Verschiedenheit des Temperaments und Charakters den Aufzeichnungen der beiden Brüder einen eigenen Reiz verleihen. Dass bei ihrer Niederschrift nicht entfernt an Veröffentlichung gedacht war, bedarf wohl keiner Betonung. Nur schwer habe ich mich entschließen können, der dringenden Nachfrage vieler Freunde zu weichen und diese vertraulichen Blätter, die zuerst als Handschrift gedruckt waren, der breiten Öffentlichkeit hinzugeben. Wenn man aber auf sehr verschiedenen Seiten gerade diese ursprünglichen und ungefärbten Erinnerungen als besonders geeignet bezeichnete, noch vielen Kriegsbeteiligten zum Trost und zur Stärkung zu dienen, dann hatte ich kein Recht mehr, sie nur für uns und unsere Freunde zu behalten. Vielleicht haben die beiden Brüder aber auch den Nachstrebenden, dem neuen Geschlecht, dem der Wiederaufbau unseres Volkes anbefohlen sein wird, noch etwas zu sagen.

Gottholds Feldpostbriefe konnten unretuschiert sämtlich, wenigstens die an die Angehörigen, mitgeteilt werden; gerade in ihrer Lückenlosigkeit zeigen sie das innere Wachsen und Reifen des Neunzehnjährigen anschaulich auf. Nur ganz private Einzelheiten und Bestellungen sind ausgeschieden. Zur Vervollständigung der Charakteristik ist außer Heinzens Nachruf noch eine Anzahl früherer Briefe an einen Freund anhangsweise beigegeben. Ein zweites Bändchen wird Heinzens gehaltvolle Tagebuchblätter bringen.

»Kopf hoch und Augen gerade aus aufs Ziel gerichtet«

Spören, März 1917 Dr. von Rohden

Leutnant
Gotthold von Rohden

Marburg i. H., 30. Juli 1914.

Lieber Papa!

Bevor wir hier mit dem Semester Schluss machen, möchte ich Dir noch einmal schreiben und von meinen vergangenen und zukünftigen Taten erzählen. – –

Das Schönste war am vorigen Sonntag unser Sommerfest; wenn ein Rundbrief da wäre, würde ich eine anschauliche Schilderung gebracht haben, damit Ihr unsere Feste kennen lernt. Es war aber auch fein gelungen, trotz des Regens zwischendurch und trotzdem wir unseren großen Holzstoß nicht in Flammen aufgehen lassen konnten.

In dieser Woche ist das Hauptereignis die Examinierung der großen Schar Jungglieder der Akademischen Vereinigung. Ich für mein Teil habe mich tüchtig gequält, in die Fragen der Hochschule und der A. V. Klarheit zu bringen und bin natürlich zu höchst revolutionären Ansichten gekommen. Gestern ist mein Referat glücklich gestiegen – den A. V.ern nicht süß in die Ohren klingend. Ich kann mich aber mit einer Reihe von Leuten sehr gut verständigen, überhaupt sehe ich immer mehr, was für wirklich feine Menschen dabei sind, mit denen zusammen sein zu können nur ein Glück für mich ist.

Eigentlich habe ich noch nicht vor, sogleich nach Hause zu fahren, sondern ich wollte etwas unser Vaterland durchwandern und zwar habe ich das Ziel gleich sehr weit gesteckt, nämlich durch Waldeck und Hannover wieder nach Holstein. Könnte ich vielleicht bei Tante Reuter anfragen, ob sie mich für ein paar Tage brauchen kann? Allerdings ist es ein bissel weit, aber ich habe Sehnsucht nach Holstein. Wirst Du davon abraten? Bisher mache ich mit ja nur die schönsten Pläne.

In den Ferien habe ich natürlich tüchtig zu arbeiten, um den verschiedensten Anregungen nachzugehen.

Euer Gotthold

Marburg. Freitag, 31. Juli 1914.
3 Uhr. Nach Bekanntmachung des Kriegszustandes.

Ich bitte Dich, mir umgehend den Berechtigungsschein zum Einj.-Freiw.-Dienst zu beschaffen. Vielleicht reicht das Leumundszeugnis nicht aus, dann musst Du das erst besorgen. Das übrige steht ja auf dem Zettel drauf.

Es ist gut, auf jeden Fall den Berechtigungsschein in Händen zu haben. Meinst Du, dass wir sofort kommen sollen, auch wenn der offizielle Mobilmachungsbefehl noch nicht da ist? Ich halte es nicht für nötig. Gotthold

Spören, 5. August 1914.

Mein Walter![1] 's ist nicht mehr an der Zeit, ähnliche Betrachtungen anzustellen, wie in Deinem letzten Brief; das Schicksal hat uns überholt, schweigend beugen wir uns, erfüllen unsere Pflicht. Wenn Du diesen Gruß erhältst, mag manches Geschick entschieden sein. Schweigen – Arbeiten. – Am Samstag, am Tage der Mobilmachungsordre, fuhren Heinz und ich in großem Trubel von Marburg nach Spören. Ich meldete mich gleich in Halle beim 36. Inf.-Rgt. Freitag ist Untersuchung: hoffentlich halten sie mich dann auch gleich da und bilden mich aus. Heinz wartet auch in Halle auf seine Einberufung. Der älteste Bruder kann leider nicht mit, der zweite ist in Elberfeld beim Landsturm 1. Aufgebot. Deine Brüder werden auch ins Feld ziehen. Leb wohl, Walter, behüt Dich Gott. Heil und Sieg! Gotthold

1 Freund Walter Sch. – Vgl. die früheren Briefe an ihn im Anhang.

Spören (Kreis Bitterfeld), 5. August 1914.

Lieber Herr Chrestos Phaturos[2].

Für Ihren letzten Brief und die Briefmarken haben Sie herzlichen Dank. Ich habe mich sehr über Ihre Aufmerksamkeit gefreut und wollte Ihnen auch eine Menge Briefmarken schicken, aber dazu habe ich jetzt nach Ausbruch des Krieges mit Rußland und Frankreich keine Zeit. Alle, die Waffen tragen können, strömen jetzt unter die Fahnen, um ihre Pflicht als Deutsche zu tun, um Deutschlands Ehre zu bewahren und unsre Macht zu erhalten. Besonders alle Studenten, die noch nicht gedient haben oder nicht zu dienen brauchten, stellen sich dem Heere zur Verfügung.

Am 1. August erhielten wir in Marburg die Nachricht, dass bald die Mobilmachung befohlen werden würde. Wir reisten nach Hause und ich habe mich in Halle, der größten Stadt in unserer Nähe, als Freiwilliger gemeldet. Hoffentlich kann ich sogleich im Soldatendienst ausgebildet werden. Vorläufig bleibe ich natürlich im Inneren des Landes, und wir werden nur als Reserven verwandt werden. Nur wenn Gefahr ist, kommen wir in die Front. Zwei von meinen Brüdern ziehen auch ins Feld und natürlich alle Bekannten und Freunde. Wie steht es mit Griechenland? Es wird doch nicht den Serben helfen?

Als ich in Griechenland war (in Leukas), sah ich zum erstenmal etwas vom Kriege und dachte natürlich nicht daran, dass auch Deutschland so bald sein Schwert ziehen würde und Not und Elend auch uns befallen würde. Aber wir Deutschen freuen uns, dass wir solch einen tapferen Kaiser haben, zu ihm werden wir bis zum letzten Atemzug stehen und unsere Pflicht tun, auch wenn wir von drei Seiten angegriffen werden.

Meine Adresse bleibt dieselbe. Leben Sie wohl, Gott weiß, ob ich Ihnen noch einmal schreiben kann!

Ihr
Gotthold von Rohden.

2 Eine Bekanntschaft von der vorjährigen griechischen Reise zum Onkel Dörpfeld.

Magdeburg-Friedrichstadt, Baracke F, 8. 8. 14.
Samstag Abend.

Also mir ist es geglückt, vielleicht eher als Heinz. Heute bin ich nach erfolgreicher Untersuchung ins 3. Bataillon des 26. Infanterie-Regiments eingereiht. Mir geht es natürlich vorzüglich, schicke mir bitte meinen Kamm und Zahnbürste und meine Strümpfe mit Rucksack.
Herzliche Grüße Gotthold.

Magdeburg, den 11. September 1914.

Ich habe mich ausgezeichnet eingelebt in das derbe Treiben der Kaserne, es ist mir sogar ganz angenehm, dass ich unter den 9 Leuten der Stube der einzige »Gebildete« bin. Da kommt dann heraus, wer *wirkliche* Bildung besitzt. Bald geht's hinaus; meiner »Flohkiste« sage ich allerdings gerne Lebewohl, diese Nacht war wieder ganz schlimm, wenns hoch kommt, haben mir die Feinde zwei Stunden Schlaf gegönnt. Es geht mir aber außer der Erkältung ausgezeichnet. Euer Gotthold.

Magdeburg, 17. September 1914

Ihr Lieben!
Heute sind 140 meiner Kameraden, die mit mir zusammen ausgebildet sind, vollständig feldmäßig funkelnagelneu eingekleidet worden und dampfen wohl morgen nach Metz ab. Wäre ich nicht krank gewesen, wäre ich unter ihnen. – –

Nun sitze ich hier bei trauriger Tranfunzel und alleine auf der Stube, vor mir aufgeschichtet ein Berg Kommissbrote, die noch verteilt werden, die nackte Tischplatte ist notdürftig von Schmalz, Gewehröl, Putzmitteln und anderen lieblich duftenden Essenzen gereinigt.

Da sitze ich nun mit ebenso traurigem Gemüte, einsam und trostlos. Das Papier hält geduldig still. Zu Abend gabs Kakao, aber vergeblich habe ich meinen Schmerz in Strömen dieses für den Soldaten so raren Getränkes zu ersäufen gesucht. Vielleicht hilft mir dieser Schmerzenserguß über mein Leid hinweg.

Wie da einer immer prangender als der andere in den schmucken Röcken und Mänteln daher stolzierte, jeder hatte die bestsitzende Uniform, jeder den tadellosesten Soldatenmantel. Aber es ist doch interessant zu sehen, dass die Heeresleitung für so viel Krieger nicht vorbereitet war. Alle Achtung vor der Schnelligkeit der deutschen Fabriken, aber diese unabsehbaren Scharen von Soldaten konnten doch nicht schnell genug bewältigt werden. Tornister? Das ist eine langwierige, zeitraubende Arbeit, deshalb her mit den Touristenrucksäcken, die in den Fabriken aufgestapelt liegen. Ob einer etwas größer als der andere ist, der eine etwas andere Form hat, was macht das, wenns auch nicht so praktisch wie der Tornister ist. Soldatenhelme? Aber wozu tragen denn unsere Schutzleute Helme? Her damit; wenn auch noch der Name des Schutzmanns Thielemann mit seiner Nummer dran steht, da kommt ein Bezug drüber und kein Mensch sieht dem Ding seine ursprüngliche Bestimmung an. – – –

Mit einer kürzeren Dauer des Krieges wird man wohl kaum rechnen dürfen, im Gegenteil! Wenn man nur Nachrichten von Paris hätte! Heute habe ich nun gar nichts gehört, da ich in der Kaserne geblieben bin. Der Dienst bekommt mir bis jetzt sehr gut; gestern war wieder das Scharfschießen: knieend 200 Meter. Das ist nicht so einfach. Auf 200 Meter muss man schon sicher zielen können. Das ist nun das dritte Mal, dass ich diese todbringenden kleinen spitzen Dinger dem Gewehrlauf entsendet habe, ein eigenartiges Gefühl ist es doch. Sieben Menschenleben vermag solch eine winzige Spitze mit einem Schlage zu vernichten! Wann mag sie einmal sich den Schützen selbst zum Ziele wählen? – –

Und heute morgen unternahmen wir einen famosen Übungsmarsch – Spaziergang, wie es unser schneidiger Leutnant zu benennen liebte, der jetzt leider auch fort gekommen ist. Ich muss ihn Euch doch noch vorstellen. Also der reine, unverfälschte Leutnantstyp, er beherrschte mit Meisterschaft den schnodderigsten Leutnantston, und dabei doch ein ganz famoser Mensch. Die ganze Kompanie vom Fahnenjunker bis zum stellungslosen Arbeiter waren für ihn begeistert und wären durchs Feuer für ihn gegangen. Während ein anderes eben aus dem Ei gekrochenes 19-jähriges Leutnantsküken sich vergeblich den richtigen Ton anzueignen und sich mit den unflätigsten Schimpfwörtern natürlich vergebens Achtung zu verschaffen suchte, kam von den Lippen unseres Leutnants auch nicht ein einziges Schimpfwort, auch nicht das unschuldigste, und dennoch hatte er alle in herrlichem Zug und drillte die Leute ein, dass es nur so eine Freude war. Er war durchaus menschlich, nicht pedantisch, sondern den Blick für das Ganze niemals außer acht lassend. Und großartig war es, als er uns die Bedeutung des Fahneneides klar machte und über das Heiligtum unserer Fahne sprach. So etwas von reiner Herzenswärme und Innigkeit, dabei auch nicht eine Phrase, sondern alles knapp, fast abgerissen, wie man eben sich einen Leutnant reden denkt. Ich will Euch mal ein Bildchen von ihm schicken. Sch … heißt er und ist übrigens Pastorensohn.

Dieser »Spaziergang« heute morgen also war wirklich sehr nett und erholsam. Es ging weit ins Land hinaus, des Morgens in aller Herrgottsfrühe dem erwachenden taufrischen Tag entgegen. Eine reinliche Chaussee unter schwerbeladenen Obstbäumen, dann durch Dörfer, über lange Wiesen, am Wasser vorbei, ein Halt auf einem Schutzdamm gegen Elbhochwasser und allmählich zurück zum Quartier. Und solch wunderschöne Morgensonne, dass es die reine Freude war zum Wandern. In den blauen Lüften hoch oben wiegte sich ein Flieger, und ganz unwillkürlich erinnerte mich der Anblick daran, wie ich auch einmal in den blauen Fluten mich wiegte und schwamm, wie oben der Flieger im tiefblauen Luftmeer: vor einem Jahr in der Adria. Und dann musste ich meines Freundes gedenken, dem es nicht vergönnt ist, seine Kraft für sein Vaterland einzusetzen. Es ist zu traurig, ich darf nicht daran denken, es tut zu weh. Schon jeden jungen Menschen, der mir in Zivil auf der Straße begegnet, muss ich halb mitleidig beobachten, ob ihn wohl ein böses Geschick oder eigene Schuld daran hindert, des Kaisers Rock zu tragen!

Jetzt kommen die Kameraden und schicken sich an, in ihre Schlafkästen zu steigen, darum für heute gute Nacht!
Euer Gotthold.

Magdeburg, 4. Oktober 1914, 5[50] morgens.

– – Gleich müssen wir antreten zum Ausmarsch. G

Magdeburg, 7. Oktober 1914.

L. P.
Das ist das versprochene Bildchen vom früheren Leutnant. Wir sitzen hier leider noch immer und warten, vielleicht bis nächste Woche. Heute haben wir einen famosen Übungsmarsch gemacht, Tagesmarschlänge. 'S geht alles gut. Von dem vorigen Trupp, die fortgekommen, sind schon viele verwundet. – –
Herzliche Grüße Gotthold.

Kreiensen, 10. Oktober 1914, 1[15] nachts.

So, endlich wären wir so weit. Gestern Nachmittag ½6 Uhr von Magdeburg abgefahren! Leider ist noch meine schöne Lederweste fortgekommen. 15 Kameraden schlafen fest in den Abteilen. Die Bahnfahrt wird das Schönste vom Feldzug sein.
Ein dreifaches Heil! G.

Lüttich, 11. Oktober 1914
½ 9 morgens.

Heute morgen fuhren wir nach 36 stündiger Fahrt über die Grenze bei Herbestal hinter Aachen. Dass ich nach 7 Jahren im Militärtransport Barmen und Düsseldorf wiedersehen würde, habe ich mir auch nicht träumen lassen. Wunderschön war die Fahrt durchs Maastal, Friedrich wird es kennen. Und gerade am Tage der Eroberung Antwerpens sind wir ausgezogen: Omen accipio. Wohin es geht, wissen wir selber nicht. Lange Verwundetentransporte ziehen an uns vorüber, aber für jeden Kranken oder Toten treten zwei frische Soldaten an seine Stelle.

G.

Löwen, 11. Oktober 1914.

Traurig, ganz traurig siehts hier aus. Ob's nach Frankreich hinunter geht? G.

M., 19. Oktober 1914.

Wir liegen also vor Arras in Verteidigungsstellung. *Möglicherweise* noch 2 bis 3 Wochen, vielleicht wird auch Arras gestürmt, wenn Verstärkung kommt. Bei der Nachricht vom Falle Arras' denkt an mich. –

Ich habe natürlich schon *sehr,* sehr viel erlebt, wovon ich garnicht schreiben kann, denn es sieht im Krieg ganz, ganz anders aus, als in Büchern und Zeitungen steht, auch die Soldaten und die Stimmung der Soldaten ist meist ganz anders. Wenn ich so die Kriegslieder lese voll Begeisterung und Freude, dann muss ich an ganz etwas anderes denken. Aber mein Mut ist noch ebenso stolz und freudig wie in Magdeburg, ich tue meine Pflicht als Deutscher, soweit meine schwache Kraft geht. Es ist tatsächlich ein Wunder, dass mich die Strapazen in keiner Weise angegriffen haben bis jetzt.

So, dann bitte ich, mir sogleich meine Abiturientenpapiere, Studenten-Karte und Geburtszeugnis und Einjährigenschein zu schicken, da der Oberst sie sehen will, damit ich als Junker angenommen werden kann. – Zum Offiziersstand habe ich aber noch immer keine Lust, weil ich auf jeden Fall studieren möchte; was denkst Du darüber? – G.

M., 28. 10. 14.

Und wir sitzen noch immer vor Arras; es ist keine Aussicht der Einnahme, soweit wir sehen; ein Sturm wird auch nicht gemacht. Warten, immer warten und Angriffe zurückschlagen. Das 4. A.-K. steht jetzt zusammen mit dem 3. Bayerischen als 6. Armee unter Kronprinz Rupprecht. Und die Bayern sind tapfer wie die Löwen und gefürchtet vom Feind! Wir haben wieder Engländer vor uns, da solls keine Schonung geben. – Ich sitze vergnügt auf einem Steinhaufen am Eingang des Dorfes an der großen Chaussee. Es ginge mir vorzüglich, wenn es etwas mehr zu essen gäbe und es nicht nachts so kalt wäre. Erst in den Gräben! Wenn es regnet, auf nassem schmutzigen Stroh und eiskalt und nachts immer wachen. Brr! – –

M., 10. Dezember 1914

... Diesmal hat es der große Schlachtenlenker, der jeder Kugel ihre Richtung gibt, bei einer leichten Schramme bewenden lassen: das Geschoss streifte vom rechten Auge aus die Schläfe und geruhte, mir in meine Ohrmuschel ein Loch zu bohren. Leider hatte ich keine Zeit, es hinterm Ohr mit der Hand schnell aufzufangen. ... Ja, da scherzt man seelenvergnügt, aber ein unmerkliches, unbewusstes Zittern der Hand des französischen Schützen, eine leichte, unwillkürliche Bewegung des Kopfes, einen Zentimeter weiter rechts – und mein Leib ruhte unter grünem Rasen, vielmehr unter hartem Lehmboden, neben einigen erfrorenen Runkelrüben! – Wie nun der Franzmann dazu kam, mir eingefleischtem Duellgegner einen kunstgerechten Mensurschmiß, dazu das doch ziemlich zwecklose Loch zum Ohrringaufhängen oder Bleistiftdurchstecken beizubringen, das will ich Euch erzählen.

Sonntag Abend, im Schützengraben, kommt Unteroffizier B … zu mir gegen ½ 8 Uhr und fragt an, ob ich nicht mit auf *Patrouille* wollte, denn er weiß, dass ich zu solchen kleinen Unternehmungen immer sofort zu haben bin. »Aber mit dem größten Vergnügen, ich wüsste wirklich nicht, was ich lieber täte.« Denn die ganze Nacht hindurch vor unserer Stellung mit drei Mann Drahthindernisse zu verbessern und neue zu ziehen, wie ich es kürzlich bei den Pionieren gelernt, und wozu der Gefreite v. R. eben kommandiert war, dazu hatte der betreffende Gefreite herzlich wenig Lust. Die vorige Nacht hatte ich allerdings schon zur Zufriedenheit der Vorgesetzten meinen Auftrag ausgeführt. Drei andere, selbstverständlich junge Kriegsfreiwillige, melden sich, einige andere werden kommandiert, da aus bestimmten Gründen die Patrouille stark sein muss, und um 8 Uhr gehts los. Das Wetter ist günstig. Ziemlich duster, der Mond noch nicht aufgegangen und jagende Regenwolken, die ab und zu einen nassen Schauer herabsenden. Allerdings scharfer Südwind, der jedes Gespräch leicht dem Feinde zuträgt. Über die Lage einiger feindlicher Gräben ist sich unsere Leitung nicht recht klar, auch scheint ein neuer angelegt zu sein, jedenfalls sollen wir das Gelände nach Neuigkeiten durchstreifen. Von unserer Stellung aus geht eine Chaussee nordsüdlich auf A … los, die geht es immer zuerst entlang. 200 Meter vor uns liegt ein einzelnes, schon zerschossenes Gehöft, das »hat es in sich«. Was dies »Weiße Haus« uns schon geärgert hat! Von ihm aus geht ein Graben zur feindlichen Stellung und daher sind abwechselnd französische und deutsche Patrouillen in diesem Haus, und über kurz oder lang wird es doch zu einem blutigen Stelldichein dort kommen! Und immer von neuem muss das vertrackte Weiße Haus durchsucht werden. Das fängt allgemach an, unheimlich zu werden. Es liegen da in Stall und Kammer tote Franzosen, wohl acht Wochen schon, – ich kann's Euch nicht beschreiben. Voriges Mal ging ich mit vorgehaltenem Bajonett, während der Hintermann leuchtete, in den düstern Keller, wo noch viele deutsche Helme, Patronen usw. liegen. Na, Ihr könnt Euch die Lage doch schwer vorstellen. Also diesmal schleiche ich nur mit zweien um den heißen Brei herum, das soll genügen. Dann vorsichtig weiter. Ich mit meinen beiden Freiwilligen im linken Chausseegraben, die anderen rechts. Wir kennen das Gelände schon, aber sicher sind wir nicht; jede Sekunde müssen wir Soldaten dem Tod ins Auge schauen können. An der ganzen linken Seite des Weges, der auf beiden Seiten mit hohen Böschungen eingefasst ist, sind Meter für Meter verlassene Deckungen, eine alte Stellung der 26er, und in jedem Loch kann, vollkommen gedeckt, ein Franzose hocken und dem Vorbeigehenden eine Kugel in den Kopf jagen. Aber es hilft nichts, deshalb gerade gehe ich auf dieser Seite. Wieder nach 200 Metern eine leichte Biegung der Straße nach rechts. Verdoppelte Vorsicht. Mein guter Unteroffizier hat heute wenig Lust, das Wetter ist auch zu schlecht. So schleiche ich mit meinen Getreuen, scharf spähend, den Finger am Sicherungsflügel, vorwärts von Baum zu Baum. Hockt da nicht knapp vor uns ein dunkles Etwas im Graben? Die Pulse gehen schneller, die Nerven sind gespannt. Hinter dem Stamm geduckt, wird geäugt. Dann ein schneller Schritt – ja da hockt einer, dem aber unser blankes Seitengewehr nichts mehr anhaben kann: tot. Unser einziger Gedanke: Hätte der dumme Kerl doch vorher sagen sollen, dass er tot ist und uns nicht unnötigerweise einen Schrecken einjagen! Auch nicht eine Spur von Sentimentalität, die Nervenkraft wird restlos aufgebraucht durch schärferes Anspannen des Auges und noch mehr des Ohres. An meinem Ohr hinter mir flüstert's erregt: »Da, da, zwei Franzosen, jetzt drei.« Ich weiß, dort ist der Graben, aber ruhig Blut, am Ende sinds die bekannten emporgeschossenen Rübenstauden, auf die schon manch einer seine Kugel gerichtet hat. Nach langem, lautlosen Beobachten entscheide ich für mich: nein, optische Täuschung. Also weiter. Wir kommen an einen Feldweg, der unsere Straße quert; die Böschungen haben sich abgeflacht, nach rechts und links haben wir beschränkte Aussicht, können aber auch leicht selbst beobachtet werden. Dort am Weg beginnen die feindlichen Drahthindernisse, 20 Meter hinter jener Biegung muss der starke Posten stehen. Wir haben Glück. Ein rauschender Regen setzt ein und mit ziemlicher Sicherheit können wir annehmen, dass der französische Posten, Kragen hochgeklappt, Mütze über die Ohren den Regen sich auf den gekrümmten Rücken trommeln lässt, dass er uns seine verehrte Rückseite zudreht, also nicht aufpasst. Drum schnell die Drahtschere heraus, die ich mir vorsorglich am Anfang zugesteckt, und knips, – »Kinder, was ist die Schere stumpf, da drückt man sich ja die Finger lahm«. Aber es geht. Allerdings ist es mit dem Schaden nicht weit her, ich bin an schon einmal zerschnittenen Drähten, die auch nicht das Haupthindernis darstellen. Da geht auch eine Art Telefondraht geradeaus weiter nach der feindlichen Stellung zu, hat der wohl eine Bedeutung? Ich ziehe ein bisschen, nichts zu hören, also wohl kein Klingeldraht; schwups, ist er durch. Gestern hörten wir vom Major, dass die Franzosen besonders vor Arras in glatten Drähten nach vorne elektrische Hochspannung führen! Da hätte ich mir die Finger arg verbrennen können.

Schon einmal war der Befehl vom Unteroffizier gekommen, zurück zu kommen, ich hatte ihm sagen lassen, er könnte meinen Rücken decken und warten, bis ich wieder zurück wäre. Jetzt heißt es: »Direkter Befehl, sofort kehrt!« Er verzichtete darauf, sich noch weiter durchnässen zu lassen. Geschimpft hab ich wie ein Rohrspatz, das Hauptvergnügen sollte jetzt erst losgehen. Aber Befehl ist Befehl. Sorgloser gehen wir zurück bis zur Biegung. Hier geht ins Feld hinein, nach rechts ein verlassener Schützengraben; den kenne ich von dem vorigen Gang, von dessen Ende ab lässt sich wieder Neues auskundschaften. Also vor, die beiden Getreuen mir nach. Am Ende des Grabens machen wir links um. Einer früheren Beobachtung nach muß nach 200 Meter Vorgehen der linke Flügel eines französischen Schützengrabens beginnen, wir stehen also im Rücken des Feindes. Der Unteroffizier ist uns nachgekrochen. Schon glaube ich, vor uns den Feind zu erkennen, da taucht halb rechts ein höchst verdächtiges schwarzes Etwas auf. Hinlegen! Mitten in den Dreck. Mäntel haben wir wegen Behinderung am Laufen nicht an. Schussbereit. Lange, atembeklemmende Pause. Da lösen sich aus dem Schwarz gegen helleren Hintergrund sichtbare dunkle Silhouetten, werden größer, kommen schnurstracks auf uns zu. »Kehrt, marsch, marsch!« Schon ist der Unteroffizier mit einem Mann verschwunden. Ich hatte mich noch nicht vollständig vergewissert, drum blieb ich noch liegen. Aber kein Zweifel, eine stärkere französische Patrouille kommt auf uns zu, muß uns also vorher schon bemerkt haben. An Widerstand können wir beide nicht denken, trotzdem mein tapferer Begleiter auch jetzt noch die Flucht nicht ergreifen will.

Schade, unser Vorhaben ist vereitelt, wir müssen tiefgeduckt uns schleunigst im schützenden Dunkel den Kugeln der Feinde zu entziehen suchen. Allerdings ist es kein angenehmes Gefühl, jeden Augenblick eine Kugel im Rücken erwarten zu müssen. Wie Blei haftet der klebrige Ackerboden an den Stiefeln, endlich ist unsere Chaussee erreicht, wir rutschen noch nicht die steile Böschung hinab, wir haben ja Zeit. Mein Kamerad ärgert sich und brennt den Hallunken noch schnell eins auf den Pelz. Dann geht's langsam hinter den anderen her, die ausgepustete Lunge muß zur Ruhe kommen. Die anderen machen sich durch Signale bemerkbar, sie haben wieder aus dem weißen Haus Franzleute schleichen sehen und das Feuer aufgenommen. Auch ich schieße auf unsere Verfolger und die neuen Feinde, an der Böschung liegend. Zu sehen ist im Stockdunkel jetzt nichts mehr. Wenn sie es schlauer angefangen hätten, hätten die Dummköpfe uns leicht abfangen können. Wir lassen mit unseren Salven nach, die andern machen sich auf den Heimweg. Da fühlte ich am rechten Ohr, als ob einer das Gewehr auf meiner Schulter abgeschossen hätte, wie eine kräftige Ohrfeige. Mein Kamerad sieht mich etwas hinsinken und als ich ihn frage, ob denn wirklich etwas nicht in Ordnung sei, bestätigt er: »Ja, da tropft das Blut und durchs Ohr ists gegangen.« »Nee, so eine Frechheit! Habs nicht glauben wollen.« Noch ein paar Kugeln pfeifen uns um die Ohren, dann gehts endgültig den heimatlichen Penaten zu. »Parole«: »Brezel«. Warum gerade Brezel, das kann ich nicht sagen, sonst sind die Parolewörter viel netter, »Hindenburg« oder »Drahthindernis«, das können die hauchlosen Franzleute nicht aussprechen.

Ich wurde natürlich mit allgemeinen »oh« und »ach« aufgenommen, der eine drückte mir sein herzlichstes Beileid aus, der andere gratulierte usw. Beim Bataillon am nächsten Tage war der Major sehr freundlich, ließ mir nach dem Essen durch seinen Adjudanten »Konfitüren« überreichen, und heute erkundigte sich der Herr Oberst durch den Stabsarzt nach meinem Befinden. Nun, das ist natürlich sehr gut, zwei tage sitze ich hier bei meinem Feldwebel, dann geht's nach B …, wo wir teilweise 50 Meter von dem feindlichen Posten entfernt liegen werden, zur Ablösung des 2. Bataillons. Gotthold.

M., vor Arras 11. Dezember 1914

Lieber Papa!

Für Deinen Brief vom 24. Nov. hab herzlichen Dank. Es hat mir viel Freude gemacht, mal ausführlich etwas zu hören, vor allem Eure Meinung (betreffend Offizierslaufbahn). Auch danke ich Dir recht herzlich für das Blatt »Christentum und Gegenwart« von Rittelmeyer und Kern. Die Aufsätze sind ja ungeheuer inhaltsreich. Ich habe tatsächlich bis jetzt noch nicht dergleichen gelesen. Schickt mir nicht zu viel Drucksachen, aber *gute*. Z. B. »Wir daheim« oder andere. Das meiste ist mir aus der Seele gesprochen, ich hab's nur nicht so ausdrücken können. Der eine Gedanke hatte mir schon lange keine Ruhe gelassen, und ich bitte ihn zu beherzigen. Ich bin nicht mehr ich, sondern ein Teil der Volkskraft, die sich für das Vaterland aufbrauchen und aufopfern muß. Darum weg mit der ängstlichen Sorge um meine Person, Ihr müsst schon längst abgeschlossen haben wie ich; komme, was kommen mag, es geschieht Gottes Wille, zum Heile Deutschlands. Auch das Schwerste, wenn ich krank oder ein Krüppel werden sollte, auch darein hab ich mich gefunden.

»Der deutsche Kriegsmann« – »Gottesruhe im Kampf« – »Eine feste Burg«. Lest doch, ich bitte herzlich darum, es ist eine Weihnachtsbitte, lest diese Aufsätze in größerem Familienkreise, wenn alle da sind, vor und denkt an uns, an Schwager Kurt Klien [soeben gefallen], an mich, oder wer es ist, dann wird jede unnütze Sorge vergehen wie fade Spreu. Denkt, dass ich spreche, was da gesagt wird. Möge Gott seinen Funken in mir entflammen, dass dieser christlich deutsche wuchtige Geist brennen bleibe und nimmer verlösche. Ich muß viel an R. K. denken, einen unserer Marburger A. B.er, der mit dem reinsten, edelsten und feinsten Charakter. Der musste hin. Eine Künstlernatur. Lasst Euch von Heinz erzählen. Alle liebten sie ihn. Beim Sommerfest, dem letzten Abschied, sprach er die Abschiedsworte, so tief und aus dem Herzen kommend, dass sie niemand vergessen wird. Ja, die A. B.! ...

In zwei Tagen nehmen wir eine neue Stellung ein am Rande vor Beaurains. Unsere Stellung ist besser aber gefährlicher. Eine Abwechslung tut jedenfalls gut.

Aus gepresstem Herzen kommen dann noch Andeutungen von inneren Nöten, die ihm die nunmehr gebotene geistige Anpassung an das streng konservative Offiziers-Standesbewusstsein bereitet. Er nahm alles tief und ernst und mochte Standesvorurteilen nicht weichen.

Äußerlich geht es uns ja sehr gut, nur bin ich dauernd erkältet. Desto mehr muß ich innerlich schwer arbeiten. Meinen Geist kann ich auf keinen Fall dem des Offizierskorps anpassen ... Da Ihr mich so vollkommen in Freiheit dressiert habt, kann ich mich nicht darein finden, ich müsste eine Partei für mich bilden, wenn ich nicht Gesinnungsgenossen finde, was auch möglich ist. Ich müsste mir selbst etwas vergeben. – – Es ist ein Geist, dem unser A. B.er Geist schnurstracks entgegengesetzt war. Darum ist die Lage jetzt *sehr* schwer für mich, aber ich werde mich durchfinden und meinen Weg gehen, wie ich es vor Gott und meinem Gewissen verantworten kann. Dass Ihr mich alle lieber nachher wieder als stud. theol. sähet, hatte ich erwartet, damit gerechnet. Es lässt sich jetzt keine Entscheidung treffen. Ihr müsst Euch gedulden und mir die Sache überlassen. – – Also abwarten, die Sache wird schon gut gehen, weil sie gut gehen *muß*.

B., 21. Dezember 1914

Ihr Lieben! Heute ist Wintersanfang, da gabs im Kasino, wo Offiziere und Feldwebel gemeinsam zu Mittag speisen, eine feine Frühlingssuppe! – Wir müssen jetzt tüchtig aufpassen, da die Franzosen ziemlich dreist werden. Der Fähnrichdienst, bis jetzt Beaufsichtigung und Beobachtung, sagt mir sehr zu, ich komme mit den Leuten vorzüglich aus. Die feindliche Artillerie ist wieder sehr tätig – immer wieder bin ich den Dingern knapp entkommen, aber man achtet nicht mehr drauf.
Es grüßt von Herzen Gotthold.

B., vor Arras, Nordfrankreich
Am zweiten Weihnachtstag d. J. 1914

Ihr Lieben!

Vor zwei Jahren feierte ich auch nicht das Weihnachtsfest zu Hause, da lag ich krank in schwesterlich liebreicher Pflege in Markgrafpieske. Da schrieb ich einen Weihnachtsbrief, der aus dem Innersten kam, und bei Euch, das weiß ich, Widerklang fand. – Dass ich heute überhaupt Euch noch schreiben kann, das ist eine ganz wunderbare, für menschlichen Verstand fast unerklärliche Fügung. Ich habe auch Weihe-Nacht gefeiert, aber auf ganz andere Weise als Ihr. Davon will ich berichten.

Den Weihnachtsabend waren wir gespannter auf dem Posten, weil die Franzosen wohl einen Angriff versuchen konnten. Der Halbmond strahlte in voller Helle – ein recht ungünstiges Wetter zum Patrouille gehen. Sechs Kriegsfreiwillige vertrauten sich meiner Führung an, und nach Einbruch der Dunkelheit krochen wir los; der Feind ist kaum 400 Meter entfernt. Eine natürliche Böschung führte auf den Feind zu, so dass wir in ihrem Schatten bis ziemlich dicht herankamen. Während Ihr fröhlich unter dem leuchtenden Weihnachtsbaum saßest, und die Kinder gespannt auf das Abnehmen des schneeweißen Leinens von den Geschenktischen warteten, während dann einer des anderen Herrlichkeiten gebührend bewunderte und Ihr vielleicht später gemütlich und traulich beisammen saßet und Euch einfach über dieses Beisammensein freutet, da kroch ich Schritt für Schritt, immer mit voller Nervenkraft auf jedes Geräusch oder dunkles Etwas gespannt achtend, auf den vor mir liegenden feindlichen Graben los. Nun war ich soweit, dass ich nur noch einen »Sprung« zu machen gedachte. Doch endlich waren die Franzleute vor uns aufmerksam geworden. Die ersten scharfen Schüsse hallten durch die schweigende »stille Nacht«. Wir vier Leutchen, zwei hatte ich zur Sicherung gegen Umzingelung zurückgelassen, hockten hinter einer kleinen Deckung. Mein fester Entschluss war sofort: Verteidigung wäre unser aller sicherer Untergang, denn schon kamen sie von rechts und geradeaus auf uns zu, ein Einkreisen würden wir nicht verhindern können; also zurück. Gesehen und beobachtet hatte ich genug. 30 Meter hinter uns ist wieder eine kleine Deckung. Noch sind wir nicht dahinter verschwunden, als eine der vielen Kugeln meinen Kameraden Karl Winter niederstreckt. Ein anderer, dem eine Kugel am Arm durch Mantel und Rock, eine andere zwischen den Beinen durch den Mantel fuhr, wollte auch zurückbleiben, aber auf meinen strikten Befehl rettete er sich ins Dunkel; der vierte war kopflos davon gelaufen und hatte die ganze Kompanie mit Hauptmann durch die Nachricht von meiner und W.s Gefangennahme in die helle Aufregung versetzt. Die Franzosen kamen näher, mein Schicksal schien mir vollkommen besiegelt: Ade jetzt Ihr da drüben und Ihr zu Hause, wenn die Franzosen Menschen sind, dann vielleicht auf Wiedersehen nach dem Kriege! Allein lassen konnte ich W. selbstverständlich unter keinen Umständen. Jede Sekunde erwarte ich den Feind um meine Deckung biegen, – aber Gott hat es anders vorgehabt mit uns: An der Stelle, wo wir kurz vorher gestanden, machten sie halt und unterhielten sich laut, offenbar über diese nächtliche Ruhestörung. Da lag ich nun neben dem Verwundeten, bettete seinen Kopf weich, flüsterte ihm Trost und Mut zu, suchte seine Wunde am Oberschenkel zu verbinden und dachte über die Christnacht nach und – – über mancherlei anderes. Und gerade diese Nacht hat uns wohl gerettet, denn der Franzmann hatte offenbar das Fest mit Alkohol zu feiern gesucht, und sang nun laut in die Nacht hinein: Marseillaise, God save the King, ein Weihnachtslied und Soldatenlieder. Einer brüllte hinüber: »Sie wollen nach Paris? Sie nach Paris kommen *nicht*.« Unsre drüben sangen Weihnachtslieder mehrstimmig und unsere Vaterlandslieder. Wenn einer ein Solo gab, klatschte das Gegenüber Beifall, mäuschenstill lauschte der Franzmann unseren klangvollen Christnachtsliedern, die Ihr zu gleicher Zeit auch wohl gesungen. Der Feind vor uns ist abgelenkt und denkt auch nicht daran, durch eine Patrouille das Gelände vor sich aufzuklären; nur einmal wird er auf die Bewegung und das Stöhnen aufmerksam, aber die Kugeln gehen über uns weg. Als ich den starken Blutverlust sah, denke ich schon daran, mich laut zu melden und gefangen zu geben, um dadurch vielleicht W. vor dem Verbluten zu retten. Der Hauptmann hat mich ausgelacht, als ich ihm das erzählte, ich wäre noch immer ein zu naiver Idealist, ob ich geglaubt hätte, dass der Feind sich großartig um einen deutschen Verwundeten gekümmert hätte! Zum Glück brachte mich W. selbst schnell von dem Gedanken ab: »Nur nicht gefangen«. Lauter wieder flüsterte er: »Kommen sie nicht und holen uns?«

Als ich ganz allmählich hoffen durfte, dass die Franzosen uns vor der Hand nicht entdecken würden, da musste ich auch über einen Weg zur Rettung sinnen, so unmöglich sie im ersten Augenblick erschien, und ich beobachtete mit sehnlicher Ungeduld, wie der niedergehende Mond allmählich die Schatten der Böschung länger werden ließ. Was ich alles in den zwei Stunden empfunden, bis es tatsächlich dunkler geworden war und ein tapferer Krankenträger doch bis zu uns hingeschlichen kam, obwohl er nicht wusste, wo wir lagen, wie weit vor, ob überhaupt noch – er hätte ja 10 Meter vorher Kehrt machen können – das lässt sich nicht in ein paar Sätzen wiederholen; nur das eine will ich Euch sagen, dass ich vollkommen ruhig war und mich keinen Augenblick vor dem Kommenden fürchtete, weil ich mich in einer höheren Hand wusste. Auch macht das Bewusstsein, einem anderen Menschen der einzige Schutz und Trost zu sein, selbst stark und sicher. Wenn Ihrs nicht kennt, so lest einmal das Flugblatt von »Christentum und Gegenwart«, »Gottesruhe im Kampf«*. –

Am nächsten Mittag fragte der Hauptmann scherzend: »Wer hat sich in der Nacht am meisten geärgert?« »Der Herr Hauptmann«, ist die prompte Antwort. Stimmt. »Aber wer hat die meisten Ängste ausgestanden?« »Natürlich der Fähnrich« – hätte man meinen sollen, und alles stimmte dem Hauptmann zu, mein Protest half nichts. –

Wir hoffen fest von dem neuen Jahr 1915, dass es uns den endgültigen Sieg gebe, ich wills nicht an meinen schwachen Kräften fehlen lassen, habt auch Ihr fröhlichen Mut.
Euer Gotthold.

* Ein Stück dieses berühmten Flugblattes, an dem auch unser Gotthold sich erquickt hat, mag hier seine Stelle finden: Der Mensch steht ohnmächtig unter dem Eindruck absoluter Vernichtung. Und doch kann ein Gedanke diesen Eindruck völlig beherrschen: jedes dieser Geschosse fliegt seine Bahn nach *einem Willen,* nach dem Willen Gottes, keines wirkt anders, als *er* beschlossen hat, schon ehe du geboren warst; diese ungeheure Vernichtungskraft ist gegenüber Gottes Macht schwächer als das Haften eines Staubteilchens, das des Menschen Atem verweht, ohne dass er es gewahr wird. Dieser Gedanke gibt Kraft; nicht den Nerven, aber dem Herzen. – – Eine Stunde lagen wir so; weit über hundertmal spieen die Batterien ihre Geschosse zu uns herüber. Wie anderen zumute war, weiß ich nicht. Ich aber war in diesem Gedanken völlig ruhig; wenn ich als Kind Tadel erwartete, hat mich das oft in größere Sorge versetzt als dies drohende Unheil, dies Erwarten der Vernichtung. Es ist eine ungeheure Kraft, dies Bewußtsein in Gotteshand zu ruhn. – – Gebetet habe ich in dieser Stunde nicht, aber nie im Leben hatte ich *so* das Gefühl, in Gottes Arm zu liegen, wie ein neugeborenes Kindchen im Arm des Vaters ruht. Ich glaube nicht, dass mich dies Gefühl je wieder verlassen wird. – –

Vor Arras! An der Wende des großen Jahres.

Das alte Jahr hat der unsagbaren Not so viel gebracht, das neue wird noch mehr bringen. Im alten brach im ersten Sturm der Begeisterung das Beste der Menschenseele hervor, im neuen heißt es Ausdauer, Bewährung. Das wird schwerer sein: Seid auch Ihr stark in der Liebe und bleibt es; verliert nicht den guten Glauben an unser Volk und bleibt stolz und getrost, auch wenn ich nicht heimkehre – ich will keine schwächliche Trauer. Seid alle Gott befohlen. Euer Gotthold.

27. Januar 1915.

Gestern wurden wir mit starkem Artilleriefeuer beschossen, mit unheimlicher Treffsicherheit schlugen einige Schrapnells in den Schützengraben und forderten ihre Opfer. Wenn ein Geschoss nicht explodiert, heißt es Blindgänger, wenn nur der Zünder und der Inhalt herausfahren ohne die eiserne Hülle zu sprengen, Ausbläser. Jeder Soldat hat von solchen Blindgängern und Ausbläsern zu erzählen, denen er sein Leben verdankt, auch gestern fuhr ein Blindgänger ganz in meiner Nähe in den Graben, den ich nicht hätte voll explodieren mögen sehen. Bei den Soldaten heißt es: Wen es treffen *soll,* den trifft es eben, der andere kann ruhig seines Weges gehen! –

Dem Papa danke ich herzlich für seinen Brief, er braucht sich nicht so zu sorgen, ich werde schon meinen Weg gehen, auch wenn er nicht leicht ist. Nochmals von Herzen G.

An Fräul. Erbkam in Steglitz, bei der Gotthold im letzte Schuljahre gewohnt, nach dem Tode ihrer Schwester:

Vor Arras, 29. Januar 1915.

– – – – Eine ruhige Nachtstunde, wo nur die Posten schweigend ihre Pflicht tun, soll meine Gedanken nach meiner mütterlichen

Freundin scheifen lassen. Nur soweit soll dies ein Trost sein, als eben das Bewusstsein, dass aus der Ferne irgend jemand von Herzen meiner gedenkt, mir wie ein Trost sein kann. Den andern Trost gibt Gott in das Herz, auch den Trost im Alleinsein …

Als Zugführer, der für das Wohlergehen und die Verteidigungsstellung von 60 Mann verantwortlich ist, habe ich meine Gedanken zusammenzunehmen. Wer hätte das denken können, als ich noch ein fröhliches Studententum vor mir haben zu können glaubte! Aber vielleicht reift diese schwere Zeit, wenn auch durch so mancherlei ungewohnte Erlebnisse die Unbefangenheit nie zurückkehren kann. Jetzt muss sich zeigen, was an dem Menschen ist, ob er als innerlich gebrochener, verlebter Mensch aus dem großen Strudel der grausamen Erlebnisse heimkehren wird, oder ob ihn dieser gewaltige Ansturm noch in seinem Charakter stärken konnte. Helfe Gott, dass wir Deutsche, wenn auch, wenn es sein muss, äußerlich als Krüppel, doch als innerlich gesunde Menschen heimkehren!

M., 30. Januar 1915

Ihr Lieben!

Nun ist aus dem jungen Studenten der Theologie, der in heller Begeisterung als Kriegsfreiwilliger ins Feld zog – einer unter zwei Millionen – über Nacht ein Kgl. preußischer Leutnant geworden. Ich sagte es schon einmal, der Krieg ist ein merkwürdiges, dem gewöhnlichen Menschenverstand ganz unerklärbares Ding, und wenn beim Militär es schon so hergeht, dass man seinen geläufigen Zivilverstand umkrempeln muß, so geht es im Kriege vollkommen unvorschriftsmäßig her, und da der Verstand nun einmal nicht stillstehn darf, so tut man seine Pflicht weiter, so gut es geht und überlässt die Sache und die Zukunft einem Höheren.

Schade, dass ich meine 2. Kompanie verlassen muss; wohin es geht, weiß ich nicht; der Bataillonsadjudant, der mir sehr gewogen ist, fragte mich, ob ich Interesse für die Maschinengewehre hätte. Das wäre so etwas. Nun, ich werde Euch bald mehr schreiben. – –

Neulich ging der General durch unsere Stellung, wo ich ihm als Zugführer die Stellung meines Zuges zeigen durfte.

Und dies ganze militärische Leben, mit all seinen Förmlichkeiten, dies Kriegsdasein – es ist nur das Äußerliche, das Körperliche; dass nur der Geist stark und gesund bleibe und die Seele rein! Gestern Abend erhielt ich einen langen Geburtstagsbrief von Harald, der mir mehr zu denken gab und mich mehr freute, als es zehn Beförderungen vermocht hätten.

Freuen tue ich mich natürlich doch, wenn ich mich auch gewaltig anstrengen muss.

Euer gedenkt in herzlicher Liebe Gotthold.

Er hatte Grund sich zu freuen. Waren doch seine Vorgesetzten in hohem Maße mit ihm zufrieden, wie der Hauptmann nach Hause schrieb:

M., den 1. Februar 1915

Hochverehrter Herr Pastor!

Gestern wurde Ihr lieber Sohn zum Leutnant in unserem Regiment befördert und deshalb verlässt er heute meine Kompanie, um bei der Masch.-Gew.-Komp. weiter Dienst zu tun. Es drängt mich Ihnen, hochverehrter Herr, und Ihrer Frau Gemahlin zur Beförderung Ihres Sohnes meine herzlichsten Glückwünsche auszusprechen. Ihr Gotthold war mir stets ein lieber Kamerad und ich sehe ihn ungern zu einer anderen Kompanie gehen. Aber es geht aus dienstlichen Gründen nicht anders. Sein liebes offenes Wesen und seine wohlüberlegte Art hat mich stets erfreut. Es mag ihm zuerst recht schwer gefallen sein, sich einzuleben, und vor allen Dingen wird er manche eigene Ansicht, die sehr anerkennenswert ist, dem allgemeinen Wesen unterordnen müssen. Aber gerade seine Ansichten, die zuerst etwas übertrieben schienen, sind so schätzenswert für uns alle und er hat sich durch sein Auftreten unter Vorgesetzten und bei seinen

Untergebenen viel Freunde erworben. Zu seinem vorzüglichen Charakter gesellen sich bei ihm die guten Eigenschaften, die wir gerade jetzt bei unseren Offizieren brauchen: das enge Zusammenleben und -fühlen mit den Leuten, das vorbildliche Verhalten, die nicht ermüdende Ausdauer und vor allem auch sein persönlicher Mut, gepaart mit unerschütterlichem Gottvertrauen. Er wird, wenn er sich weiter so an die ihm doch immerhin fremden Verhältnisse gewöhnt hat, ein vorzüglicher Offizier sein. Seine Gott sei Dank nur leichte Verwundung ist vollkommen ausgeheilt. Er hat sich das Eiserne Kreuz wohl verdient, aber abgesehen davon, dass es von der Eingabe bis zur Verleihung immer eine ganze Weile dauert, hat seine Bescheidenheit die Auszeichnung hinausgeschoben.

Ich werde stets mit besonderem Interesse die Wege ihres mir lieb gewordenen Sohnes verfolgen und hoffe von ganzem Herzen, dass Sie ihn nach hoffentlich recht baldigem ehrenvollen Frieden wohlbehalten in Ihre Arme schließen können. – –
Weiße, Hauptmann

B., 19. Februar 1915.

Ihr Lieben
Wo anfangen, und wo aufhören!? Ich bin erschlagen von all den vielen lieben Briefen und Grüßen, die zum Geburtstag, zur Beförderung und sonst noch zu mir gekommen sind. Ich finde mich nicht mehr durch. – Mich interessiert es immer sehr, wenn Ihr über die Verhältnisse in der Heimat schreibt, ob und was man vom Kriege merkt. Sind die Brotmarken schon im Betrieb? Hört man etwas von steigender Not bei der ärmeren Bevölkerung in den Städten? Wir verfolgen die Zeitungen genau, aber das Interessanteste hört man doch durch Briefe. In einiger Beziehung leben wir besser als Ihr – in einer Bäckerei werden für Offiziere Brötchen gebacken! Im Felde also fristet dieses fast unentbehrliche Gebäck noch ein wenig länger sein Leben, bald wirds aber auch verschwinden. Wir haben aber auch ein gewis-

ses Recht zu solcher Schlemmerei, denn wir machen uns doppelt verdient ums Vaterland: neben unserem Kriegshandwerk betreiben wir großzügigen Ackerbau. Der Hauptmann, Besitzer größerer Güter in der Altmark, hat die Sache unter sich. Da sieht man ein Bild des tiefsten Friedens, dreißig und mehr Gespanne pflügen bedächtig die weiten äußerst fruchtbaren Felder, düngen, säen, als ob das Land unser wäre! Das fleißige Gesurre der Dreschmaschine klingt im Hofe, viele hundert Zentner des besten Weizens haben wir schon nach dem Sammelort abgeliefert, in unserer Umgebung steht kein Korndiemen mehr. Nur das Feldgrau der Arbeiter erinnert daran, dass es preußische Soldaten sind, die eben in jede Lage sich zu finden wissen.

Die Soldaten! Ich könnte Bände schreiben über meine Beobachtungen des Soldaten. Was ist alles über den Geist der Truppen geschrieben worden! An Harald habe ich mich darüber etwas ausgelassen, um ihm einige Winke in sein beginnendes Soldatenleben mitzugeben. Vetter Hermann hat recht, von der alten Garde ist leider nur noch ein Bruchteil übrig. Und die sehnen sich nach Hause. Man sollte meinen, dass die alten Soldaten es in der Kaltblütigkeit schon durch lange Übung weit gebracht hätten. Aber ich rechne nicht mit den Nerven. Jetzt ist es der junge Kriegsfreiwillige, der sich zu jeder Patrouille meldet, der interessiert zuschaut, wenn Schrapnells in der Nähe platzen, während alles andere schleunigst »volle Deckung« nimmt. Köstlich sind diese Szenen. Und wir im I. und III. Bataillon haben es noch gut gegenüber den Soldaten in B. ..., wo ich Weihnachten lag. – Vielleicht habt Ihr zufällig den Bericht des franz. Generalstabs vom 15. 2. gelesen. »Südlich Arras, bei B. wurden feindliche Schützengräben zerstört.« Hier ein Beispiel wie man derlei Meldungen zu bewerten hat. Zerstört? Vielleicht durch Artillerie so zerschossen, dass wir die Gräben räumen mussten? Vielleicht gar im Sturm genommen und zerstört? Nichts dergleichen. Am 15. nachmittags hörten wir eine kolossale Kanonade, wie sie nur im Anfang Mode waren. Da muss was los sein! dachten wir uns; und richtig, alles wird alarmiert, übertriebene Gerüchte schwirren umher, die Franzosen sind schon in B., zwei Kompanien sind in die Luft gesprengt usw. Tatsächlich hatten die Franzosen gerade hinter der Front einen gewaltigen Krater durch Sprengung entstehen lassen, dann 2000 Granaten ins Dorf geschickt und einen Angriff versucht, aber als einige wohlgezielte Schuss vor ihren Kolonnen einschlugen, schleunigst Kehrt gemacht. Der ganze Erfolg war: bei uns ein Verlust von im ganzen 6 Toten und einigen Verletzten. Das sind die zerstörten Schützengräben. Allerdings ist es in der dortigen Stellung nicht gerade gemütlich zu hausen. Das nächste Mal können die Berechnungen besser stimmen und die Minengänge unter unseren Gräben ihr Ende haben. Wir ergreifen natürlich Gegenmaßregeln, aber dieser ganze Minenkrieg ist doch das Unheimlichste mit bei diesem Kampf bis aufs Messer. – Bei aller Grausamkeit muß der Humor doch immer wieder seinen Spaß treiben. Mit den riesigen Lehmmassen flog auch ein großes Lager von Hausschuhen, Damenstrümpfen, Wäsche usw. in die Luft, die ein Kaufmann in berechtigtem Zweifel an unserer vollkommenen Harmlosigkeit mitten im Acker vergraben hatte. Das war die Erklärung dafür, dass ich soviel Leute in schönen Segeltuchschuhen von genau der gleichen Art herumlaufen sah.

Solch grässliche Bombardements auszuhalten und in der Stellung leben mit dem Bewusstsein, jeden Augenblick in die Luft fliegen zu können, dazu gehören Nerven, die eben nicht jeder besitzt, der junge Soldat eher als der altgediente. – Neulich traf ich auf einen Stand, der in eigenartiger Weise geschmückt war. Die Nischen und die ganze Brustwehr zierten eine Menge Blumentöpfe und besonders Ausbläser mit blühenden Schneeglöckchen, den ersten Blumen im neuen Frühling. Ist das nicht fein! Bei Euch gibts sicher auch schon die ersten zarten Blumen, die sich ans Tageslicht gewagt haben. Und ihre weiche Zartheit passt doch so garnicht in das grausame, rohe Zerfleischen da auf der Erde. Keine behutsame Hand wird sie mit Liebe pflegen, Granaten werden den Erdboden zerfetzen; zerstampft, zertreten. Als ich die ersten sah, habe ich sie gepflückt und verwahrt, es war nicht leicht, an sie heranzukommen, auf dem Bauch musste ich vorsichtig kriechen, der Franzmann passt gut auf!

Ein Stück des Grabens geht mitten durch einen schönen Park. Wenn es grün wird, dann muss es das reinste Idyll werden! Und dazu der schneidende Kontrast der vernichteten Wohnstätten. Es ist ein Jammer, wenn man über Trümmer klettert, kein einziges Haus verschont, selbst die Kirche haben die Franzosen kurz und klein geschossen, an der kahlen Wand lehnt auf weißgetünchtem Podest ein buntbemalter barhäuptiger Heiliger, lässt sich den Regen auf den Kopf rinnen, von der Sonne trocknen und schaut auf die trostlose Verwüstung zu seinen Füßen, tagaus, tagein; aus den Augen lässt sich nur eine stumme Anklage lesen. Auf dem Friedhof die Kreuze und Grabsteine zerbrochen, selbst die Toten haben keine Ruhe unter der Erde, tief aufgewühlt sind die Gräber – an solchen Stätten, da fasst einen der ganze Jammer des Krieges, ich kanns nicht anders ausdrücken; vielleicht kann ein anderer es nicht verstehen, der es nicht selbst geschaut. Auf einer Marmortafel, nicht kunstgerecht gemeißelt: »Kurt Mänß, Ltn. im Inf.-Regt. 26. Er starb für sein Vaterland den Heldentod bei der Erstürmung von B. ... am 6. Oktober 1914.« Mitten in der Verwüstung ein schlichtes deutsches Offiziersgrab. Ihr mögt Ähnliches gelesen haben, aber was bedeutet das alles gegen Erlebtes! – –

Noch etwas von meinem Leutnantsleben hier in B. ... Sich dienen lassen ist auch eine Kunst, meiner Meinung nach schwerer als dienen. Es gehört viel Charakter und viel Takt dazu. Das muss auch gelernt sein, wenn nicht angeboren. – Mein Hauptmann ist ein Hauptmann – unbeschreiblich. Er ist der vornehme Grundbesitzer, der durch sein großartiges Organisationstalent Großes zu stande bringt, äußerst praktisch und weltgewandt. Landwirtschaft hat er nie studiert, weiß aber das Land besser zu bestellen als manch ein Dreimalschlauer, ist technisch interessiert, macht selbst Erfindungen an seinem Maschinengewehr und besitzt Patente. Er sagt: Es gibt Leute, die wissen viel und können wenig, andere, die wissen wenig und können viel. – Seine Weltanschauung ist durchaus nicht starr, er ließ mich soviel reden wie ich wollte – natürlich nur auf seine Aufforderung hin – und suchte mich zu überzeugen von der Unerfahrenheit und

Unhaltbarkeit meiner Ideen. Ein gutmütiges Gewährenlassen: »Nach einigen Jahren, wenn sich die stürmischen Wogen der Jugend gelegt haben, kommen auch Sie hinter die wahre Lebensphilosophie.« Ein Greuel sind ihm natürlich die Antialkoholiker und Abstinenten in jeder Beziehung. So rücksichtslos darf ich ja nicht sprechen wie ich wohl möchte, aber in all diesen Sachen der Weltanschauung bin ich, Gott sei Dank mein eigener Herr, da kann mir keiner dreinreden, da bin ich frei und selbständig. Nicht Belehrungen, sondern Erfahrungen »bilden« die Lebensanschauung und ich kann versichern, dass ich nur bestärkt bin in meinen »Ideen«. Die Älteren werden wissen, wohin ich ziele. – Ein anderes ist es mit dem Äußeren. Da bin ich von der Unerfahrenheit meines Leutnantswesens vollkommen überzeugt, wie sich das auch gehört. Ein Offizier sagte mal in Bezug auf die ganz jungen, unwissenden, unerfahrenen Leutnants ganz richtig: »Es kommt jetzt im Kriege darauf an, dass überhaupt ein Offizier da ist, der im entscheidenden Augenblick des Angriffs die Leute durch seinen persönlichen Mut mit sich fortreißt. Und da wird gerade der jüngste Leutnant vollauf seine Pflicht tun, hier liegt die Berechtigung des sonst unnormalen Verhältnisses«.

Wie freue ich mich, dass es daheim gut geht, dass Harald und Heinz auch ausgebildet werden, um ganz dem Vaterland zu dienen. Von Harald erhielt ich eben den ersten Gruß aus Köln! Seid von Herzen gegrüßt all Ihr Lieben. Euer Gotthold.

B., den 8. März 1915

Ihr Lieben! Nun bin auch ich für würdig erachtet worden, das Eiserne Kreuz mit dem schlichten schwarz-weißen Band zu tragen. Es ist mir das wertvollste und schönste Besitztum. Natürlich trage ich es nicht für mein Verdienst als Leutnant, sondern für das, was ich in meiner Fähnrichszeit getan. Gestern überreichte es mir der Hauptmann, der selbst das E. K. 1. Klasse erhielt.

Euer Gotthold.

Schützengraben. 13. März 1915.

An einen Freund.

Mein lieber Erich!
Mich treibt's, Dir für Deinen letzten Brief und Deinen Gruß aus Wittenberg zu danken. Wohl, Du kannst schreiben, Dein Herz quillt über, bei mir siehts leer und fast arm aus. Aber lass gut sein, Gott weiß wohl, weshalb er mir diese Zeit schickt, das wäre ja traurig, wenn ich unterliegen wollte.

Ich freue mich, dass Du nun wieder beim Regiment bist, auch wenn es Dir namenlos schwer wird, Abschied von Edith zu nehmen. Auch wenn sie eine Frau ist, so wird sie gewiss nicht nutzlos klagen, eine solche Braut kann ich mir nicht vorstellen.

Da, das schlichte und doch stolzeste und herrlichste Ehrenkreuz – das hab ich nun auch bekommen. Ich hab mich sehr darüber gefreut und bin auch stolz gewesen, mit, wenn auch nicht vielem, so doch einigem Recht. Hier vor Arras gehts augenblicklich friedlich her. Aber den ganzen Tag hören wir den Kanonendonner grollen. – Wenn es doch bald vorwärts ginge zum letzten entscheidenden Schlag!

Es denkt Dein in treuer Liebe Dein Gotthold.

B., 25. März 15.

Also gestern kam die große schöne Stunde, wo ich Heinz wiedersehen konnte. Ich war in sein Quartier hinübergeritten, es sind nur ¾ Std. Das behält jeder für sich, was er da empfunden. Ich kann nur *sehr Gutes* über ihn berichten, er kommt mir natürlich sehr verändert vor. Wir konnten in den zwei kurzen Stunden nicht genug erzählen. G.

B., 30. März 1915.

– – – Es war mir wieder eine große Freude, Näheres von Hause zu hören, den Geist des Elternhauses zu spüren, der stärker ist, als wohl mancher meint, der schon lange dem Vaterhause fern ist. Und wenn Du jetzt Geburtstag hast, dann wünsche ich Dir und Deinem Hause, dass dieser Geist, dessen Trägerin ja die Hausmutter sein soll, immer stärker und zwingender, lebenanfachend seinen Einfluss auf alle Glieder ausübe.

Vorigen Sonntag war der große schöne Tag, an dem ich mit Heinz zusammengekommen war. Mein Hauptmann hatte für ihn um Urlaub gebeten und ich holte ihn morgens im Wägelchen ab und brachte ihn abends wieder hin. Ein eigenartiges Gefühl mag es für ihn gewesen sein, als ich ihm wenigstens von ferne unsere Stellung zeigte, zum ersten Mal auf einem Boden zu stehen, wo jeden Augenblick die Granaten hätten einschlagen können. Er erzählte mir so schön, mitempfindend, anders als sonst, von Euch allen, von seinem Auszug, von all unseren lieben Marburger Freunden, von denen viele gefallen, die Besten – –

Wir sprachen natürlich auch über mich, meine eigenartige Lage, meine Zukunft. Die liegt in Gottes Hand, jetzt muss ich meine Pflicht tun. Mir wird der Eindruck sehr interessant sein, den mein Leben und meine Umgebung auf ihn gemacht hat. – –

Von Herzen Gotthold.

7. April.

... Aber ich gebe die Hoffnung nicht auf, dass wir ihnen eines schönen Tages zuvorkommen, dann aber: wehe Euch da drüben!!! Es ist doch das befriedigenste Gefühl, oben in der Stellung sich dem Feinde fast Auge in Auge gegenüberzuliegen.

An eine Kommilitonin von der Akademischen Vereinigung in Marburg.

B., 8. April 1915.

... Das Herz des Menschen, der soviel Liebe ausstreut, kann nicht gerade eng sein; hat nicht jeder aus unserm Freundeskreis eine Hymne angestimmt, wenn die Rede auf Marburg kam? Aber nein, dazu ist doch nicht Zeit, nicht jeder hat die Muße, wie ich und dann – im Wort ›Marburg‹ sind die Namen derer eingeschlossen, die nun nie mehr einziehen werden ins Städtchen. – – Und grade das Lied vom Cornet Christoph Rilke, das Sie mir schicken, ist für mich eine ganz besondere Erinnerung an W. und an Marburg.

Sie werden von meinem Bruder gehört haben, dass wir uns getroffen und unsere Gedanken und Empfindungen ausgetauscht haben. Zwischen Brüdern ist es doch noch anders als zwischen Freunden, die einander ihre Erlebnisse und Sorgen an den Kopf werfen. Wir haben viel über Marburger Freunde und Freundinnen geplaudert. Ich freue mich für K., dass er endlich in die Front gekommen ist – ich würd's hinten nicht aushalten können. Rilke hat das Empfinden am besten ausgedrückt, endlich habe ich Worte dafür gefunden: »ihn, der noch eben hundert Stimmen vernahm, unwissend, welche im Recht sei, wie erleichtert ihn jetzt der einzige Ruf; denn was wäre nicht Willkür neben der frohen, neben der sicheren Not?« – – Das Wort ›Heldentum‹ muß man vorsichtig gebrauchen, vor allem nicht an der falschen Stelle. Bismarck hat durchaus Recht. Jetzt Schluss. Es grüßt Sie und alle Marburger von Herzen G. v. Rohden.

Vor Arras 17. April 1915

Lieber Erich!

Was doch vier Wochen in rasender Eile dahingehen, wenn der Dienst, das ganze Leben seinen gleichmäßigen, nur wenig unterbrochenen Weg weiter geht. Wie mag es Dir ergehen? Ich hab Dir so lange nichts geschrieben, da wenig sich in meinem gleichförmigen Dasein geändert hat. Du spielst auf »Brand« an. Das ist eins von den wenigen gedruckten Sachen, die ich in diesem Kriege in mich aufgenommen habe, oder ich will bescheidener sagen, die mir im Innern zu schaffen gemacht haben, ein Erlebnis. Ich bin natürlich nicht des Stoffes Herr geworden, aber vielleicht ist doch der eine oder andere Gedanke haften geblieben, hat sich in Leben umgesetzt. Darauf kommt es an, nicht wahr?

Ich freue mich mit Dir, dass Du mit Deiner Braut zusammenleben darfst – innerlich. Schon der Gedankenaustausch durch die Post ist beneidenswert, abgesehen von dem, was zwischen den Zeilen steht. Weißt Du, ich hab mich gewundert, dass Du nicht schon längst Reserve-Leutnant bist. – Aber davon hängt das Glück sicher nicht ab, das hab ich am besten gemerkt. Seine Pflicht kann man an jeder Stelle tun. – Ich weiß nicht, ob ich Dir schon schrieb, dass mein Bruder Heinz jetzt auch im Feld ist als Kriegsfreiwilliger. Er steht bei den 93ern. Sein Quartier ist ganz in meiner Nähe. Wenn ich nicht in der Stellung bin, dann wird tüchtig exerziert wie in der Garnison mit Parademarsch, und allem Drum und Dran. Das macht mir wenigstens Spaß. Ich hab wenigstens etwas Vernünftiges zu tun. Für manchen wäre es sehr, sehr heilsam, wenn es vorwärts ginge. Immer weiter geht die Verflachung.

Kopf hoch und Augen gerade aus aufs Ziel gerichtet!

Es grüßt Dich in Liebe

Dein getreuer Gotthold.

19. April 1915.

Lieber Papa!

Zwei Söhne schreiben Dir ihre Geburtstagsglückwünsche zu Deinem diesmal besonders feierlichen Festtag aus dem Feld. Das soll nicht vergessen werden. Schade, dass nicht auch Harald schon so weit ist.*

* Harald rückte erst Pfingsten aus.

Was ich Dir wünsche, ist, dass an Deinem Geburtstag alle Glieder des Hauses besonderen Anlass haben, sich bewusst als die Träger ein und desselben freien, aufrechten Geistes zu fühlen, wie er zu Anfang des Krieges jeden empfindenden Menschen durchdrang, ich wünsche und hoffe, dass dieser Geist stolzen Ausdruck findet.

Weshalb ich gerade diesen Wunsch habe? Weil jetzt die Zeit gekommen ist, wo alte, schlechte Elemente wieder Oberwasser bekommen; jetzt wird der entscheidende Zeitpunkt kommen, wo es sich zeigt, ob wirklich ein neuer, besserer Geist der Sittlichkeit in unserm Deutschland herrschen soll, oder ob die alte, unselige, träge Flachheit und Hohlheit in ihrer gewohnten Stumpfsinnigkeit dahintrotten soll. Nein, nein, dann will der Wunsch aufquillen, mit als nutzloses Opfer begraben zu sein.

Ich bin heute mal nach Boiry-St. Martin und Boiry-St. Rictrude geritten und traf auch zufällig Heinz. So gut wie in Bullecourt hat er es ja nicht, aber Du kannst stolz sein auf meinen Bruder; wenn ein solcher Geist der Gewissheit, der Insichgeschlossenheit, der seelischen Überlegenheit bei allen Deutschen herrscht: Dann Heil Dir, mein Vaterland! Dann wird kein Opfer vergebens sein. Ich möchte ihm so gern etwas Gutes antun …

Der Kampf ist noch nicht zu Ende, ob Deine Söhne gesund heimkehren, weißt Du, wissen wir nicht. Nur das weiß ich, wenn Du in diesem Lebensjahr Leid zu tragen hast, so trägst Du es mit Stolz. Im Vertrauen auf diese Gewissheit allein drückt uns keine Sorge, wenn's in die Schlacht geht von neuem, oder wenn die Granaten heulend von drüben herbeigefegt kommen. –

… Auch mir geht es recht gut, eigentlich viel zu wohl, von der herrlichen Sonne würde ich gern einem Traurigen etwas abgeben. –

B., 10. 5. 15.

An den ältesten Bruder, einen Arzt.

Wieder ist mir eine Frage zum Problem geworden, und ich möchte Dich bitten, wenn Du einmal Zeit und Ruhe hast, mir, soweit Du kannst, Antwort zu geben. Alkohol und Abstinenz. Das Eine steht für mich nach wie vor fest: Sachlich betrachtet, ist die Abstinenz unbedingt notwendig, ja erforderlich. Wenn ein denkender Mensch sich nur irgendwie die Schäden dieses Giftes klar macht, kann er gar nicht anders, als dieses geringe Opfer des Verzichtes auf sich zu nehmen. Ich selbst trinke, wenn auch fast nichts, um nicht so vor den Kopf zu stoßen, dass ich unmöglich bin. Ein Offizier, den ich sehr hoch schätze, der der erste gewesen ist, der in sachlichster Weise auf alle meine Gedanken großartig eingegangen ist, ja, besonderes Interesse für meine Gedankenwelt und auch mein äußeres Leben hat, meinte, ein Abstinent kann kein Offizier bleiben. Die ihm bekannten Abstinenten sind so verbohrt, dass mit ihnen von vornherein nicht zu reden ist. Nun besitze ich aber das Vertrauen zu mir, dass ich trotzdem ein sachliches Urteil behalte.

19. Mai 1915.

Genau sieben Monate habe ich nun im Schützengraben vor Arras gelegen, armselig und primitiv im Anfang, mit der Zeit immer gemütlicher eingerichtet, so dass es sich wohl aushalten ließ.

Doch der Tatendurst fand so gut wie gar keine Befriedigung, wenn wir uns auch nicht überflüssig vorkamen, so mussten wir uns doch gegenüber den glänzenden Schlachten des Ostheeres in Grund und Boden schämen. –

Himmelfahrt war ich gerade in der Stellung vorne. Schade, dass ich kein Bild von meiner unterirdischen Behausung habe. Ich hatte mir auch grade vorgenommen, einen Sommergarten mit Tisch und Bank anlegen zu lassen. – Großartige Dimensionen, was Länge, Breite, Höhe betrifft, besaß der Unterstand nicht, war grade gemütlich mit Tisch, Stühlen, Borde für Teller, Tassen usw., Esswaren, meinen Büchern ausgestattet. Die Decke und Wände waren mit schönen bunten Tüchern bekleidet: ehemalige Prozessionsfahnen, die wir im Pfarrhaus noch gefunden hatten; einige Bilder schmückten die Wand; der gedielte Fußboden hatte Teppiche (ein Luxus, auf den ich besonders stolz war), die in Cambrai gekaufte Tischdecke war mein großes Prachtstück; ein niedliches Gardinchen fasst das Glasfenster der Tür ein. Die notwendigsten Gegenstände: Ofen und Bett vervollständigen einigermaßen die Einrichtung. Parterre schläft mein Bursche, ich einen Stock höher. Bei Trommelfeuer hätte ich mich sofort nach unten verzogen. –

Hier überrascht ihn nun die Nachricht von seiner Versetzung in das neugebildete 184 Regiment:

Jedenfalls führt Oberleutnant Schacht, der die M. G. K. an Stelle des Hauptmanns geführt hatte, eine Kompanie und als einen seiner 3 Zugführer hat er mich gewählt. Morgen früh sollte es los gehen, Ziel unbekannt – schließlich kommt auch der Oberstleutnant und sagt seiner Kompanie Lebewohl: »Vergeßt nicht, niemals, dass Ihr 26er seid«. – – Unser Hauptmann begleitet uns eine Strecke, bis schließlich auch er scheidet. Der Worte, mit denen er Abschied nahm von mir – von einem solchen Manne gesprochen – werde ich immer mit Stolz mich erinnern dürfen, wenn einmal die Lage nicht grade zum Stolzsein angtan sein sollte.

Es waren, wie nur dem verschwiegenen Tagebuch stenographisch anvertraut wird, die drei Wörtlein gewesen: »Bleiben Sie so!«

M., 23. Mai 1915
Pfingstsonntag.

– – – Heute haben wir einen bedeutenden historischen Augenblick erlebt. Hauptmann v. Gaza sprach als stellvertretender

Regimentskommandeur im Kreise der Offiziere des Regiments die Begründung des aktiven Infanterie-Regiments Nr. 184 aus.

Gestern besuchte ich Heinz in B. Ich fand ihn nicht so wohl wie sonst. – Ich selbst bin dem eigentlichen Kriege ganz entfremdet, wir leben scheinbar in den Tag hinein. Was er erlebt zu haben scheint, habe ich in dieser Weise nur zu Beginn des Stellungskampfes durchgemacht. Ich habe ihn übrigens in mein Bataillon mit herüber gebracht, so dass wir wenigstens im gleichen Regiment leben. – –

Das Zusammenleben mit meinem Kompanieführer ist, wenn es so bleibt wie jetzt, geradezu ideal. Ob wohl, wenn Ihr diesen Brief in die Hände bekommt, der Krieg mit Italien ausgebrochen ist? Auch ihm werden wir zu begegnen wissen. – –

Cambrai, 1. Juni 1915

Ihr Lieben! Nun liegen wir fast eine Woche in Cambrai fest und führen das Leben wie in der Garnison. Mit dem Quartier haben wir es allerdings vorzüglich getroffen. Ich wohne mit meinem Kompanieführer bei dem Erzbischof von Cambrai. Zwei höchst vornehm ausgestattete Zimmer mit alten Gemälden und sonstigen Kunstwerken. Abends sind die Offiziere des Regiments in einem schnell eingerichteten Kasino, wo auch gemeinsam gegessen wird.

Es ist nur dumm, dass man sich zu sehr wieder an die Zivilisation gewöhnt, aber bei wirklichem Vorgehen, denke ich, fällt dies Gewand des »Kulturmenschen« von selbst wieder schnell ab.

Nach Haralds Heldentode.*

Im Oisetal 22. Juni 1915.

Lieber Papa, ihr Lieben!

Draußen im Dunkeln rieselt leise der lang ersehnte Regen, lang ersehnt für Deutschlands Ernte. Und heute kam die Siegesbotschaft vom Falle Lembergs. Vor mir liegen die Briefe über Haralds Tod, die letzten Nachrichten von ihm. –

Ich gedenke deiner heiß, mein geliebtes Vaterland, ich lebe ja nur für dich, mit festem Siegeswillen will ich mein Blut für dich hingeben. Ob ich gewürdigt werde?

Es ziehen jetzt so manche Gedanken durch den Kopf, neulich erfuhr ich, dass B. B. (ein naher Freund) gefallen sei, und heute bekamen wir die Nachricht vom Tode wieder eines unserer braven *unersetzlichen* aktiven Offizieres vom I. R. 26. Wir haben ihn alle geliebt, wenn er auch nach gewöhnlicher Ansicht sich nicht in den Schranken des Anstandes und der Wohlerzogenheit hielt. Aber ich selbst habe ihn als aufrichtigen geraden Charakter kennen gelernt. Die Welt mag urteilen – ich nicht. Er ist in der ersten Nacht, als das Regiment in die Stellung der Lorettohöhe rückte, gefallen, und wir fürchten, dass noch manch einer dort oben sein Leben lassen muss. Der Abschied war so schwer, wenn auch nach Soldatenart lustig und voller Galgenhumor. Er war der erste. – –

* Bei dieser Gelegenheit notierte Oberleutnant Schacht in seinem Tagebuch, wie uns seine Frau Mutter mitzuteilen die Güte hatte: »Nachmittags Rohden den Tod seines Bruders erfahren. Der liebe Kerl sagt es mir auf seine schlichte Art, ich höre noch seine Worte. Er ahnt gar nicht, dass ich ihn dadurch noch mal so lieb gewonnen.«
Kurz zuvor hieß es in demselben Tagebuch, nach der Bildung des neuen Regiments 184: »Mit mir (nämlich bei dem Erzbischof von C. im Quartier) mein einer Zugführer, Lt. v. Rohden, den ich mir auf meine Bitte vom Regimant (d. h. Reg. 26) mitgenommen habe. Ein prachtvoller, kluger Mensch. Wir beide verstehen uns ausgezeichnet. Wir sehen uns zusammen die wundervollen Kirchen Cambrais an, reiten zusammen durch die schöne Gegend. – Ich glaube in ihm endlich meinen besten Freund gefundn zu haben, den ich bisher doch niemals besessen.«

Und wenn ich dann mit Heinz über Marburg spreche, dass wieder der Freund gefallen ist, der sich eben verheiratet hatte, und der und der – – – ist es dann nicht verständlich, wenn ich mich einsam fühle, verlassen, ja zurückgelassen? All die Toten, die rufen, nein, sie blicken nur stumm: wir durften zum Heile des Vaterlandes in den Tod gehen, wir sind glücklich, du sollst es auch sein, Deutschland.

Und so wünsche ich, dass der stärker rauschende Regen eine Ernte bringt, die uns unbezwinglich macht, dass unsere Truppen dort unten in Galizien von Sieg zu Sieg schreiten, dass all das junge, heiße Blut geflossen ist für »deutsches Wesen«.

Ich möchte so viel erzählen von meinem Dienst, meinen Kameraden, besonders von Heinz.

Ich fühle mich immer so klein, wenn ich Heinz sehe und höre, ich könnte ihm stundenlang zuhören, wenn er erzählt. Ich habe ja früher sein allzu weises Wesen durchaus nicht leiden mögen, ich fühlte mich in meiner mehr nüchternen, primitiven Art ganz wohl. Mein leiser Spott über sein Ästhetentum mag auch hin und wieder am Platz gewesen sein. Jetzt kann ich nichts Erkünsteltes mehr sehen, die Art steht in vollem Einklang mit seinem Wesen. Es kommt mir vergeistigt, weltfremd vor, und doch trägt er, oder besser gerade deshalb, alle drückenden hässlichen Unannehmlichkeiten mit lächelndem Gleichmut. Er scheint mir irgendwoher zurückzukehren auf diese Erde des hässlich Stofflichen, wenn er vom Dienst oder allerlei Schikanen berichtet. Ich habe das bedrückende, fast neidische Gefühl, er ist viel würdiger, reiner, geheiligter als ich, wenn der Opfer nicht genug sind. Aber Gott hat jeden in seiner Hand und würdigt, wen er will.

An meinem Dienst finde ich immer mehr Freude. Und wieviel könnte ein wirklich tüchtiger edler Mensch als Zug- oder Kompanieführer wirken! Wirklich Großartiges. Die Verantwortung ist daher groß und schwer, es schmerzt mich immer tief, wenn ich fehlgegriffen habe in der Behandlung meiner Leute, wenn ich nicht so sein kann wie ich wohl sein müsste. Ihr werdet verstehen können, wenn ich meinen Beruf liebe, wenn ich auch das meiste im Verkehr und äußeren Leben des Offiziers kaum mit begeistertem Herzen mitmachen kann. Aber es hat mir doch eine große Freude bereitet, als an einem Kasinoabend in Cambrai, als viele alte 26er da waren, der langjährige, wirklich vortreffliche Regimentsadjutant mich beiseite nahm und mich eindringlich bat [das klingt falsch, es ist natürlich nicht eine Gunst meinerseits, sondern er wollte nur das volle Vertrauen des Regiments mir gegenüber ausdrücken], nach dem Kriege, wenn möglich in mein altes Regiment zu kommen, um die gute Tradition des alten Offizierskorps mithelfen aufrechtzuerhalten und weiter fortzuführen. Gerade diese Tradition unterschied sich von den meisten Regimentern ganz bedeutend, ein gutes Geschick hat mich gerade in dies Regiment eintreten lassen. Ich brauche nur an Hauptmann T. zu schreiben, dann will er schon meine Versetzung bewerkstelligen. Solch ein Beweis des Vertrauens gibt neuen Mut und Freude. Was aus mir wird, weiß ich nicht, vorläufig nimmt die Pflicht alle Gedanken in Anspruch.

Für alle Grüße, die mir geschickt worden sind, danke ich von Herzen – ich habe selten die Gedanken beisammen, dass ich zu einem Brief fähig bin. Verzeiht, und lasst Euch kurze Grüße ein Zeichen des Gedenkens sein.

Mutter danke ich besonders für ihren Brief.

Immer interessiert uns von Bekannten und Verwandten zu hören, grüßt sie, wenn sie nach uns fragen.

In Liebe bleibe ich Euer Gotthold.

Volyreux ferme, 27. Juni 1915.

Man versteht es selbst nicht: wie kann in dieser unbekümmert und sorgenlos prangenden Sommerlust der Tod solch grausames Regiment führen – nein, umgekehrt: wie kann während dieses todernsten, heiligen Kampfes, der Opfer fordert, fordern *muss,* die Natur so laut und lachend prangen? – Eine Katastrophe hat mein Regiment 26 betroffen. Vom 1. Bataillon ist kaum einer heimgekehrt: tot und vermisst. Das 2. und 3. hat schwere Verluste. An der Lorettohöhe. – –

Salency, 8. Juli 1915

– – Ich kann Euch ja verstehen, wenn Ihr möglichst viel von uns hören wollt – aber ich kann den Wert des Geschriebenen an sich – ich meine, dass man überhaupt schreibt – nicht so hoch einschätzen, ich tue es, weil ich Euch damit eine Freude zu machen glaube. Mir kommt es so vor, als ob wir vor dem Feind Stehenden losgelöst sind von allem, was uns sonst gebunden hat, wir stehen ganz frei da, der Tod darf unsere Verbindungen nicht in zu schmerzendem Schnitt zerreißen. Unser ganzes Denken und Empfinden ist durchaus umgestellt, wenn ich nicht befürchten müsste, missverstanden zu werden, könnte ich fast sagen, wir sind *irgendwie* den Menschen und Dingen unseres früheren Lebens »entfremdet«. Ganz gewiss, der Rohdensche Mangel an Mitteilsamkeit spielt eine Rolle.

Aus Deinem »neutral« gerichteten Denken heraus machst Du mir den Vorwurf der zu großen Opferbereitschaft. Ach, Ihr Lieben, Harald hatte ganz, ganz recht, wenn er von dem Zweck unseres Lebens, nach dem Kriege wirken zu können, begeistert sprach. Ich würde mich *sehr* wundern, wenn es anders wäre. Aber wir hier im Kriege – und ich habe im Vergleich zu anderen doch fast nichts erlebt – fühlen uns Kräften und Wirkungen ausgesetzt, denen gegenüber jegliche normale, vernünftige, logische – was man sonst eben so nennt – Geistestätigkeit aufhört. Da reicht der Geist nicht mehr zu Haralds »richtigem« Denken. – »Tod, hier hast du mich.« Und dabei vielleicht ein dunkles Empfinden: »Aber aufrecht und nicht zu billig sollst Du mich haben.« Bei dem einen bringt ein kräftig Teil von angeborenem Optimismus die Seele wieder schneller ins »Gleichgewicht«, den anderen hemmt vielleicht wahrheitssuchendes und daher zum Schwärzersehen geneigtes Reflexionsbedürfnis. Aber das sind wenig in Betracht fallende Schwankungen.

Die Worte klingen schon banal, fast lästernd, denn sie wollen diese gewaltigen Wirkungen in den winzigen Bereich des menschlichen Verstehens pressen. Ich habe den Kampf und den Tod meines alten Regiments auf mich wirken lassen müssen –

Worte hinzusetzen vermag ich nicht. Schweigen und aufrecht stehen können wir. »Nach dem Kriege«, der Begriff liegt uns so meilenweit fern, es gibt ja kaum feste Verbindungen hinüber, und wenn lange friedensmäßige Untätigkeit wieder anfängt, Brücken hinüber zu schlagen – der erste Sturzbach neuerlicher Wirkungen reißt die Stege mit sich. –

Ihr könnt Euch denken, dass mir die Leute meines Zuges viel im Sinn liegen, wie ich den oder den behandeln soll, wie ich mich im ganzen benehmen soll, das schwierige Problem der eisernen Manneszucht und des freundschaftlichen Verkehrs. Meine 60 Schutzbefohlenen kenne ich nun alle bei Namen, für einen Zwanzigjährigen bereitet die Behandlung so verschiedener Geister sicherlich manch Kopfzerbrechen, wenn neben dem kindlichen Freiwilligen würdige Familienväter stehen, deren Sorge für Frau und zahlreiche Familie sie den augenblicklichen Frieden lieber heute als morgen ersehnen lässt. Alles andere ist allerdings, wie ich, anderer Ansicht. Nicht Frieden an sich, sondern siegreicher Frieden. Ich werde Euch ein paar Adressen schicken für Liebespakete. …

Damit der Brief heute fortkommt, muss ich schließen.

Aber lasst dies ein kleines Zeichen des Gedenkens und meiner Liebe sein, wenn es auch schwach und unvollkommen ist. Gott schenke uns reichlichere Liebe, dass wir von der stärksten wohltuend empfundenen Macht beseligt werden.

Argonnerwald, 20. Juli 1915.

Ihr Lieben!

Wenn ich im Ruhequartier meine Sachen ordne und den Koffer packe, dann ist das ein Zeichen für mich, dass es bald wieder los geht. So auch Freitag den 17. Leider kam grade auch ein großes Bücherpaket von Tante Anna und eine riesige Futterkiste von Agnes. Das musste nun alles verstaut werden, als in der Nacht um 2 Uhr die Ordonanz mich mit der Nachricht des Alarms weckte. Morgens um ½ 7 waren wir endlich verladen, fuhren den ganzen Tag durch einen ärmlichen, weidereichen Teil Nordfrankreichs an der hochbedeutenden Kathedrale von Laon, oben auf steilem Berg inmitten der Befestigungsanlagen gelegen, vorbei zum Argonnerwald. In dem dichtbelegten, arg schmutzigen Dorf Aprémont, wo fast jeder 2. Soldat eine andere Nummer auf der Achselklappe trug, blieben wir den Sonntag und marschierten Montag früh in die Stellung: Punkt 285, la fille morte. Die abgelöste Truppe hatte den glänzenden Sturm hinter sich. Hier gibts natürlich viel zu bauen, vor allem erst mal Unterstände in das Felsengestein. In den Verbindungsgräben wurde man oft von beiden Seiten wunderhübsch eingesehen. Zwei Gräben führen noch zum Feind hinüber, die von beiden als vorgeschobene Sappen benutzt werden. Die Handgranate spielt eine wichtige Rolle, sie ist *die* Nahkampfwaffe. Als gestern neben uns Pioniere ein paar Blockhäuser, allerdings vergebens, zu nehmen versuchten, habe ich diesen Kampf zum erstenmal beobachten können. Ich hätte nie gedacht, dass man mit solcher Bierruhe einander auf nahe Entfernung gegenüberliegt. Der feindliche Hauptgraben liegt an unserer Stelle unsichtbar hinter dem Hang. Glücklicherweise schießt der Feind wohl wegen der nahen Entfernung nicht mit Artillerie. Die berühmten Argonnen – vielleicht schreibt Heinz ein gutes Stimmungsbild – ein Waldgebirge mit dichtem Unterholz, in der Kampfzone verwüstet und zerschmettert. Einige kahle Baumstämme haben die Granaten von dem blühenden Dickicht zurückgelassen, dann Wald, dann die nächste eroberte Stellung. Die letzte überrannte feindliche Stellung soll ganz grauenhaft zugerichtet sein, ich besitze nicht die Neugier, mir diese Bilder jetzt schon einzuprägen. Aber ich fühle mich doch befriedigt, im Schützengraben eine richtige Tätigkeit und Verantwortung zu haben. Leider werden wir bald abgelöst werden. In dem Bericht von heute werdet Ihr wieder von Angriffen lesen, sie sind östlich von uns, wir hoffen mit ihnen auf einen ebenso schönen Erfolg. Die Kanonade ist ohrenbetäubend, doch fühlt man sich selbst sicher. Wir Offiziere führen in einer gemeinsam bewohnten Bude ein richtiges Zigeunerleben, sitzen den ganzen Tag draußen unter

Zelten, doch darf man sich nicht aufrichten. Heinz geht es vorzüglich, er hat mich zweimal besucht. Eben werde ich durch einen Feuerüberfall der Franzosen unterbrochen. Zwei Feinde werden von unseren Handgranaten getroffen. Doch bei dieser sinnlosen Schießerei kommt nichts heraus.

Für diesmal genug, es wir dunkel.

Mit herzlichem Gruß

Euer frohgemuter Gotthold.

22. Juli 1915.

Die schwerste Nacht, die ich erlebt, liegt hinter mir. Gestern verlor ich den ersten Mann meines Zuges. Es hat mich entsetzlich gepackt. Wieder ein Schlag, den ich abwehren musste. Ich will den Eltern noch ein paar Zeilen schreiben. In der Nacht um 12 wieder ein Feuerüberfall mit allen Mitteln: Artillerie, Maschinengewehr, Gewehr, Minen und vor allem Handgranaten. Betäubende Stinkgase wurden nicht viel geworfen, doch sind die Handgranatendämpfe scheußlich genug, da sie jegliche Aussicht nehmen und einen in gespannter, nicht immer zuversichtlicher Ungewissheit lassen. –

23. Juli 1915.

Wir sind in einem großen, ganz unter Bäumen verborgenen Truppenlager hinter der Front. Die letzte Nacht vorne liegt wie ein wirrer Traum hinter mir. 4 Tote und 7 Verwundete hat die Nacht bringen müssen. Als ich in meine Stellung eilte, musste ich persönlich meine Leute in eine vorgeschobene Sappen-Stellung vorführen, ich fand einen Mutigen, der ausgeharrt hatte, aber gleich darauf, als ich die anderen Posten holen wollte, durch eine einschlagende Handgranate zum Glück nur leicht verwundet wurde. Die Franzosen haben eine große Geschicklichkeit im Weit- und doch Sicherwerfen. Links von mir konnten sie sogar unsern Hauptgraben ein großes Stück vollkommen ausräuchern. Joffre schrieb, er hätte Punkt 285 wieder erobert. Wörtlich genommen, hat er Recht. Einige halb unterirdische Blockhäuser, den trigonometrischen Punkt, haben sie besetzt; wenn man durch eine unserer Schießscharten sieht, liegt das als Unterstand und Sappenkopf benutzte Blockhaus schätzungsweise 6 Meter entfernt. Joffre spricht die lautere Wahrheit: 6 ganze Meter! Ähnlich wirds mit dem Hartmannsweilerkopf stehen. In diesem Augenblick sind die Franzosen vielleicht schon in die Luft geflogen. Unsere Pioniere sind verwegene Kerls, jeder einzelne großartig! Schade, dass wir die Stellung verlassen müssen; wenn wir einmal auf dem Posten stehen, dann wollen wir ihn auch halten.

Vielen Dank für Deinen Brief vom 16. Juli. Ich schicke die Verlustliste gleich zurück. Vom 2. Bataillon der 26er und 2. und 3. Kompanie habe ich noch nichts genaueres gelesen, grade das interessiert mich. Ich habe jetzt den Vorgang des Kampfes erfahren können. 3. und 4. Komp. sind aufgerieben, *eine* Patrouille hat sich durchgeschlagen. Die beiden waren eingeschlossen. Befreiungsversuche des 2. und 3. Batls. scheiterten, die 3. Kompanie wurde in die Luft gesprengt, die 4. Kompanie mit ihrem heldenmütigen verwundeten Führer hielt sich sechs Tage ohne jegliche Verpflegung, dann hatten sie auch ihre letzte Patrone verschossen. Einer der Zugführer, der jüngste 17jährige Leutnant des Regiments, gefallen, dessen älterer Bruder, Führer der 9. Kompanie verwundet. 4 Offiziere gerieten in Gefangenschaft, wir haben gute Nachricht. Mein Fähnrichskamerad H. H., nach Aussage von Augenzeugen, gefallen. Vom alten Regiment sind noch drei aktive Offiziere da! Die Maschinengewehr-Kompanie hat wenig Verluste.

Das sind nun nackte Schilderungen von Geschehnissen – und was enthalten sie an furchtbaren Empfindungen der menschlichen Seele! Sie zu beschreiben vermögen nicht alle Bücher der Erde. Der Mensch kann daran sein Leben zehren, dass er *Einen* hat sterben sehen; der Soldat ist verurteilt, empfindungslos, hart und roh zu scheinen. Und beim Angriff? fragt

Ihr. »Man ist ja kein Mensch mehr«, so sagte einmal ein Jägeroffizier, der seit September in den Argonnen liegt und Sturm auf Sturm, auch den letzten großen, mitgemacht hat. All' diese Einzelerlebnisse stehen selbständig für sich da, unfassbar, unerklärbar, schlechthin irrational.

Manch »schönes« Gedicht, in der warmen Stube in Begeisterung vielleicht geschrieben, von Heldentod und schönem Sterben berichtend, liest man jetzt mit bitterm Lächeln. Schnell jedoch verwischen die Einzeldinge die Tatsache des Soldatenberufs, schwer, oft mühsam sucht in ruhigeren Stunden der Gedanke an den tiefen Zweck gerade unseres Soldatenseins sie zu einen, unter einen Generalnenner zu bringen. –

Es ist natürlich, dass ich an Harald denken musste; wie schön, dass keine Bitternis das Gedenken zu trüben braucht: *Er ist* gefallen. Nichts weiter. Drum können unsere Gedanken frei und schön sein.

Heinz geht es gut, er war heute abend bei mir.

In Liebe

Euer Gotthold.

Mörchingen, am 31. Juli 1915.

Ihr Lieben!

Der große Tag hat sich gejährt. Wenn ich zurückdenke, dann ist mir klar, die helle jauchzende Begeisterung vom 1. August 1914 hat während dieses Jahres einen ungeahnt tiefen und schweren, doch trotzigfesten Inhalt bekommen. Viel macht die natürliche Reife eines Jahres aus, wenig im Verhältnis zu den umformenden und bildenden Eindrücken, mit denen der Krieg auf den Menschen wirkt. Zwei Tage war ich in Deutschland (Saarbrücken) und musste manches hören, was dazu angetan war, mich bitter zu stimmen. Dies konnte mich nicht bedrücken, es hatte zur Folge, dass ich mit umso tieferem Willen zur Pflichterfüllung zurückkehrte.

Was waren das für Eindrücke, als wir an dem Grenzpfahl vorbeifuhren, zunächst durch regentrübe saftige Wiesen und Ackerland, dann durch helle, arbeitsame Dörfchen und gewaltige Industrieanlagen. Wie wohl tat es, als im ersten Dorf Jung und Alt von Fenster und Straße uns zuwinkte und jubelte. Das war wieder Deutschland. Und die Buben und Mädchen in Mörchingen spielten und tollten in deutscher Sprache: *die* Laute hatte das Ohr ein Jahr entbehrt. Zur Verteidigung deutschen Wesens wollen wir mit neuem Willen hinausziehen. –

Oh, diese fliegende Brigade! Gerade als Ihr anfingt, Euch Sorge zu machen wegen des Argonnerwaldes, waren wir schon wieder ausgeflogen. Die Soldaten hofften auf Deutschland. Natürlich. Aber höherenorts munkelte man: Vogesen. Die Spannung ist immer wieder die gleiche. Wir mussten bis Charleville herauffahren, dann gings nach SO – die historischen Stätten Sedans sah man kurz – dann durch Metz um den *Priesterwald* herum hierher. Hier wird natürlich tüchtig geübt; ich könnte es schon kurze Zeit aushalten, da ich ein ganz vorzügliches Quartier erwischt habe.

Alles fährt nach Deutschland hinein auf Urlaub, aber wir beide wollen uns die Reise aufsparen, da Heinz noch keinen Urlaub bekommt, der die Reise nach Spören lohnen würde. Ein andermal also! Nach Saarbrücken hatte mich mein verehrter Kompanieführer und Freund zum Besuch seiner Eltern mitgenommen. Herr Oberstleutnant Schacht hieß mich ungemein liebenswürdig willkommen, auch seine Mutter und seine beiden Schwestern nahmen mich wie einen alten Bekannten auf und sorgten für mich. Mit dem noch nicht einjährigen Enkel schloss ich dicke Freundschaft, was mir die Dankbarkeit der jungen Mutter einbrachte, und durch andächtiges versunkenes Zuhören und Genießen ihrer ganz wundervoll feinen und edlen Musik kam ich Schachts älterer Schwester näher. Heute ist er wieder nach Hause gefahren, mich hielten Besorgungen und Dienst ab. In Saarbrücken musste natürlich das Schlachtfeld besichtigt werden. Wir drei Offiziere ritten auf den roten Berg hinaus, wo mir Herr Oberstleutnant alles genau erklärte und einen Vortrag über die Schlacht hielt. Ein Genuss war es, unvergesslich. –

Jetzt ist auch wieder die Post herangekommen, die Grüße und Futterpäckchen von Hause brachte. Heinz lässt Mutter für den feinen Kuchen danken – übrigens bin ich äußerst stolz auf den neugebackenen schneidigen Unteroffizier! Ihr könnt Euch mitfreuen! – Ich danke für die ganz vorzüglichen Zeitungsausschnitte. –

Auch ich bin insofern aufgerückt, als unser Leutnant L. versetzt ist und ich daher als ältester Kompanieoffizier oft den Komp.-Führer vertreten muss und bedeutend mehr Verantwortung übernehme.

Seid von Herzen gegrüßt, Ihr daheim!

Euer Gotthold.

Mörchingen, 14. 8. 15.

Ihr Lieben!

Ihr habt Euch ganz unnötige Hoffnungen gemacht wegen Urlaubs und dergleichen. Wir haben uns doch so vorsichtig ausgedrückt, dass unserer Meinung nach kein Zweifel vorhanden war. – – –

Wir fuhren wohlgemut nach Straßburg und Hagenau zu den Verwandten; wir hatten uns viel vorgestellt, aber dass wir so viel Schönes erleben würden, haben wir nicht erwartet – Schwesterlein Agnes war in ihrer gleichen Art rührend, ebenso die Verwandten. Agnes wird gewiss »Bericht erstatten«. Wenn wir jetzt noch mal nach Hause kommen, dann wird uns Deutschland nicht mehr so neu und wunderbar vorkommen, wie einem Robinson sein Vaterland, doch ist nach einiger Zeit der Unzivilisiertheit sicher das Erstaunen ähnlich.

Nur war es mir grade nicht recht, wegzufahren, weil ich am Montag die Geschäfte des beurlaubten Bataillons-Adjudanten übernehmen sollte. – Der Adjudant wird von den anderen Offizieren wegen seines scheinbar faulen Lebens immer beneidet. Diese »Faulheit« habe ich noch nicht ausgekostet, jedenfalls hat der Adjudant im allgemeinen seinen »Brotherrn« auf dessen Wegen zu begleiten, um während der Zeit, wo dieser schläft oder privatim beschäftigt ist, seine Geschäfte zu erledigen.

Gestern fand eine große Bataillonsübung statt, bei der der Adjudant natürlich am meisten herumzukarriolen hat, ich war auch rechtschaffen müde hinterher. Sehr stolz kam ich mir vor, an der Seite des Hauptmanns an der Spitze des Bataillons mit klingendem Spiel in Mörchingen einzuziehen und zum Schluss die Parade mit abzunehmen. Wenn ich wieder als Zugführer selbst vorbeimarschieren muss, werde ich mir sehr herabgesetzt vorkommen.

16. 8. Wieder werden wir nächstens an die Front kommen – zum Arbeiten. Als Abwechslung ist dies »Verpumptwerden« ganz interessant, aber eine tüchtige, lohnende Aufgabe wäre uns bedeutend angenehmer. – Gestern Abend war Heinz bei mir und erzählte von seinen früheren Fahrten, seinen Erinnerungen aus Düsseldorf. Unser Leben als Soldaten, das so überaus selbstverständlich uns vorkam, erhielt durch diese Jugenderinnerungen wieder die Bedeutung des Wunderbaren, Außergewöhnlichen. – Heinz hat durch sein Geigenspiel die Aufmerksamkeit seiner höchsten Vorgesetzten erregt. Vorgestern war ein kleiner Musikabend von einigen Offizieren veranstaltet, dazu war der Brigade-, Regiments- und Bataillonsstab eingeladen. Mein Hauptmann kannte Heinz, und so durfte er mitmusizieren ...

Seid von Herzen gegrüßt, für heute muss es genug sein.

Euer Gotthold.

Vic, 22. August 1915.

Nun wohnen wir in dem höchst interessanten uralten Städtchen Vic. Man glaubte sich in Frankreich, die Kinder auf der Straße plaudern französisch, wenn überhaupt, so spricht der Erwachsene das Deutsch mit dem bekannten Akzent. Wenn man diese Zustände sieht, sind sie einem unglaublich und unverständlich:

45 Jahre Deutschland und noch immer Frankreich! Der Krieg muss noch manche Wandlung schaffen.

Wir bauen zwei Stützpunkte, ganz nahe der Grenze. In einigen Tagen kehren wir nach Mörchingen zurück. Zum ersten Mal sehe ich ein fruchtbares Weinland. Der Wein allerdings ist wegen der geringen Pflege nicht viel geworden. Wie mag es erst in Frankreich selbst aussehen!

Sonst läuft meine Tätigkeit eintönig weiter; oder besser gleichmäßig: langweilig ists mir noch selten geworden. Eine Menge Bücher habe ich da, die ich nicht lese.

Augenblicklich bin ich in Agnes Günther (Die Heilige und ihr Narr) vertieft, zweifle aber, ob ich so bald durchkomme. Also auf ein Wiedersehn in der ersten Woche des September.

In Liebe Euer Gotthold.

Im Walde v. Parroy, 15. 9. 15.

Ihr Lieben!

Müde, sehr müde bin ich von der Arbeit des langen Tages, aber endlich raffe ich mich auf, Euch einen Bericht von meinem Tun und Treiben zu geben, da Ihr gewiss schon lange wartet!

Am 4. September war es, als wir wiedermal auf die Eisenbahn gesetzt wurden und in strömendem Regen durch das Lothringer Land, diesem neben den Argonnen und Priesterwald berühmtesten und berüchtigtsten Walde entgegen. Waldstellungen haben immer ihre großen Vorzüge. Ungehinderter Tagesverkehr hinter der Fronst und vor allem gibts Material in Fülle. Ohne Material können auch die tüchtigsten Truppen keine Stellung schnell und gut ausbauen. Die »Aufforstung« geschieht wenig liebevoll, aber die Selbstverteidigung darf in der Wahl der Mittel nicht sentimental werden. Der Parroy-Wald ist einzig schön. Die herrlichsten Buchen und gewaltigen, kerzengrad ragenden Eichbaum-Riesen gibts in diesem Laubwald in Mengen. Buschwerk und Unterholz wachsen so dicht, dass nur Axt, Spaten und Seitengewehr sich einen Weg bahnen kann. Selbstgebahnte Fußsteige vermitteln den Verkehr, die wenigen Schneisen, die den Wald in Rechtecke teilen, kennt die feindliche Artillerie, ebenso wie unsere. Vor dem Eindringen der Tausende von Soldaten mag das Dickicht ein Eldorado für mancherlei Getier gewesen sein. Obs Rotwild gegeben hat, weiß ich nicht, das Schwarzwild ist bis auf Reste in den Kochkesseln vom Franzmann und unsern geräumigen Feldküchenkesseln verschwunden. In der neutralen Zone zwischen den beiden Hindernissen fühlt sich das Wild noch am sichersten und wenn die dicke Frau Mama mit ihren Ferkelchen nachts zwischen 1 bis 3 Uhr spazieren geht, dann mag es sie unbekümmert lassen, dass ihr geheimnisvolles Rascheln höchstens das Herz des Horchpostens schneller schlagen und seine Muskeln sich um den Gewehrlauf straffer spannen lässt. Allerlei bunte Vögel gibts, Reptile und anderes Getier. Was für ein interessantes Treiben offenbart sich dem geduldigen Beobachter. Aber das schönste ist der taufrische Herbstmorgen, wenn um 6 Uhr und früher die tägliche Arbeit beginnt. Und in diesem Wald graben wir uns tief ein, um uns zu decken vor feindlichen Geschossen und dem Feind jede Lust zum Näherkommen zu verderben. Mein Zug war gerade auf dem rechten Flügel von unsern drei Regimentern; neben mir hatten sich Bayern eingenistet, ein Bach ist die Grenze. Der Feind liegt teilweise wieder recht nahe, doch erkennen wir das Prinzip des gegenseitigen Nicht-Belästigens vorerst gern an. Man kann vielfach ungestört jenseits der eigenen Hindernissen spazieren wandeln und sich die dicksten Brombeeren suchen. Einzelne Lichtungen sind natürlich vorhanden, die nie ungehindertes Gehen erlauben. Augenblicklich wohne ich mit Schacht im Kompanieführer-Unterstand in einer Stellung hinter der Front. Mein Zug führt besondere Arbeiten im Walde aus, deshalb bin ich nicht vorn. Das Lagerleben ist ähnlich dem in den Argonnen. Ich würde gern noch lange Zeit im Walde bleiben, wenn wir nun einmal doch irgendwo sitzen bleiben sollen. Jedenfalls sehne ich mich wenig nach Mörchingen zurück. Wenn uns doch dies Schicksal trifft, dann hoffe ich natürlich bald bei Euch zu sein; wir dampften ab, als das Gesuch schon eingereicht war.

Seid alle von Herzen gegrüßt

Euer Gotthold.

Liedersingen, den 20. 9. 15.

Lieber Papa!

Eben will ich mich hinsetzen, um Euch gleich eine Nachricht zu schicken, da kommt Dein Brief von Hause; hab herzlichen Dank dafür!

In einem lothringischen Dörfchen haben wir unser Quartier aufgeschlagen und freuen uns der lieblichen Umgebung, wo der Winzer gerade in diesen Tagen die selten reiche Ernte in große Bottiche sammelt, und der milden Septembersonne, die die wohlverdienten Ruhetage den erschöpften Soldaten zu reinem Genuss werden lässt. Vorgestern nachmittag lösten uns andere Truppen wieder ab – unser Wald, in dem wir nicht die Frucht so vieler Mühe und Arbeit genießen sollten, machte uns den Abschied recht schwer, vor wenigen Tagen hatte sich die melancholische Schönheit des Herbstes zu entfalten begonnen. Ein flotter Nachtmarsch brachte uns zur Bahnstation. Gruseliges Waldesduster, plötzlich weite taghelle Wiesenflächen, wo ich zum ersten Mal durch den wallenden Nebel Erlkönigs Elfen im hellen Mondlicht Reigen tanzen sah. Das letzte Stück am Rhein-Marne-Kanal entlang. Ein Unterkommen gibts leider nicht, die Leute schliefen unter freiem Himmel, ich verbrachte ein paar ungemütliche Stunden auf dem Boden des Wachlokals. Als dann die Sonne durch den Nebel dringt, fahren wir schon »heimwärts«. Der Marsch zu unserem Quartier war begreiflicherweise weniger zaubervoll, nur in Mörchingen lockten unsere bekannten Weisen Alt und Jung ans Fenster. Unser Dörfchen ist an sich trotz seines schönen Namens ebenso hässlich und schmutzig wie die meisten Dörfer Lothringens. Aber es kommt nur darauf an, mit welchen Augen man die Dinge ansieht. Und da wir es mit fröhlichen, Gutes suchenden Augen taten, so fanden wir auch alle Schönheiten; die Sonne machte es uns leicht.

Die Häuser hier im Land sind ganz merkwürdig tief gebaut. Nach vorn ein großes Zimmer, dann eine fensterlose große Diele, meist Küche und nach hinten wieder ein Wohnzimmer. Die Front meines Häuschens ist schmal. Links der Eingang für das Hühnervolk mit Hühnerleiter und Schiebetür, in der Mitte die Tür für die menschlichen Bewohner, rechts das Fenster meines Zimmers. Wenn man in den Flur eintritt, sind links verschiedene Stalltüren, geradeaus gerät man in den Ziegenstall, nur hinten rechts findet man die Tür zur dunklen Küche – auch mehr als Wohnraum für allerlei Hausgetier gedacht als für unsereins. Endlich führt mich hier der Weg in mein helles sauberes Zimmer, die frühere »gute Stube«. Die Bewohner sind französisch sprechende Lothringer, aber als wir sogar einige deutsch Sprechende fanden, war unsere Freude voll; wir fühlten uns fast wie in Deutschland. – Hoffentlich wird es nun nicht mehr lange dauern, dass ich alle Eure Besorgnisse und elterlich ängstlichen Gedanken gründlich zu schanden mache und gesund und fröhlich in meinem Elterhause mit Euch ein Wiedersehen feiere.

W. 23. 9. 15.

In der Champagne. Wieder eine kleine Sonderfahrt, die meine Reise verzögert. Alles zu seiner Zeit. Um so schöner soll das Wiedersehen sein!

Mutter grüße ich vielmals und alle Lieben.

Dein Sohn Gotthold.

Aus dem Tagebuche

20. September, Montag:

Morgens einen weiten Ritt mit Schacht. Nicht ganz befriedigt. Dann Appell. Nach dem Mittag schlafe ich auf der Wiese. Nachmittag bei Schacht, dann Brief schreiben nach Hause. Antwort auf Papas Brief! Zum Glück schicke ich ihn noch nicht ab. Abends wieder bei Schacht.

21. September, Dienstag:

Morgens 1 Stunde Exerzieren. Vor ½ 10 kommt wieder eine der bekannten Alarmnachrichten: Kompanie macht sich marschbereit. Die Tage vorher hörte man andauernden Kanonendonner in der Richtung vom Priesterwald. 11 Uhr Abmarsch nach Mörchingen; 5 Uhr verladen. Richtung unbekannt. Wir wissen nur, nach 7 Stunden Verpflegung in Sedan; also jedenfalls eine recht lange Fahrt und nicht Verbleiben in den Vogesen. Die Strecke kennen wir, interessant wieder durch Metz, wo mir Schacht alles zeigt. Eine andere Strecke, als wir gekommen. Dann in der Nacht durch das Industriegebiet bei Ueckingen und Kneuttingen.

22. September, Mittwoch:

Um 12 Verpflegung vor Sedan. Dann weiter gerattert bis W. Hier erfahren wir: 8 Kilometer bis zu unserem Unterkunftsort *Wagnon*. Nach Osten marschieren wir, der aufgehenden Sonne entgegen. Großartig! Mit lautem Jubel begrüßen wir unser Dörfchen im Tal. Wir finden endlich ein gutes Quartier. Ein niedliches Häuschen für 2 Personen, für uns beide allein. Zuerst wird alles unter Wasser gesetzt, und nach kurzer Zeit ist alles wunderschön sauber und gemütlich eingerichtet. Wir freuen uns von ganzem Herzen und hoffen auf eine recht lange Zeit zum Bleiben. Nach dem Mittag Schlafen. Kaum sind wir beim Kaffeetrinken, als schon der Befehl zum Abmarsch kommt. Das ist eine Gemeinheit! Noch hat es Zeit. Einen wunderbar schönen

Abend am Kaminfeuer mit Agnes Günther (»Die Heilige und ihr Narr«).

23. September, Donnerstag:
Den Tag wird gefaulenzt. Spazierengehen, Schlafen, Essen. Dann warten wir auf den Befehl zum Abmarsch. Aber es scheint noch Zeit zu haben. v. Gaza ist morgens schon weggeritten, um sich die Stellung anzusehen. Den ganzen Abend warten wir, endlich kommt der Befehl: Um 4 Uhr morgens Bahnhof W. Ich bin wieder Adjutant bei Hagen. Leider trübt eine missmutige Stimmung den Abend. Ich lege mich noch bis 2 U. schlafen.

24. September, Freitag:
Das war ein Tag! Den man auch nicht alle Tage erlebt … …
Morgens um 2 U. reite ich mit Hagen zum Bahnhof W. in scharfem Traben durch die mondhelle Nacht. Die Verladung funktioniert nicht recht, mit etwas Verspätung gehts los, wie der Befehl lautet nach Ch. Doch nach 1 ½ Stunden hält der Zug in A. Die Bagage wird ausgeladen, endlich erfahren auch wir, um was es sich handelt. Ein Rittmeister von der Division gibt uns Anweisungen. In C. sollen wir Quartier nehmen. Die Bahn vor uns ist zerschossen, sodass wir nicht weiter können. Es ist hell geworden, als wir durch A. durchmarschieren und auch glücklich den richtigen Weg nach C. finden. Nach ungefähr 3 Kilometer kommt ein Motorradfahrer und bringt den Befehl von der Division, ohne Tornister sogleich nach vorn zu marschieren. Große Aufregung! Dann nimmt er uns im Auto gleich zur Division mit zur B. Ferme … Liebenswürdiger Empfang. Instruierung durch den Major vom Generalstab. Begrüßung durch Exzellenz Liebert. Frühstück und nette Unterhaltung. Wir sollen Biwack beziehen. Der Befehl wird umgeändert, wir bleiben rückwärts. In einer Mulde bei Semide lagern wir, bis der Befehl kommt, in St. Etienne Unterkunft zu beziehen. Armee-Reserve. In schwüler Nachmittagsonne ein scharfer Ritt nach St. Etienne. Alles ist überfüllt und nichts zu erreichen, keine klaren Befehle. Wüste Wirtschaft! Die Herren setzen sich in die Kneipe, bis endlich v.

Gaza kommt und nach langem Verhandeln das Bataillon unterkommt. Schacht und ich ein ganz nettes Quartier; auch mein Zug. Den ganzen Tag ein tolles Artillerie-Feuer, das sich gegen 6 U. unglaublich steigert, trotz der 13 Kilometer dröhnen die Ohren. Die Franzosen sollen auch angreifen bei R. J. R. 69. Endlich müde zur Ruhe, nachdem ich noch einmal meinen Zug besucht habe.

25. September, Samstag:

……

St. Etienne, 27. 9. 1915.

Es ist meine traurige Pflicht, Ihnen die schmerzliche Mitteilung zu machen, dass Ihr Sohn am 26. 9. abends bei den heißen Kämpfen in der Champagne bei St. Marie-à-Py den Heldentod gefunden hat. An der Spitze seines Zuges, den er mit unvergleichlicher Tapferkeit dem Feinde entgegen führte, ereilte ihn das tödliche Geschoss. Es ist uns gelungen, den Leichnam unseres hochverehrten Herrn Leutnants vom Schlachtfelde nach hier zu bringen und zu bestatten. Auf dem hiesigen Friedhofe ruht Ihr Herr Sohn an der Seite mehrerer gefallener Offiziere unseres Regiments.

Auch Herr Oberleutnant Schacht, unser Kompanieführer, ist seiner schweren Verwundung erlegen. –

Wir verlieren in Ihrem Herrn Sohn einen allbeliebten Führer, dessen so plötzliches Scheiden ich und die ganze Kompanie auf das Tiefste bedauern.

Das Gepäck werde ich Ihnen so bald als möglich zusenden. Inzwischen bin ich mit der Versicherung meiner und der ganzen Kompanie aufrichtigsten Teilnahme

Ihr ergebener M., Feldwebel.

St. Etienne: Nach Rückkehr aus der Champagneschlacht
bei Souain 30. 9. 15

Sehr geehrter Herr Konsistorialrat!
Ich erfülle die traurige Pflicht Ihnen den Heldentod Ihres Sohnes Gotthold zu melden. Er fiel als braver Offizier in treuester Ausübung seiner Pflicht. Als am Nachmittag des 26. 9. auf seinem Schützengraben das fürchterlichste Artilleriefeuer – wir nennen es Trommelfeuer – gerade aufgehört hatte, meldete ihm einer seiner Leute, dass französische Handgranatentrupps links von ihm in den Graben eingedrungen wären; sofort eilte er dort hin, trat mit wenigen schnell zusammengerafften Leuten dem Angriff entgegen, baute eine Barrikade aus Tornistern im Graben und verhinderte so das Weiterschreiten der französischen Handgranatenwerfer, die sich anschickten, auf diese Weise unseren ganzen Graben aufzurollen und so eine große Gefahr herbeizuführen. Leider fiel Gotthold dann bald durch eine über die Barrikade herübergeworfene Handgranate. Sein braver Kompanieführer Oberleutnant Schacht ging dann von hinten mit einer kleinen Zahl Freiwilliger und einem halben Zuge 192er gegen das verlorene Grabenstück zum Sturm vor und nahm ihn in kühnem Anlauf wieder, die Handgranatentrupps alle herausjagend, aber er selbst fiel, von zwei Kugeln in den Kopf getroffen. Auch der andere Offizier der Kompanie, Leutnant L., ward schwer verwundet. Für mich, Herr Konsistorialrat, ist der Verlust von Gotthold auch ein großer Schmerz, denn ich habe ihn gern gehabt wie meinen eigenen Sohn. Vom ersten Tage ab, wo er als 26er zu meiner Maschinengewehrkompanie kam, hat er mir gefallen. Er war ein so wundervoller, lauterer Charakter, hatte so schöne Ansichten, war tüchtig im Dienst, pflichttreu, so dass man immer das Gefühl hatte, dass man sich auf ihn verlassen konnte, kurzum man musste ihn achten, schätzen und liebhaben. Und an dem, wie ich ihn gern gehabt habe, kann ich Ihren Schmerz, sehr verehrter Herr Konsistorialrat, ermessen.
Gott tröste Sie! Ihr sehr ergebener v. Gaza.

Wir haben ihn in einen Sarg gelegt und auf dem Kirchhof in St. Etienne begraben.

Reg. Stabs-Quartier M., 1. 10. 15.

Hochverehrter Herr Konsistorialrat!
Erst heute komme ich dazu, Ew. Hochwürden meine aufrichtigste Anteilnahme auszusprechen über den schweren Verlust, den Sie durch den Heldentod Ihres Herrn Sohnes erlitten haben. Ich war persönlich bis gestern abend in vorderer Linie und konnte daher nicht eher schreiben. Wie mir aber Hauptmann v. Gaza vorhin gemeldet, hat er Ew. Hochwürden bereits von dem traurigen Ereignis in Kenntnis gesetzt.

Auch ich und das Regiment verlieren *viel* an Ihrem Herrn Sohn, der ein frischer, hervorragend pflichttreuer Offizier war, und trotz seiner Jugend sich glänzend bewährt hatte. Ich hatte ihn – das mag Ihnen ein Beweis für das Vorstehende sein – daher auch für einen späteren Adjutantenposten in Aussicht genommen. Leider ist es ja jetzt alles anders gekommen! – Wie mir gemeldet, hat Ihr Sohn mit einer nur noch kleinen Schar heldenhaft gegen eine erdrückende Übermacht gekämpft, bis ihn selber das Schicksal ereilte!

Worte des Trostes kann ich Ihnen, hochverehrter Herr Konsistorialrat, nicht spenden. Das liegt nicht in meiner menschlichen Macht. Aber ich hoffe, dass es Ihnen ein beruhigendes Bewusstsein sein wird, wenn Sie erfahren, wie schwer auch mich dieser Verlust getroffen hat.

Möge Gott Ihnen und den Ihrigen Kraft und Trost geben, alles Schwere mit Geduld zu ertragen.

Ihr Herr Sohn ist bei Etienne mit noch anderen Kameraden des Regiments beigesetzt. Für die würdige Ausschmückung seiner Ruhestätte wird gesorgt werden.

Indem ich nochmals Ew. Hochwürden mein lebhaftes Beileid und wärmste Anteilnahme ausspreche, bleibe ich Ihr sehr ergebener

J. Heise-Rotenburg
Major und Regimentskommandeur.

Gottholds Bursche Geipel an Heinz.

11. Oktober 1915

Herr Unteroffizier von Rohden!
Ihre werte Karte erhalten und teile ihnen mit, dass ich schon lange ein Schreiben an Ihre geehrten Eltern senden wollte, aber erst heute sind wir aus den schrecklichen Kämpfen auf ein paar Tage erlöst. Am 24. September sind wir in M. ausgeladen worden, morgens 7 Uhr. Wir rückten durchs Dorf durch und machten dann vorm Dorf halt. Da hörten wir schon von dumpfer Ferne das Dröhnen der Geschütze, aber unaufhörlich. Bald kam der Befehl: im Eilmarsch nach vorne. Es wurde gleich noch Kaffee flüchtig getrunken und dann der Tornister abgegeben und mit umgeschnallt, Gewehr und Mütze im Eiltempo nach vorn. (Beizufügen wäre: Herr Hauptmann von Hagen und mein Herr Leutnant führten das Bataillon, da der Stab schon einige Tage voraus waren.) Nun, nach einem unendlichen Laufen fielen schon mehrere rechts und links heraus und endlich hieß es halt. 15 Kilometer waren zurückgelegt. Immer noch toller hörten wir das Trommeln, denn das war kein Schießen mehr. Nun nach zirka wieder 2 Stunden Eiltempo sahen wir ein Dorf vor uns liegen. Auch waren Autos zur Stelle, die unsere Tornister abladeten. Wir dachten, schon an der Front zu sein, aber da war noch nicht dran zu denken. Als wir im Dorf einrückten war alles voll von Bagagen, Train, Artillerie und Schippsoldaten. Aber wir bezogen ein Quartier mit Oberleutnant Schacht, wo Herr Leutnant und Oberleutnant ein ganz schönes Bett hatten. Nur an Schlafen war nicht im geringsten zu denken bei einem solchen tagtäglichen Trommelfeuer, trotzdem es noch 10 Kilometer entfernt war. Am anderen Tage wurde früh 8 Uhr Kakao getrunken und um 10 Uhr hieß es plötzlich Alarm. Nun in größter Eile gings nach vorn. Etwa nach 7 Kilometer halten wir nochmals, empfangen Patronen und Brot und dann gings weiter, bald waren wir bei der Fußartillerie und hielten. Von hier aus musste Zugweise vorgegangen werden. Die 8. Kompanie machte den

Anfang. Endlich die 5. Kompanie 1. Zug. Bald darauf kommandierte der Leutnant »Sturmriemen ab und marsch«. Wir gingen etwa 100 Meter, da sahen wir tief im Tal ein Dorf liegen (nur Ruinen), Marie-à-Py. Auf einmal kommen die Granaten des schwersten Kalibers, eine nach der anderen, an. Aber die Kommandos unseres geliebten Führers kommen so trocken als wenn exerziert würde: »Hinlegen«, »Auf, marsch, marsch« usw. Kein Mensch vom Zuge hat je gesehen, wie sich der Leutnant hinlegte, immer stehend kommandierte er und wir waren alle außer Sinnen. Endlich waren wir im Dorf. Die Luft war bald zu Ende bei uns und im Dorf war das Feuer noch toller wie auf der Straße und immer wieder der Leutnant: »Seid Ihr denn toll Kinder wegen so ein paar Granaten, die können uns ja nichts tun«. Und das tröstet und beruhigt uns. »Nun los. Gruppenweise vorarbeiten«. Der Tambour Seiler, Herr Leutnant und ich machten den Anfang. Überall wo man den Fuß hinsetzte, die Granaten; aber wir kamen bis an einen geschützten Abhang, da sammelte sich die Kompanie bei Herrn Oberleutnant. Es dauerte lange bis alle so herankamen. Doch bald ging es noch weiter der Stellung zu. Da kamen durch das tollste Schrapnell- und Granatfeuer die blutüberströmten Verwundeten ohne zu wissen wohin, alles durcheinander und dazwischen das Feuer. Doch das Ausschwärmen und die ruhige Führung unseres Herrn brachte uns immer vorwärts. Bald saß eine Granate mitten in der Gruppe, 3 Mann tot und etliche verwundet, der Leutnant schickt einen zurück um zu verbinden. Noch 200 Meter im tollsten Tempo und wir waren im Wald in Stellung. Kein Mensch mehr da und wir waren gerade zur rechten Zeit gekommen, die feindlichen dicken Sturmkolonnen wurden abgeschlagen. Doch auf dem linken Flügel sah es bös aus. Keine Verbindung, die 8. Kompanie ziemlich weggefangen, Leutnant W. verwundet, außer Leutnant Reinhardt kein Führer der 8. Kompanie mehr da. Von unserem 1. Zug nicht viel mehr da. In der Nacht kam der Befehl zurückzuziehen und der Feind uns dicht hinterher. In der 2. Stellung 800 Meter zurück wurde mit der größten Ruhe alles eingeteilt und besetzt. Dann feste gebuddelt auf Anordnung unseres

Leutnants. Er sprach: »Buddelt Euch Karnickellöcher Kinders, morgen früh gibts was«. Und er hatte recht gesprochen. Am anderen Morgen lag er in eine Decke gewickelt im Schlaf im Graben. Die Decke hatte ich in der oberen Stellung gefunden. Bald ging ein Feuer los, als wenn ein ganzes Korps an zu trommeln fängt. Alles springt nach irgend einem Schutzpunkt, Laufgraben oder Loch hin. Der Leutnant legt sich in den Verbindungsgraben. Nach 8 Stunden lässt das Feuer nach und der Angriff erfolgt. Rechts wurde alles abgewiesen, jedoch bei Zug L. und Rohden drang am linkesten Ende der Feind ein und der Nahkampf begann, wir mussten nachgeben, da das Artilleriefeuer uns viel Mannschaften dahin riss, die Graben voll von Toten und Verwundeten. Um 5 Uhr ging der Leutnant nach links und fragt: »Wer meldet sich mit mir zu stürmen, die Franzosen rauszuschmeißen aus dem besetzten Graben«. Es war unmöglich, aber er wollte es. Nun 10 Mann, jeder Handgranaten, dann raus, er voran, »hierher Jungens los, los«. Ein Feuer aus tausend Gewehren. 5 Mann fielen sofort und wir 4 anderen suchten in einem Granatloch Deckung und der Leutnant sprang in den französischen Graben. Am finster werden zogen wir uns vorsichtig zurück und meldeten dem Oberleutnant: »Leutnant von Rohden gefangen«. Der Oberleutnant war sinnenlos. Raus aus den Gräben, von jeder Gruppe bleiben 2 Mann im Graben und die anderen raus und hinter den Graben nach links ausgeschwärmt; nun gings unter Trompetenklang vor zum Sturm, den Leutnant zu retten. Wir hatten in 10 Minuten den Graben wieder, aber der Oberleutnant am Kopf schwer verwundet. –

Nun kann ich nicht mehr, meine Gedanken sind weg, es folgt mehr, ich kann jetzt nicht, mein Leutnant, mein Leutnant! In Etienne liegt er.

Andermal mehr, jetzt nicht.

Ein weiterer Brief des Burschen an Gottholds Vater.

29. Oktober 1915.

Wir hatten uns am 25. September abends 10 Uhr von der oberen Stellung, auf Befehl von oben herab, zurückziehen müssen in die 1 ½ km hinter uns liegende Stellung, welche sehr schön gebaut und etliche 20 Meter Drahtverhau hatte. Nur dem Oberleutnant und Ihrem Sohn wollte der Rückzug nicht behagen; denn wir hätten auch vielleicht die Stellung oben auf der Höhe im Walde gehalten. Aber Befehl ist Befehl! Nun in der unteren Stellung angelangt, befahl der Leutnant, sofort Löcher zum Schutz gegen Artilleriefeuer zu bauen, da in unsere neue Stellung noch nicht viel geschossen wurde. Die Leute arbeiteten in der Nacht fieberhaft und auch ich und ein Tambour hatten für unsere Herren ein schönes Schutzloch gegen Splitter gebaut. Es regnet schon den ganzen Tag. Ich hatte oft gebeten, Herr Leutnant sollte meine Zeltbahn umhängen und etwas essen, jedoch vergebens tat ich bitten. Er war bald links, bald rechts und übersah seine Leute. Wie oft habe ich im stillen meinen Herrn betrachtet und mich immer innerlich gekränkt, er sah so blass und nahm sich doch keine Zeit um gemütlich zu Essen und Trinken, immer nur Dienst und wieder Dienst, war sein einziges. Ich weiß noch von Salency aus, wo er schwer erkrankt war, ich habe da den Sanitätsunteroffizier Gottschalk oft gebeten, dass er meinem Herrn verbietet das Bett zu verlassen. Ich bin mit dem Rade nach Noyon gefahren um Keks einzukaufen, da er weiter nichts essen durfte, aber in diesem Städtchen war nichts zu bekommen, nun fuhr ich nach »Chauny« ins Feldlazarett und bekam für teures Geld das gewünschte, auch kräftige Suppen brachte ich ihm einige Tage nachher und bald war es ihm möglich, wieder frei umher zu gehen. – Die Nacht verlief ruhig außer vereinzelten Schüssen. Am morgen des 26. September kam der Leutnant zurück von links, wo die Leute alle schwer arbeiten mussten, er verlangte Essen. Nachdem er gegessen, wollte er trinken; aber seit zwei Tagen hatten wir nur aufgefangenes Regenwasser, denn zurück konnte niemand wegen Artilleriefeuers und vor konnte die Küche nicht kommen. Brunnen gabs nicht. So nahm er wenige Tropfen Wassers zu sich und sagte, »Na, wenn ich Typhus bekomme, Kurt, dann bist Du daran schuld«. Ich sagte: Ach Herr Leutnant, ich habe schon oben im Wald Kalkwasser aus Pfützen getrunken und bin auch noch gesund. Er lachte still und ich bat ihn, dass er doch ein wenig schlafen möchte und er tat es. Eine starke Decke hatte ich besorgt im Wald oben, und nun legte er sich im Laufgraben auf freie Erde und schlief. Als dann gegen ½ 9 Uhr der Oberleutnant kam, stand er schon wieder auf und besichtigte die Stellung. Inzwischen hatten die Franzosen ein Trommelfeuer auf die verlassene Stellung von uns verlegt, dass wir darüber lachen mussten, mit soviel Granaten eine verlassene Stellung zu beschießen. Aber bald wurde das Feuer immer weiter nach hinten verlegt und bald lagen wir bis nachmittag 4 Uhr im größten Trommelfeuer. Verwundete liefen einer nach dem anderen weg und ich war in großer Angst, da mein Herr noch nicht zurück war. Aber um 4 Uhr hielt das Feuer an und ein Infanterie-Angriff setzte ein und nahm mit kolossaler Übermacht ein Stück Graben vor uns in Besitz. Da kam der Leutnant ganz aufgeregt zurück und wollte zehn Freiwillige und es meldeten sich auch soviel. Als wir zehn Mann, voran der Leutnant, aus unserm Graben raus wollten, da empfing uns ein bombenmäßiges Feuer und wir zogen uns zurück. Wir rieten dem Leutnant ab, da wir sahen, dass der abgenommene Graben stark besetzt war. Aber er wollte es nicht und zum zweiten Mal wurde angesetzt. Drei fielen gleich und waren tot. Wir anderen suchten Deckung in einem tiefen Granatloch und der Leutnant stürmt noch die paar Meter bis in den Graben, wurde aber von 30 Bajonetten empfangen. Er war weg, im französischen Graben. Am Abend zogen wir uns zurück und der Oberleutnant rächte den Tod, indem abends mit der ganzen Kompanie (d. h. soviel noch übrig geblieben) gestürmt wurde, wobei der Graben von uns genommen und der Oberleutnant tödlich verwundet wurde. Ich brachte ihn zurück, nachdem ich ihn verbunden, dann kam ich zurück und suchte meinen Herrn; ich fand ihn abends 10 ½ Uhr im Wald …

Der gute Mensch beschreibt nun höchst ergreifend, mit welcher Mühe und Gefahr er kriechend unter dem Feuer der Feinde und der eigenen Leute zunächst allein und dann mit Hilfe eines mächtigen Oberschlesiers die Leiche geborgen, und wie sie dann beerdigt wurde.

Nun in St. Etienne besuchte ich meinen Herrn am Tage oftmals, sobald ich Zeit hatte. Brachte Blumen, die ich fand, ja es wurde sogar ein Kranz von Fichtenreis und bunten Astern gebunden. Ein herrliches Grab mit Kreuz, unter einer großen herrlichen Tanne liegt mein Herr. – – Doch meinen Herrn und Held vergesse ich sowie die ganzen noch lebenden Leute nie und nie. Er war und bleibt unser stetes Denken. Oft wird von seinem Löwen- und heldenmutigen Draufgehen manche Abendstunde geplaudert. – –

Wenn ich Ihnen erzählen könnte, was im Brief nicht zu beschreiben ist, wie tapfer, furchtlos und was für eine eiserne Disziplin unser Herr besessen. Wie wurde geweint und getrauert, als er gefallen. Diese Tage sind nie zu vergessen. Doch müssen wir uns Gottes Wünschen fügen.

Hier ruht der Held Leutnant von Rohden.
Inf.-Reg. 184, 5. Komp.

So schmückt ein Kreuz das heilige Heldengrab.
Sein treuer Bursche bis zum Tode Gefreiter Geipel.

Aufzeichnungen des Bruders Heinz,
gefallen als Leutnant der Res. in Galizien
am 5. Juli 1916.

Euch geziemt nur eine Lust,
Nur ein Gang durch Sturm und Nacht,
Der aus Eurer dunklen Brust
Einen Sternenhimmel macht.
Aus *»An die Jünglinge«* von Hebbel.

Als wir dies Lied in Marburg sangen, wussten wir noch nicht, wie es werden würde, dieser Gang durch Sturm und Nacht. Wir dachten ihn uns wohl als den langen durchs ganze Leben sich hinziehenden Kampf des stetig durch den Geist sich reinigenden Willens gegen die dunkle Gewalt alles trägen und toten Wesens, in dem allein das Leben einen Wert zu erhalten schien. Dann kam aber der Sturm anders als wir ihn gedacht hatten, und jeder ging still in die Nacht hinaus, um seinen Sternenhimmel zu suchen. Jetzt haben viele ihren Gang schon vollendet, die meisten leider so schnell, dass wir ihre Spuren kaum entdecken können. All der Reichtum seiner Individualitäten, noch ruhender Schaffenskräfte und Anlagen scheint vernichtet, die Fäden der Weiterentwicklung scheinen zerrissen zu sein. Wir wissen nichts von dem letzten Gang, der vielleicht ein stiller rascher Aufstieg war. Das individuelle Leben in seinen Anlagen, Aufgaben und Erfüllungen bleibt ja immer ein Geheimnis und darum sein Aufhören für unser Auge ein ungelöstes Rätsel, über das wir nicht hinwegkommen können; doch wenn wir sehen können, wie ein Leben in Sturm und Nacht kämpft und wächst, sich in sich festigt und seine Einheit findet und völlig aufgeht in der Vollendung der Aufgabe, so dass der Tod wie eine notwendige Krönung erscheint, so vermag uns dies ein wenig in der Trauer über das Verlorene und Zerstörte zu trösten.

Das erstemal, dass ich Gotthold im Felde traf, war im März, als Przemysl fiel. Es war in B. (südwestl. Arras), als ich noch im Rekrutenbataillon war. An einem der milden Frühlingsabende, als ich mit meinen Kameraden nach dem strengen Exerzieren in unserem Quartier beim bescheidenen Abendbrot saß, kam er mit seinem Burschen in den Hof geritten. Wir saßen bis zum Dunkelwerden im Garten, der hinter dem Hause an die weiten Felder grenzte, und versuchten uns ein wenig an die seltsame Situation der gänzlich veränderten Welt, in der jeder von uns schon so viel erlebt hatte und selbst ein Anderer geworden war, zu gewöhnen und uns wieder ineinander zurecht zu finden.

Wir hatten uns seit unserer gemeinsamen Rückkehr aus Marburg am Mobilmachungstage nicht wiedergesehen. Wir gedachten daher ausführlich jener letzten Woche in Marburg, in der sich so viel ereignete. Im Zusammenhang damit des ganzen Sommersemesters, das für Gottholds innere Entwicklung sehr bedeutungsvoll war. Auch später war das einer unserer Lieblings-Gesprächsstoffe. Die Marburger Zeit war für Gotthold ein eigenes Reich, das sich als etwas ganz Neues an seine Schülerzeit anschloss. Auch diese Zeit haben wir gemeinsam erlebt, aber von gänzlich verschiedenen Stufen aus, so dass wir wenig voneinander wussten, obgleich wir zusammen wohnten. Er war damals der junge Fux, an den ganz neue Gedankenwelten, fremde Lebenskreise und Menschen herantraten mit der Forderung sich mit ihnen auseinander zu setzen. Die Welt der Wissenschaft und die Gedankenwelt unserer Akademischen Vereinigung nahm ihn schon so sehr in Anspruch, dass er zu den Menschen noch wenig kam. Über die theologische Wissenschaft hat er mit mir wenig gesprochen. Er hatte so vorzügliche Lehrer wie Stephan, Heitmüller, Jülicher, die ihn mit sicherer Hand in das neue Feld der Theologie einführten, so dass er wohl spürte, dass nur lange und strenge Arbeit es ermöglicht, hinter das Geheimnis dieser Wissenschaft zu kommen, und dass ein rasches Sichzufriedengeben mit billigen Lösungen nicht geduldet werden könnte. Raschere Entscheidungen verlangte die Akademische Vereinigung (A.V.). Und mit welchem Eifer er sich auch in sie hineinstürzte und mit ihr auseinandersetzte, das erfuhr ich von dem Leiter der Einführungsstunden und aus seinem Referat über die Stellung zur A. V.*, das jedes junge Mitglied am Ende seines ersten Semesters

* Heinz war Vorsitzender der Akademischen Vereinigung.

dem Convent vorzutragen hatte, Da hatte er etwas ganz Selbständiges geliefert und setzte uns alte A. V.er nicht wenig in Erstaunen durch die energische Art, in der er einige Punkte unseres Programms und gemeinschaftlichen Lebens kritisierte und Änderung forderte. Er und sein Freund Tümpel, der im Dezember schon in Rußland fiel, waren die auffälligsten Gestalten unter den zehn jungen Mitgliedern, die aufgenommen werden wollten, und über ihre Aufnahme war man sich bei den langen Sitzungen der letzten Woche am schnellsten im Klaren. Die beiden jungen Freunde passten ausgezeichnet zueinander, schon äußerlich, wenngleich ich nicht weiß, wie weit das innere Verständnis ging; sie steckten beide voller Probleme und führten beide gern ein stilles Leben etwas abseits von den andern. Tümpels romantische Bude auf dem Schloßberge inmitten eines verlassenen Gartens, gleich neben dem tunnelartigen Tor, das zum Schlosse führte, war ja besonders geeignet für solche einsamen Zwiegespräche hoch über dem Getriebe der Musenstadt. Gottholds klare und einfache Art ließ sich durch das Chaos von Problemen nicht so stark anfechten wie sein hochbegabter Freund Tümpel. Wenn ihm etwas fraglich wurde, so ging er ruhig bohrend der Sache nach, bis er eine klare Lösung gefunden hatte. Im größeren Kreise der freien Geselligkeit gaben sich beide als unbefangene, liebe frische Gesellen, die jeder gern hatte.

Von diesem freien, geistesstarken Leben waren wir damals so erfüllt, dass der Krieg uns gänzlich überraschte. Den letzten Freitag nachmittag und abend waren sie noch einmal zusammen im Garten oben am Schloß und in unserem Ockershausen, die eben aufgenommenen Mitglieder mit einer Reihe der Älteren und einigen Studentinnen in gehobener ernster Stimmung von der Weihe des schönsten Augenblicks erfasst. Diese Stunden sind Gotthold vor allen anderen teuer gewesen und er hat mir noch oft davon erzählt, da ich selbst nicht dabei sein konnte. Sehr gern erinnerte er sich an Dr. Wix, einen der geistigen Führer der A. V., der auch ihm ein Freund und Führer geworden war. Er war schon im Oktober gefallen. In ihm und seinem Tode schien ihm der Marburger Geist am meisten verklärt zu sein. Seiner Führung hat Gotthold sich nicht entzogen, wenngleich die

Umgebung, der Pflichtenkreis und Gesellschaftskreis, in dem er nun lebte, ein gänzlich anderer wurde.

Gotthold war Offizier geworden; als solchen sah ich ihn wieder und in dem halben Jahr, in dem wir weiter oder enger zusammen lebten, ist er es mehr und mehr geworden. Seine erste Fotografie als Soldat gibt ihn ausgezeichnet wieder noch als den jungen Studenten, dem noch die Fülle der Möglichkeiten offen steht und der sich noch nicht auf einen bestimmten praktischen Weg hat zu beschränken brauchen. Etwas Kindliches liegt noch in den Rundungen des Gesichts und viel träumerisches in den hellen Augen. Dann kam aber das Jahr, in dem er ein ganzer Mann geworden ist. Seine Züge waren schärfer und ausgeprägter, seine Bewegungen kurz und energisch. Nie habe ich ihn träumen sehen, wenn nicht bei allzugroßer Müdigkeit. Diesen Eindruck hatte ich gleich von ihm, als ich ihn in B. wiedersah. Er war damals seit zwei Monaten Leutnant bei der Maschinengewehrkompanie J. R. 26. Als es dunkel wurde, ritt er heim auf seinem etwas bockigen »Harras«, während ich ihn ein Stück begleitete bis zum Bahnhof E. Die Rollen waren jetzt vertauscht. Er war der Erfahrene und ich der Anfänger, umgekehrt wie in Marburg. Am Palmsonntag sahen wir uns wieder. Gottholds Hauptmann, Herr v. Gaza, hatte mir Urlaub erwirkt und ich sollte mit einem Wagen abgeholt werden. Es war ein wunderbarer frischer sonniger Frühlingstag. Ich stand auf dem Calvarienberg vor dem Dorfe, auf dem mächtige Kastanien sich reckten. Von dort holte mich Gotthold selbst mit einem Dogcart ab. Die schöne frische Fahrt werde ich so leicht nicht vergessen. Damals wusste ich noch wenig vom Krieg und brannte darauf, an die Front zu kommen. Und nun brachte mich mein Bruder der Front ein gutes Stück näher. Dieser Tag in B. ist mir späterhin sehr wertvoll gewesen, da ich den Kreis, in dem Gotthold lebte, bei dieser Gelegenheit zum erstenmal kennen lernte. Die Offiziere der M.G.K. bewohnten in dem fast gänzlich zerstörten Dorf eine zurecht geflickte bescheidene Villa, hinter der sie einen schönen Garten angelegt hatten. Ein Zimmer mit lustig brennendem Kaminfeuer war der gemeinsame Wohnraum, dessen

Wände mit Karten bedeckt waren, die von Gotthold in besonderer Weise bearbeitet und studiert wurden. Über dem runden Tische hing an der Lampe, neben einem provisorischen Klingelzuge das Telefon, das verschiedentlich lebhaft in Tätigkeit trat. Ringsum auf Sesseln und Stühlen saß man, indem man las oder sich leise unterhielt. Mehrfach kamen Gäste, Offiziere vom Regiment, dann erweiterte sich der Kreis und es wurde ein gemeinsames Gespräch geführt, das der Hauptmann leitete. Ich lernte auf diese Weise eine ganze Reihe der Herren aus der weiteren und engeren Umgebung kennen. Die meisten von ihnen sind unterdessen an der Lorettohöhe gefallen. Es herrschte ein frischer, vertraulicher Neckton besonders unter den aktiven Offizieren. Gotthold war ganz einer der Ihrigen. Sie nahmen ihn als einen, der für sich etwas bedeutete und darstellte und auch danach behandelt werden wollte. Es ist dies auch ein Umstand, der die rasche innere Entwicklung Gottholds während dieses einen Jahres erklärt, denn man mag sich wohl wundern, dass aus einem Studenten der Theologie, einem ganz jungen Anfänger der Wissenschaft, fern von allem praktischen und gesellschaftlichen Leben plötzlich ein Offizier geworden sein soll, der ganz in seinem Berufe aufgeht. Gewiss wirken die Kriegserlebnisse im allgemeinen schon sehr stark auf das Innenleben ein. Der Musketier kann gewiss auch ganz Soldat werden. Er hat aber zu sehr mit all den äußeren Mühsalen, die der Körper zu ertragen hat, zu kämpfen, so dass die vorhandene geistige Kraft sich darin verzehrt, dies zu ertragen, und nichts mehr übrig bleibt zu eigenem positiven Aufbau. Die Kameradschaft reicht nur bis an die äußeren Dinge. Innerlich bleibt man gänzlich allein, zergrübelt sich vielleicht und bleibt schließlich der, der man ist. Aber auch der Reserveoffizier wird nie ganz seinen Beruf vergessen, man merkt ihn leicht heraus. Denn auch er gehört nur als Zug- bzw. Kompanieführer zum Offizierkorps und wird nicht mit seinem ganzen eigentlichen persönlichen Sein in den Kreis der aktiven Offiziere aufgenommen. Das ist ja auch ganz natürlich. Der aktive Offizier hat sich seinem Korps mit seinem körperlichen und geistigen Sein verschrieben und wird von den Kameraden wie ein Ordensbruder geachtet. Der Einfluss der Älteren auf die Jüngeren ist ein ungehemmterer als in manchen Freundeskreisen, z. B. unserer A. V., die Wert darauf legte, dass jeder Einzelne durch eigenes Urteil seinen Weg suchen soll. Das Offizierskorps erzieht seine jungen Mitglieder nur durch Beispiel und Vorbild. – So offen und vertrauensvoll sich Gotthold auch seinen älteren Kameraden gegeben hat und sich von dem besten Geist des deutschen Offizierkorps in Hinsicht auf Dienstauffassung und Geselligkeit hat bilden lassen, so behielt er doch seine eigene Meinung über jene andern mehr privaten Dinge. Was in der Alkohol- und Sexualfrage am deutlichsten wurde.

Ich habe mich oft gewundert über die Freimütigkeit, mit der er sein Urteil vorgetragen und begründet hat. Aber dadurch hat er sich die Achtung zumal älterer und besinnlicherer Kameraden gewonnen. Glücklichweise hatte er solche, die als Offiziere und als Menschen wirklich etwas darstellten. Das waren vor allem seine drei Kompaniechefs. Den zweiten von ihnen, Hauptmann v. Gaza, lernte ich auch näher kennen. Seine Aristokratennatur liebte kein anspruchsvolles, lautes Auftreten, Spiegelfechtereien durchschaute er bald. Darum war ihm Gottholds bescheidenes, einfaches und offenes Wesen, dass sich vorteilhaft gegen die hohlere und oberflächliche Art mancher gleichaltriger Kameraden abhob, sehr sympathisch. Er nahm Gotthold bei aller respektvollen Distanz wie einen jungen Freund und Sohn. In viel Worten hat sich dies Verhältnis nicht geäußert, aber im Gefühle und Tat war es immer da; später als Gotthold nicht mehr unmittelbar mit ihm zusammenlebte, vielleicht noch stärker als vorher. In B. machten beide jeden Morgen ihren Spazierritt, wenn Gotthold nicht in Stellung war. v. Gaza mochte nie ohne ihn reiten; es war für Gotthold immer ein wichtiges Ereignis, welches nie versäumt werden durfte. Der Hauptmann ist ein ganz hervorragender Reiter und hat selbst ein Gestüt. Auf diese Weise hat Gotthold ganz gut reiten gelernt und ebenso den »Reitgeschmack«. – Schacht war damals noch nicht da. Er war durch einen schweren Lungenschuß Anfang Oktober verwundet und kam im April wieder zur M.G.K., die er bald führte.

Bei jenem Besuch in B. hatte ich mit Gotthold schon daran gedacht, mich den 26ern zuteilen zu lassen, wenn es sich machen ließe. Doch acht Tage später hatte ich schon Gelegenheit, an die Front zu kommen, die ich mir natürlich nicht entgehen ließ. So kam ich zu den 93ern nach dem andern B. Dort sah ich Gotthold mehrmals in den nächsten Wochen, zuweilen ganz zufällig, wenn ihn ein Ritt durchs Dorf führte und ich auf der Dorfstraße schlendernd von ihm plötzlich angerufen wurde zum Staunen meiner Kameraden. Ich mochte ihn nicht in mein zweifelhaftes Quartier führen, und so haben wir auf einem sonnigen Wiesenhügel unter einer mächtigen Kastanie, die am Eingang des stillen Friedhofs der 93er blühte, manches Viertelstündchen geplaudert. Es lag über diesen kurzen Begegnungen eine ganz eigentümliche Stimmung. Ich hatte damals die körperlichen und seelischen Depressionen der ersten Kriegseindrücke und Anstrengungen durchzumachen, während Gotthold so voll Frische, Elastizität und Hoffnungsfreudigkeit in den beginnenden Frühling lachte, wie ich es später nie so bei ihm bemerkte. Das neue starke Selbstbewusstsein und die Aussicht auf baldige Taten und Ereignisse waren in ihm lebendig. Dadurch gab er auch mir wieder neuen Mut. Im Gespräch war er ebenfalls lebhafter als später, wo der Dienst ihn immer mehr äußerlich und innerlich beanspruchte. Ich entsinne mich noch einer langen Unterredung bei einem Besuch in C., wo ich ein paar Tage im Lazarett war. Er stand unter dem Eindruck der vielen neuen Menschen, mit denen er zusammen lebte und verkehrte, Menschen, die so ganz anders waren, als die ihm von Hause und von der Studentenzeit her bekannten Typen. Ihm war der Unterschied wohl bewusst zwischen denjenigen, die alle ihre Handlungen und Gedanken ernsthaft nach ihrer Reinheit erforschten und neue gesellschaftliche Ideale suchten, und jenen, die das überkommene gesellschaftliche Bewusstsein ohne weiteres aufnahmen und trotzdem ebenfalls den Anspruch auf Persönlichkeit machten, und gewiss mit Recht. Denn die Reinheit ihrer Pflicht- und Berufsauffassung, die tiefe Echtheit der Kameradschaft war so offensichtlich und unzweifelhaft, dass man nur von ihnen lernen konnte. Wo Gotthold solchen Kameraden begegnete, gab er sich ihnen hin und folgte ihnen gern in den weiteren Kreis ihrer Lebenshaltung und Ansicht. Gotthold war ja auch noch jung und besaß eine weitgehende Anpassungsfähigkeit. Mit einem eigentümlichen Starrsinn hatte er sich vor voreiligen innerlichen Festlegungen gehütet und sich gegen Überzeugungen, die anspruchsvoll an ihn herantraten, instinktiv und nicht ohne zähe Kritik gewehrt, soweit sie nicht ganz von ihm durchgearbeitet waren und in der Bahn der eigenen Entwicklung lagen. Die Möglichkeiten, sich durch Menschen und Ereignisse bilden zu lassen, waren bei ihm noch groß und unberührt. Als er daher den Kreis der Pflichten und Menschen fand, der für ihn offenbar bestimmt schien, konnte er mit seiner offenen und reinen Seele sich in ihn hineinversenken, so dass alle Zweifel und Unsicherheiten gänzlich verschwanden und in sehr kurzer Zeit ein ganz eigenes persönliches Leben, das ihn völlig ausfüllte, in ihm erwachte. Der Führer, den Gotthold in dieser Zeit kennen lernte und der ihn mehr und mehr zuletzt ausschließlich beschäftigte, war sein Kompanieführer Oberleutnant Schacht. Ihm eignete ein energischer, bereits scharf ausgeprägter Charakter, den er sich durch starke Erlebnisse hindurch erarbeitet und gefestigt hatte. Im Regiment 184 war er der strengste, aber auch tüchtigste Kompanieführer und seine 5. Kompanie sicherlich die beste. Seine scharfe Disziplin, über die seine Mannschaften und Unterführer während der häufigen Übungen im Laufe des Sommers wohl oft geseufzt haben, – in der Champagneschlacht hat sie sich aufs glänzendste bewährt. Unter Schachts Führung hatte seine Kompanie den Wert der denkbar besten, aktiven Truppe. Und seine Leute waren stolz darauf.

Wie sich für Gotthold der Verkehr mit seinem Kompanieführer zur offenen Kameradschaft und innerlichsten Freundschaft entwickelte, wird, nachdem beide miteinander durch den Tod hindurchgegangen, für immer unausgesprochen bleiben. Ihre Kameradschaft war gehalten und ernst, machte nicht gern Worte, verbarg sich lieber in Fürsorge und ließ dabei nicht dienstliche Mängel übersehen. Im Mai waren beide einander schon so sicher, dass Schacht, ohne Gotthold zu fragen, ihn in das neue Regiment 184 mitnehmen konnte. Damit hatte er für sich und Gotthold das Schicksal bestimmt, und es begann eine neue, wundervolle, innerlich und äußerlich reiche Periode.

Ebenso wie das Regiment 26 hatte auch mein Regiment 93 zwei Kompanien an das neu zu begründende Regiment 184 abzugeben. Diese vier Kompanien bildeten das 2. Bataillon, dessen Führer Hauptmann v. Gaza wurde. Auf diese Weise kam ich ins gleiche Bataillon wie Gotthold und auch für mich begann ein neuer hoffnungsvoller Abschnitt. Der Sommer war eine Zeit fleißigster Arbeit und Vorbereitung. Erst im Herbst bei der großen Offensive wurden die Früchte gefordert. Unsere beiden alten Regimenter opferten sich unterdessen vor der Lorettohöhe fast gänzlich auf. Das war vor allem für Gotthold, der so eng mit den Menschen seines Regiments verwachsen war, ein hartes Schauspiel. Sie alle blieben in jener fürchterlichsten Schlacht des Sommers. Seitdem wurde er stetig ernster und machte sich innerlich immer freier von dem, was ihn noch an die Vergangenheit und an die alte Welt kettete. Er sah genau vor sich sein eigenes Ende und mochte nie an diesem Ausgang zweifeln. Wir sprachen oft von der Heimat und den früheren Erlebnissen wie von einem schönen, aber unwirklichen Traume. Und als die Frage des Urlaubs an ihn herantrat, mochte er sich nur schwer und langsam dazu entschließen, denn er fürchtete, der Welt hinter der Front fremd geworden zu sein und sich durch neue Berührung mit ihr in neue Mühen und Kämpfe stürzen zu müssen.

Unser Regiment lag viel in Reserve, wurde von einer Armee zur anderen geschickt, wo es eben nötig war. Das war aber nur ein Grund um recht fleißig zu exerzieren. Drei heiße Juniwochen lagen wir in Cambrai. Gotthold bewohnte mit seinem Kompanieführer zwei große prächtige Zimmer im erzbischöflichen Palast. Abends war er im Kasino, wo die Herren des Regiments regelmäßig speisten. Es herrschte ein sehr geselliges Leben. Doch Gotthold schien sich keinem der anderen Herren näher anschließen zu wollen. Sein Kompanie- und Bataillonschef fesselten ihn genügend. Auch war ja Hauptmann Weiße, der Führer des 1. Bataillons da. Er erwartete viel von seinem früheren Zögling und hat Gotthold gegenüber einmal den Wunsch geäußert, dass er ihm später doch einmal helfen möge, die guten Traditionen des vornehmen Regiments 26 fortzupflanzen in einer jungen weniger fein fühlenden Generation. Ein liebenswürdiger älterer Herr war Hauptmann v. Hagen, Chef der 6. Kompanie. Er hatte eine ganz besondere Vorliebe für seinen »kleinen Rohden«. Mit diesem liegt er nun zusammen auf dem Friedhof von St. Etienne.

Ich selbst sah Gotthold regelmäßig beim Schwimmen, da er »Schwimmoffizier« für das Bataillon war, und die Aufsicht über die badenden Kompanien hatte.

Auf Cambrai folgte die Zeit von S. Denoy. Jene Wochen in dem sonnigen Dörfchen im Oisetal bei Noyon sind mir unvergesslich. Gotthold wohnte in einem Häuschen, in dessen stillen ummauerten Garten die Lilien blühten und die Erdbeeren reif wurden. Die Tage vergingen rasch bei dem täglichen Exerzieren auf den weiten Wiesenflächen des Tales oder bei der Schanzarbeit jenseits des Flusses. Mittags waren wir vielfach zusammen, wenn der geschickte kleine Bursche Kurt für zwei gekocht und gebraten hatte. Viel geredet haben wir nicht. Man war meist müde vom Dienst. Dazu lag in der Luft die stetig gleiche Spannung und Erwartung schwerer und vielleicht letzter Aufgaben. Auf diesen Punkt war stetig das Denken gerichtet. Das Andere hatte das Interesse für uns verloren. Doch brauchten wir nicht darüber zu sprechen, wir wussten ja, was wir dachten.

Abends war Gotthold meist mit Schacht oder seinen beiden Kompaniekameraden zusammen und pflegte eifrig das Schachspiel. In ein paar Krankheitstagen war Schacht fast dauernd um ihn, ließ sein Bett herüberbringen, das nicht so hart war wie Gottholds Holzgestell, unterhielt ihn und las ihm vor. Er sprach über alles mit ihm, was er erlebte und dachte. –

Von hier erzählt Gottholds Bursche noch folgende Szene: Die Kompanie wird im »Diskus«werfen (Handgranaten) geübt. »Ein Unteroffizier wirft nun eine, alle hatten sich hingelegt, aber die Granate explodierte nicht. Niemand ging hin, aber der Leutnant geht hin, fasst dieselbe an und schmeißt sie in den naheliegenden Graben; ein heftiger Knall, Rauch und Splitter. Der Leutnant hatte nur den Kopf geduckt und die Übung geht weiter. Heldenmut.« –

Ende Juni kam das Regiment bei Soissons, Mitte Juli in die Argonnen in Stellung. Das einemal lagen unsere Kompanien nicht zusammen. In den Argonnen hatte die fünfte Kompanie die Stellung auf *la fille morte* besetzt, während die siebente nur tagsüber in dieser und in den benachbarten Stellungen arbeitete. So sah ich Gotthold täglich in allernächster Nähe des Feindes, den man in den Sappen mit Handgranaten bewerfen konnte. Ich hatte zuweilen in Gottholds Stellung zu arbeiten oder arbeiten zu lassen. So wurde ich Mittags immer in oder bei dem notdürftigen Offiziersunterstand zum Essen eingeladen, und war ein Stündchen mit Gotthold zusammen. – Ich erinnere mich einer kleinen Szene, die ich damals mit ihm beobachtete. 20 bis 30 Meter von unserem Graben war ein französisches Blockhaus fast ganz in die Erde eingegraben. Es lag sehr störend so dicht vor unserer Linie. Einige Pioniere versuchten daher in einem Handstreich den Stützpunkt zu nehmen. Am hellichten Tage, als ob das gar nichts Besonderes wäre. Sie krochen aus dem Graben, sprangen zum Sturm und bewarfen das Haus mit Handgranaten. Der Angriff glückte nicht. Doch kamen sie, wie ich glaube, alle heil zurück. Kaum einer im eigenen Graben hatte gewusst, was der plötzliche gewaltige Lärm der aufeinanderplatzenden Handgranaten bedeutete. Ein paar Tage später hatten sie das Blockhaus aber doch gesprengt. Damals ahnte ich nicht, dass Gotthold, der an dem so selbstverständlichen und unbekümmerten Mute der paar Pioniere seine helle Freude hatte, bei einem ganz ähnlichen Unternehmen seinen Tod finden würde. – Noch ein anderes Erlebnis aus den Argonnentagen zusammen mit Gotthold steht mir deutlich vor Augen: wie wir die ersten Toten der Kompanie begruben. Gotthold hatte eine sehr schwere Nacht im Graben gehabt: Angriffe mit Handgranaten und Artilleriefeuer*. Es waren Verluste eingetreten. Als ich am frühen Morgen zur Stellung kam, lagen sie da, ganz still nebeneinander, den armen Körper in die Zeltbahn gehüllt unter einer Eiche. In der Talmulde, nur wenige Schritte unterhalb des eigenen Grabens wurden sie in die Erde gebettet. Schacht stand mit Gotthold am

Grabe. Ich sah beide nie so ernst. Lange standen sie so, es fiel kein Wort. Der Morgenhimmel stand blau und sonnig über den Bäumen und der Wind bewegte leise das Farrenkraut ringsum. Dann fiel Eichenlaub, das die Leute unterdessen gesammelt hatten, auf die toten Helden und darüber die Erde.

Nach den Tagen in den Argonnen fuhren wir nach Mörchingen in Lothringen. Dort lagen wir wieder beinahe drei Wochen in Reserve. Es wurde sehr viel exerziert. Gotthold war in der Wohnung eines in Rußland gefangenen deutschen Hauptmanns einquartiert. Als der Batl.-Adjutant 14 Tage auf Urlaub war, übernahm Gotthold dessen Geschäfte und wohnte mit v. Gaza im Burghof. Er wollte von Mörchingen aus Urlaub nehmen, weil es von dort ja nicht *so sehr* weit nach Hause war, doch kam die Adjutantur dazwischen und die konnte und mochte er nicht aufgeben.

So war er mit mir für zwei Tage auf Urlaub in Straßburg und Hagenau bei den Verwandten. Das waren für ihn doch die schönsten Tage in jener Zeit. Nicht satt konnte er sich sehen an der Schönheit des Münsters. Wie neugeöffnet und sehend geworden nach den langen Finsternissen des Krieges trank das Auge die steingewordene Musik wie den wirklich gewordenen Glanz einer ewigen Welt.

Und dann noch einmal in einem Kreis lieber Menschen zu sein, die den Krieg nicht zu kennen brauchten und sich so lebendig und tätig und ungebrochen in dem Frieden der Heimat bewegten, ihre Liebe und ihren Dank zu fühlen, ganz kurz nur, aber um so deutlicher, das war ein Erlebnis, von dem Gotthold noch lange zehrte.

Am 14. August verließen wir Mörchingen, um an der Front vor Nancy zu arbeiten. Als das Bataillon antrat, sah ich die fünfte Kompanie vorbeimarschieren. Am Schlusse ritt Gotthold auf Schachts wundervollem Apfelschimmel. Er reichte mir fröhlich die Hand und erzählte mir stolz, dass er die Kompanie führen müsse, da Schacht auf Urlaub sei. Ich sah ihm und seiner Kom-

---

* Vgl. den Brief vom 22./23. Juli 1915.

panie, die die Mörchinger Hauptstraße hinunterzog, noch lange nach und wusste nicht, dass es das letztemal gewesen war. – Unsere Kompanien kamen in verschiedene Orte. Nach einigen Tagen erhielt ich den Befehl, mich zu einem Offizierskursus zu stellen. Ich musste von Vic, Gottholds Quartierort, mit dem Zuge abfahren. Leider traf ich Gotthold nicht mehr an: er war vorn an der Stellung am bauen. Nur noch telefonisch konnte ich ihm meine so plötzliche Heimreise mitteilen und ihm Lebewohl sagen.

Von B. aus ist das Bataillon wieder nach Mörchingen zurückgekehrt, um bald im Parroy-Walde bei Liedersingen verwendet zu werden. Als es dort fertig war, kam es in die um Mörchingen liegenden Dörfer in Quartier. Die fünfte Kompanie lag in Liedersingen. Am 21. September wurde das Regiment verladen und kam in die Champagne. Der letzte Quartierort war St. Etienne. Am 24. September begann ca. 8 km südlich davon nach 60stündiger Artillerievorbereitung die gewaltigste Offensive der Franzosen, die sie versucht haben. Am Mittag des 25. ging das Bataillon vor. Es musste im heftigsten Artilleriefeuer in die vorderen Stellungen. Laufgräben waren nicht da. Der eigene Graben war schon leer. Man kam gerade rechtzeitig, um einen Angriff abzuweisen. Am Abend kam Befehl, sich in die nächste Stellung zurückzuziehen. (Vermutlich war die Front in den Flanken eingedrückt.) Diese Stellung ist gehalten worden. Man ist keinen Schritt zurückgegangen trotz großer Verluste.

Die fünfte Kompanie lag an einem Abhang. Im oberen Graben saß der Franzose. Hinter dem linken Flügel der Kompanie lag ein Wäldchen, das der Artillerie ein günstiges Ziel bot. Die Verluste waren an dieser Stelle so stark, dass bei dem Angriff, der am Nachmittag des 26. September einsetzte, dieser Teil des Grabens verloren ging. Leutnant Leopold, der den Zug am weitesten links führte, wurde verwundet. Gotthold übernahm das Kommando auch über diesen gefährdeten Teil. Eine Barrikade sperrte den Graben bald gegen den Feind ab. Es wurde festgestellt, dass zwischen den nächsten Schulterwehren kein Feind zu sehen war.

Gotthold versuchte daher mit einer stärkeren Patrouille das noch besetzte Grabenstück im Handstreich zu nehmen, da es ja seine Aufgabe war, den seiner Kompanie verlorenen Abschnitt auf dem schnellsten Wege wieder zu gewinnen.

Bei diesem Angriff auf den feindlichen Graben ist Gotthold gefallen. Es war am 26. September zwischen 5 und 6 Uhr nachmittags.

Erst am Abend konnte Schacht davon erfahren. Man glaubte, Gotthold sei gefangen. Schacht setzte daher fast die ganze Kompanie und einige Reserven zum Sturm auf das verloren gegangene Grabenstück an. In der Dunkelheit wurde das Wäldchen, dessen Unterstände ebenfalls schon besetzt waren, gesäubert, doch kurz vor dem Graben fiel auch Schacht. – –

Orsova, am Eisernen Tor, den 26. November 1915.

Leutnant d. R.
Heinz von Rohden

> Euch geziemt nur eine Lust,
> Nur ein Gang durch Sturm und Nacht,
> Der aus euerer dunklen Brust
> Einen Sternenhimmel macht.

So hat unser Heinz mit den Hebbelschen Versen seinem Bruder nachgerufen, so hat er in jenem Nachruf [siehe S. 77] sein eigenes Reifen und Vollenden sich vorgezeichnet. »Wenn wir sehen können, wie ein Leben in Sturm und Nacht kämpft und wächst, sich in sich festigt und seine Einheit findet und völlig aufgeht in der Vollendung der Aufgabe, so dass der Tod wie eine notwendige Krönung erscheint, so vermag uns das ein wenig in der Trauer über das Verlorene und Zerstörte zu trösten.« Die Kämpfen und Wachsen in Sturm und Nacht können wir bei ihm selbst noch deutlicher sehen, denn es war ihm gegeben »zu sagen was er leide«, sich mit seinen innersten Empfindungen und Gedanken weit hingebender mitzuteilen als sein jüngerer Bruder. In den ausführlichen Briefen und Tagebuchblättern lässt sich sein innerer Gang genau verfolgen, wie er immer losgelöster und zielsicherer seinem Sternenhimmel zustrebt. Das Wachstum ist ein Aufstieg aus begeistertem Kunstgenuss und Wissenschaftsbetrieb und edelster Geselligkeit heraus zum einsamen Höhenweg der freien Tat und des pflichtmäßigen Gehorsams und des demütigen Glaubens. Die Predigt, die der Vollendete vor seinen Kameraden in Varna gehalten, die einzige des jungen Theologen, ist ein unumwundenes Bekenntnis zu diesem Gehorsam des Glaubens.

Aus welchem Interessentenkreis heraus er hierzu emporwuchs, zeigen seine Studentenbriefe an eine Nürnberger kunstforschende Freundin, deren Bekanntschaft er September 1913 in Mainberg gemacht hatte. Sämtliche Aufzeichnungen des ersten Kapitels bis zum 14. August 1914 entstammen diesem Briefwechsel. Irgend welchen Eigenwert wollen die mitgeteilten Kunst- und philosophischen Betrachtungen natürlich nicht beanspruchen. Sie bekunden nur, mit welcher bewussten Hingabe sich unsre Studenten als junge Ästheten und »Geisteswissenschaftler« ihrer Sache widmen können, dieselben, die der Krieg dann zu noch ernster bewussten Tatmenschen, noch hingebenderen Vaterlandsverteidigern wandelte. Nun wurde der Stolz darin gesetzt, auch den unansehnlichsten Dienst, wie das Säubern des Lazarettzugwagens und das Putzen der Löffel für die Verwundeten tadellos zu tun. Die geistige Tätigkeit ruhte darum nicht; Heinz blieb auch als Soldat ein Sinnierer und fand eben in der geistigen Verarbeitung und Beherrschung seiner Erlebnisse die Möglichkeit zur Selbstbehauptung gegenüber dem auch ihn bedrängenden Erbärmlichen und Niedrigen, insbesondere auch gegenüber den nicht ganz geringen inneren Schwierigkeiten und Demütigungen seines anfänglichen Sanitätsdienstes. Zu solcher reflektierenden Durchdringung aller Widerfahrnisse reizte ihn auch die verhältnismäßige Sicherheit und Ruhe der größeren Hälfte seiner beiden Kriegsjahre. Eigentlicher Kriegserlebnisse konnte sich Heinz nur in ganz bescheidenem Umfange rühmen*. Seine erste selbständige Kriegstat war der Tod. Aber die Flamme der heiligen Glut hat er bis zuletzt, bis in den letzten Monat unseres zweiten Kriegsjahres rein erhalten.

An die Mutter seines gefallenen Freundes Günther Frost aus Steglitz schrieb er am 7. Januar 1916: »Wir hatten die Gewissheit voneinander, dass jeder dem Geiste Treue hielt, dem wir gemeinsam nachgeforscht und uns ergeben hatten, dem geist, von dem wir wussten, dass er in und über allen Dingen, Ereignissen und Schicksalen lebt, von der Menge nicht geachtet oder auch nicht gekannt, der lebendig ist, und wirklicher als die ganze sinnliche Welt, als all ihr Schrecken, Elend, Not und Tod. Wie oft habe ich mit Günther über diese letzten Fragen von dem Sinn und Wert, der Bedeutung aller Dinge und des eigentlichen Lebens geredet. Das war uns nicht mehr zweifelhaft geblieben. Dann kam aber der Krieg und verlangte ein Exempel dafür. Und das Exempel haben die jungen Helden und hat auch Günther jetzt

* Gerade von den kriegerischen Aufzeichnungen aus Bulgarien und Galizien mußten aus naheliegenden Gründen ganze Abschnitte gestrichen werden. Auch waren Zensurlücken nicht zu vermeiden.

gegeben. ... Ich muss jetzt stille sein und meinen Schmerz bezwingen, denn es ward ein freies Opfer gebracht, ein in sich selbst klar gewordenes Leben fand sich in dem Feuer seiner noch ungebrochenen Kraft in die Hand seines Gottes. Hier muss ich andächtig verehren und darf nicht kleinmütig klagen, denn das geistige Leben kann nicht vergehen und findet seine Form in unbekannten Welten.« – –

Heinz von Rohden war geboren am 24. Februar 1892 in Helsingfors, besuchte von Ostern 1902 bis 1908 das Gymnasium in Düsseldorf, dann das in Steglitz, wo er nach einjähriger Unterbrechung und Aufenthalts in Davos Herbst 1911 seine Reifeprüfung bestand. Bei der Meldung zu Prüfung gab er noch Medizin als sein erwähltes Berufsstudium an; dann aber zog es ihn mit starkem inneren Drange zur Theologie und Philosophie. Zuerst studierte er ein Semester in Berlin, dann ging er für ein Jahr nach Jena, wo Verwandte wohnten; ein schönes Sommersemester brachte er in Tübingen zu, dann zwei Semester in Marburg, bis der Krieg allem Studieren ein Ende machte und »das Exempel« des erarbeiteten Geisteserwerbs geleistet werden musste.

Zahlreiche gehaltvolle Briefe an die Marburger Freundin konnten dieser Ausgabe hinzugefügt werden.

Aufzeichnungen des Bruders Heinz, gefallen als Leutnant der Res. in Galizien am 5. Juli 1916

STUDENT UND FREIWILLIGER KRANKENPFLEGER

Spören, den 6. Oktober 1913

Ich muss gestehen, dass die Sixtina mich nicht überwältigt hat. Erst nach langem Schauen und Nachdenken erschließt sie ihre Schönheiten. Sie wirkt dann wie eine große, wunderbar aufgebaute Architektur. Jede Bewegung, jede Linie hat notwendigen, unbedingten Charakter, dessen Sicherheit und Ruhe jeden Affekt und jede Gespanntheit überwunden hat. Wenn ich weiter darüber nachdenke, gehen mir immer mehr Schönheiten auf, die ich Ihnen nicht zu schildern brauche, da Sie sie selbst schon kennen. Mir ist es daher nicht ganz verständlich, weshalb das Bild mich nicht unmittelbar ergriff, trotzdem ich es im Ganzen aus seinem Problem heraus und in seinen Einzelheiten nachzuempfinden und richtig zu verstehen glaube, also die einem wahren ästhetischen Urteil notwendig vorhergehende »Synthese« gemacht habe. Vielleicht lag das nur an der zufälligen Situation und meiner Stimmung, in der ich vor dem Bilde stand. Aber jetzt macht es mir einmal Spaß, nach einem rationaleren Grunde zu suchen, wenngleich er sich vielleicht als konstruiert erweisen sollte.

Ich will die Raffaelsche Madonna einmal vergleichen mit einem ähnlichen Bilde, das mir in Dresden den größten Eindruck gemacht hat: Die Holbeinsche Madonna mit dem Bürgermeister J. Meyer, zwar nur eine Kopie des 16. Jahrhunderts, die aber so gut ist, dass sie lange für das Original gehalten wurde. Ich kannte längst Abbildungen. Aber jetzt »sprach« das Bild so unmittelbar, dass das Innerste mit vibrierte, wie ich es selten erlebt habe. Eine so seltsam tiefe selige Andacht liegt über dem Ganzen, dass man selbst unwillkürlich mit in den Kreis der Andächtigen gezogen wird, um auf die unsichtbaren, göttlichen Harmonien, denen sie alle zu lauschen scheinen – die Madonna selbst am schönsten – mitzuhorchen. In diesem deutschen Bilde stecken viel mehr seelische Stimmungsqualitäten als in dem italienischen.

Die »Synthese« bestätigt diesen unmittelbaren Eindruck. Der Renaissancegeist ist deutlich: Einheitlich ist die Handlung komponiert. Bedeutend und klar sind die Formen gegeben. Konsequenz und Notwendigkeit herrscht in ihrem Aufbau. Alles Nebensächliche und Zufällige ist abgetan. Alle Massen sind zu ruhigem Gleichgewicht abgewogen. Von links unten geht der Blick empor; bei der Hand des nackten Knaben tritt er ins Bild und wird sicher hinaufgeleitet über den älteren Knaben und den emporblickenden Bürgermeister zu der Madonna, wo er an dem durch die Architektur hervorgehobenen Punkte ausruht, um rechts über den hinabweisenden Arm des Knäbleins und die Frauen wieder hinabzugleiten. Der Renaissancegeist ist in seiner Tiefe, nicht nur in abgelernten Einzelformen erfasst.

Aber damit ist der eigentliche Zauber des Bildes noch nicht erschöpft. Dieser liegt erst in dem fantasievollen, wie aus ewiger Quelle fließenden Linienfluß. Der Italiener auf der Höhe seines Schaffens bekennt sich zu großen, beruhigten, abgewägten Formen und Flächen; der Deutsche kann sein gotisches Erbe nicht verleugnen und legt seine Seele letztlich doch in das Linienspiel. Man braucht nur einmal die Gewandpartien zu vergleichen. Wie die Gewandfalten der Madonna herabfließen und sich am Boden stauen und in der seltsamen Teppichfalte auslaufen, das konnte nur ein Deutscher erfinden und kein Italiener, auch wenn er es gewollt hätte. Für diesen wären die Formen übrigens noch zu nüchtern und gedrückt gewesen; er hätte lockerer komponiert und jede in sich beruhigte Form für sich sprechen lassen. Dann wäre aber keine Gelegenheit mehr gewesen, die Linien über das Ganze hinfließen zu lassen.

In der Linienbewegung hat also Holbein den Stimmungszauber hineingelegt, der uns so unmittelbar ergreift. Die beruhigten Renaissanceformen dienen nur als Folie für das Gerinnsel des Lineaments, das wie Bachsche Musik in ewig rhythmischem Flusse über dem Generalbass dahinzugleiten scheint. –

Das wäre also die rationale Erklärung meines Erlebnisses an der italienischen und deutschen Madonna. Stimmt sie oder ist sie nur Konstruktion? –

In Dresden fiel mir auch sehr auf, dass die Italiener gar nicht malen können, wenigstens die großen Römer nicht, sie haben gar keinen Sinn für Farbe. Sie sind eigentlich Plastiker oder Architekten, die ihre Formenschöpfungen hinterher – grob gesagt – anstreichen. Im GEGENSATZ zu den Venetianern und Holländern ging mir das besonders auf. –

Marburg, den 9. November 1913

Glauben Sie nicht, dass ich so viele Freunde und Menschen habe, denen ich etwas sein darf. Demgegenüber habe ich den Eindruck, dass das Leben so viele wundervolle Ansätze, herrliche Blüten hervorbringt, – aber sie fielen ab und fast keine hielten, was sie versprochen; die Irrationalität und Unvernunft des gesamten Daseins und unsere eigene Schwäche geht über sie hin wie ein zerstörender Frost. Trotzdem liebe ich diese Blüten, auch die abgefallenen, so wie nichts anderes. Ich glaube auch, dass diese Momente des reinsten Verstehens, des reinsten Vertrauens und der vollständigen, unbewussten Hingabe an den Andern es sind, die das Leben lebendig machen und ihm einen Sinn zu geben vermögen.

Dem Briefeschreiben stehe ich sehr skeptisch gegenüber; man leidet sehr unter der Inadäquatheit des Briefschreibens. Monologe taugen nicht; ein Monolog über Erlebnisse innerster Art wird so leicht unfruchtbar und beinahe quälend; nur im gemeinsamen Verkehr und gegenseitigen Geben und Nehmen könnten sie fruchtbar gemacht werden. – –

Ich werde neben der laufenden Arbeit von so andersartigen wichtigen Problemen verfolgt, dass ich mir vorkomme wie ein armer Gefesselter, der an sich eine Welt der Schönheit vorbeiziehen sieht, sie bewundernd. Aber nicht folgen kann. …

Den größten Eindruck machte in der Kasseler Galerie auf mich der segnende Jakob, der am Rande des sinnlich sichtbaren Menschenlebens, schon überschattet von Tod und Ewigkeit, noch einmal hinübergreift mit der Hand – so lastend und schwer, wie mit letzter Anstrengung, aber so sicher und klar in der Ruhe und Unbesiegbarkeit des ewigen Geistes – in das Land des noch unvollkommenen Werdens, um den großen Schatz der vergehenden Generation der jungen zu übergeben. Man versteht hier, weshalb Jesus keinen anderen Namen für Gott wusste als »Vater«. Der alles wissende Ernst und die unbedingte Güte des Vaters und das unbewusste, nur das Große dumpf fühlende, erschauernde und staunende Wesen der Kinder – nie habe ich es so einfach und groß dargestellt gesehen. – Wundervoll waren in Kassel auch die Stunden, die ich in dem Park von Wilhelmshöhe verbrachte. Jetzt ist die Natur mit den letzten rauschenden Farbensymphonien gestorben und man könnte sich beinahe in die Trostlosigkeit der starren Äste verwirren, – wenn nicht Menschen da wären, deren wir gerne gedenken, wie jetzt Ihrer herzlich gedenkt Heinz v. R.

Spören, den 26. Dezember 1913

Die Hälfte des Wintersemesters liegt hinter mir. Sie können sich kaum vorstellen, in was für einen geistigen Trubel die beiden Monate einen reißen können. Die Hoffnungen, mit denen ich nach Marburg ging, haben mich nicht getäuscht. Die theologische Fakultät ist dort wirklich ausgezeichnet, so dass ich mit Vergnügen die vielen Kollegs auf mich nehme. Das geistige Haupt ist dort W. Herrmann, von dem Sie wohl schon in Mainberg gehört haben. Er ist schon recht alt, aber alles, was er vorträgt, ist noch jugendkräftig und stark, von einem heiligen Ernst durchdrungen. Zwar sind über ihn hinaus schon mancherlei neue theologische Probleme entstanden, die er wenig beachtet; doch keinen hörte ich bisher das Wesen der selbsterlebten Religion so persönlich, so wahr schildern, wie ihn – nächst Joh. Müller, dem er aber auch am nächsten steht. –

Ein anderer, wesentlich kleinerer, aber für mich doch sehr wichtiger Teil meines Marburger Lebens ist das Verhältnis zu unserer Korporation, der *Akademischen Vereinigung*. Schon in Jena hatte ich mit einigen Freunden eine gleiche reformerische Verbindung gegründet. Damals nannten wir sie ebenso wie die gleichzeitig gegründete Marburger Verbindung. Jetzt haben sich die Jenaer der deutschen akademischen Freischar angeschlossen. Negativ sind kaum Unterschiede, positiv betonen wir in der A. B. mehr das Verhältnis zur Universität und Wissenschaft als das einigende, überindividuelle Prinzip. Auf jeden Fall fühle ich mich in diesem Kreise sehr wohl. Zwar war mir der Jenaer Kreis in subjektiver Hinsicht viel mehr, denn es war ein enger Freundeskreis, in dem ich wohl die menschlich reifsten Anregungen meiner ganzen Studienzeit empfangen, aber in Marburg ist die Fülle der objektiven Aufgaben in dem größeren Kreise, wo ich schon zu den Älteren und Beeinflussenden gehöre, viel reicher. Die Haupttätigkeit konzentriert sich um die wissenschaftlichen Abende; aber schöne Geselligkeit, Sport und Wanderung kommt durchaus nicht zu kurz. Im Gegenteil scheint Außenstehenden diese Seite den größten Eindruck zu machen. – –

Die Marburger Umgebung ist auch sehr schön. Viel Wald breitet sich über die Lahnberge hin, die gerade bei Marburg mit der Lahn ein idyllisches Tal bilden. Beherrscht wird dieses von einem hohen romantischen Schloss. Ringsum an den sanften Abhängen des Schlossberges lagert das kleine Städtchen. Unten steht die frühgotische Elisabethkirche, an deren klar gegliederten, einfachen, jedoch sehr eindrucksvollen, beinahe überwuchtigen Formen ich immer sehr viel Freude habe. – Einmal war ich von Marburg aus wieder einige Tage in Kassel bei meinen Verwandten und meiner Schwester, die gerade Geburtstag feiern wollte. Zwei schöne Nachmittage brachte ich wieder im Wilhelmshöher Park zu, der im Schnee lag. Die Tannen waren schwer behängt und ich glaubte wieder in Davos zu sein. Der seltsame Bau mit dem Herkules und den Kaskaden, der gar nicht mehr unserm Geschmack entspricht, war im Schnee ganz märchenhaft. – –

Jetzt ist natürlich bei uns das ganze Haus voll. Sie sollten einmal das lebhafte Getriebe beobachten können. Sieben Geschwister finde ich hier beisammen, und da man sich ein Jahr hindurch nicht so zahlreich beisammen gesehen hat, z. T. überhaupt nicht, so ist das gemeinsame Leben sehr intensiv, was mein Vater sehr gern hat, da sonst die Einzelnen immer recht schweigsam zu sein pflegen. Dabei habe ich nicht einmal ein ganz gutes Gewissen, da ein Stoß Bücher noch gelesen werden muss für zwei Referate, die ich gleich nach Schluss der Ferien fertig haben muss.

Ich selbst empfinde oft trotz, oder vielleicht gerade infolge meiner intensivsten Beschäftigung mit den theoretischen Problemen des Lebens eine unheimliche Öde im eigenen Leben mit der Einsicht, durch diese Arbeit auch nicht einen Schritt weiter gekommen zu sein. – Und Jesus sprach einmal ein sehr hartes Wort von den blinden Blindenführern! – –

Marburg, den 1. Februar 1914.

Ich würde so gern öfter schreiben, wenn ich augenblicklich nicht so sehr in Arbeiten, die getan werden müssen, steckte. Die Zeiten, in denen man etwas aufatmen kann, sind meistens wieder ausgefüllt mit aufsteigenden Problemen, so dass man unfähig wird sich mitzuteilen. Oft empfinde ich es ja wundervoll, wenn die ganze Zeit des Tages bis auf die letzte Minute ausgefüllt ist mit Tätigkeit, so dass man sich ganz vergisst. Aber oft wirds auch schlimm mit dieser Problemhetze, die den Anschein einer reinen Sisyphus-Arbeit bekommt.

Neben den regelmäßigen Arbeiten habe ich diesen Monat ein Thema zu behandeln für zwei wissenschaftliche Abende in meiner Verbindung. Es ist gewöhnlich so, dass ein Hauptreferent die Leitung einer Reihe von Unterreferenten am ersten Abend und die Leitung der Diskussion mit einleitender Zusammenfassung am zweiten Abend unternimmt. Das Thema lautet: »Wahrheitsgehalt der Religion«. Der erste Abend war vor fünf Tagen und brachte – einschließlich der meinen – 5 Referate, Behandlungen und Themata von verschiedenen Standpunkten aus. Der zweite Abend mit meinem zusammenfassenden Hauptreferat und einer wahrscheinlich sehr heißen Diskussion steht diese Woche noch bevor. – Außerdem hatte ich gestern auch auf dem Konvent unsrer Verbindung ein Referat zu halten, das jeder neu Eintretende lesen muss, um seine Stellung zu ihr klar zu legen. Unsere A. B. ist aber als moderne Verbindung, die gegenüber den alten Korporationen einerseits und der freistudentischen Organisation andererseits immer in stillem – allerdings geistigem – Kampfe liegt, schwer gerüstet mit Waffen der philosophischen und pädagogischen Wissenschaften und hat ihr Fundament tief niedergesenkt in den Boden einer von kantischem Idealismus her begründeten akademischen Kultur. Um über die A. B. also zu reden, muss man selbst da hinuntergestiegen sein und die Fundamente geprüft haben. Das war aber noch das wenigste.

Denn noch weniger klar bin ich mir über den Wahrheitsgehalt der Religion. Oft glaubte ich eine glatte Lösung gefunden zu haben, die ich mit starken Gründen zum Siege zu führen hoffte, aber immer fehlte noch etwas und neue Fragen erhoben sich. Hier in Marburg wird man sehr kritisch. Von unsern Philosophen her weht eine scharfe Luft; was nicht auf ganz sicheren Vernunftgründen ruht, das muss hinfallen wie ein Kartenhaus.

Über das Fest auf dem hohen Meißner und den Kampf der freideutschen Jugend

Gießen, den 7. März 1914.

… Es muss sich entscheiden, was die »freideutsche Jugend« ist und will und wer darin bleibt: Wir oder die Andern. Die »Wir« sind die großen Massen, deren dunkelgefühlte Grundabsichten unsere besondere Marburger Richtung am deutlichsten ausgesprochen hat und zwar, wie wir glauben, auf Grund einer tieferen pädagogischen Einsicht. Ganz kurz zusammengedrängt ist es das: die Bewegungen, die jetzt in der Jugend entstanden sind, wie hauptsächlich der Wandervogel unter den Schülern bzw. die Freischar und Akademische Vereinigung unter den Studenten sind im Grunde nicht gerichtet gegen die heteronome, autoritative Erziehung des Staates mit Familie und Schule, sondern wollen nur eine Ergänzung derselben bedeuten, den berechtigten und durchaus notwendigen Trieb des heranwachsenden Menschen, sich autonom zu bestimmen, befriedigen.

Fortsetzung. Spören den 12. März.

In Marburg ist alles nach Wunsch gegangen, jedoch hat es lange gedauert, bis die »Freideutsche Jugend« als »Vereinigung von Jugendbünden« sich konstituiert hatte. Ohne Kampf und unendliches Reden gings natürlich nicht ab. Es handelte sich darum, einige Verbände, die sich nicht auf Jugend beschränken, sowie besonders die freie Schulgemeinde Wickersdorf mit Wynecken von der Notwendigkeit einer Trennung von uns zu überzeugen. Auch der so berühmt gewordene »Anfang« musste austreten. Wir sind recht froh, dass wir diesen los sind, denn er schadet in der Öffentlichkeit der ernsten Jugendbewegung sehr.

Diese Bewegung lebe ich nun selbst recht stark mit und ihre Probleme beschäftigen mich sehr. Ein Teilproblem davon ist auch unsre Verbindung, die A. B., die mich mehr und mehr in ihren bann zieht. Das Wundervolle daran ist, dass eine Gemeinschaft erlebt wird, die ganz eng gedacht ist, aber nicht in erster Linie auf Sympathie beruht. Dadurch kommt eine ungeheuer starke Bewegung hinein, das Gemeinschaft immer vorausgesetzt wird und doch stetige Aufgabe bleibt. Sie kann darum nie stagnieren, im Gegenteil, oft will sie explodieren und zwingt ihre Mitglieder zu stetiger Besinnung. Das Vereinigende kann also nicht irgend eine bestimmte Idee oder gemeinsame Anschauungsweise sein, sondern ein neutraler Boden soll dazu dienen, dass jeder Einzelne die Aufgabe hat, sich und seine Absichten mit Gründen so weit es geht zu rechtfertigen: darin besteht die Selbsterziehung, zu der die Gemeinschaft jedem Einzelnen verhelfen möchte. Um das zu ermöglichen, ist natürlich vorher nötig, dass man sich gegenseitig genau kennen und die Ausdrucksweisen mit allen Untertönen ihrer Bewegung verstehen lernt. …

Oft erst entdecke ich nach langem Verkehr die verwandten Grundzüge, mit denen sich die enge Gemeinschaft aufbaut; allerdings ist das Frauen gegenüber viel leichter. Dann aber sehe ich vor allem Gemeinschaft viel mehr als eine Aufgabe an wie als etwas Gegebenes und von Natur fest Bestimmtes. Denn nur so vermag die Gemeinschaft mit unserer Akademischen Vereinigung einen Sinn zu gewinnen. – Ich habe jetzt den Vorsitz übernommen und werde darum im kommenden Semester reichlich Arbeit finden.

Halle Bahnhof, 24. April 1914, abends 10 U.

… Während ich dies schreibe, muss ich an die Futuristen denken: Ihre Art des Malens erlebe ich gerade selbst; mit einigem Humor lässt sich dem etwas abgewinnen: Das Hallesche Bahnhofsleben flutet vor meinen Augen vorüber, aber meine Gedanken sind auf etwas ganz anderes konzentriert. Diese gehen umher in der lautlosen, ganz einsamen, nach außen abgeschlossenen Welt des Inneren und verkehren und sprechen mit sinnvollen Dingen und Gestalten. Was dagegen die Sinne ausnehmen, ist fern und fremd von dem Selbst – ein sinnloses Durcheinander und Nebeneinander von Impressionen: Lichter, Bewegung, ein ewiges Fluten und Gleiten; Kellnerfräcke (sie prägen sich deutlicher ein, weil sie standhaft sind), klappende Türen, huschende Züge: ein futuristisches Gemälde. Es ist so, als ob sich die Futuristen erdrückt fühlten unter der Fülle der Sinnen-Eindrücke, so dass das eigentliche gestaltende Moment, die aktive Spontaneität des Künstlers verloren geht. Ihr geistiges Selbst bleibt im Unterbewusstsein stecken. Oder leidet er so sehr an der Außenwelt, dass sie es dem Publikum nicht zeigen dürfen?

– Doch das nur zur Schilderung der Situation, in der ich schreibe – – –

Während Sie Ihre schöne Osterreise machten, hatte ich Gelegenheit wie noch nie, die Einsamkeit zu genießen. Bei solch einem längeren Kranksein vereinfacht sich das Leben so ungeheuer und konzentriert sich nach innen; von den äußeren Eindrücken ungestört, baut sich eine selige, ruhige Welt auf. Nur die helle, lichte Luft und zuweilen fröhliche Stimmen aus dem Garten, die durchs offene Fenster hereindrangen, erinnerten mich daran, dass draußen ein wirklicher Frühling wunderbar emporblühte und dass es Menschen gab, die sich daran erfreuten. – Mein erstes Aufstehen war recht wunderbar. Es war den Sonntag nach Ostern vormittags und ganz still in dem großen Hause. Ich schlich die Treppe hinunter in den Garten mit so fremden Schritten. Wie war ich aber überrascht, als mir da ganz plötzlich eine ganz neue Welt entgegenleuchtete. Ich höre zuerst, da meine Augen noch ganz geblendet von dem Glanze sind, über mir ein Gesumme und Gebrumme. Ich blicke empor und erzittere unter der berauschenden schneeweißen Blütenpracht, die lastend über mir schwebt, dann muss ich mich still hinlegen auf einen Liegestuhl und mich gewöhnen an diese Fülle neuen Lebens, da doch so andere Gedanken von mir Besitz genommen hatten. So lag ich in der warmen Luft und dem lichten Äther und musste mir wieder bewusst werden, dass ich ein Mensch war, den die Erde trägt und wie ich sie liebe, bis dann die drei Glockenschläge über dem Kirchhof, der an den Garten stößt, herüberklangen; jetzt wurde drüben in der Kirche das Vaterunser gesprochen und bald war ich wieder unter Menschen, denn meines Vaters Geburtstag wurde gefeiert, zu dem alle meine Geschwister gekommen waren. –

Marburg, Sonntag 10. Mai 1914.

Wenn ich dies wieder lese, dann klingt mir das so unwahrscheinlich, da mich wieder ein ganz anderes ungeheuer sachliches Leben umgibt. Selten hatte ich eine so glückliche Kollegzusammenstellung: nur systematische Fächer, also konzentrierte Weisheit, wo der ganze Mensch mit beteiligt ist, wenn man ihnen ernstlich folgen will. Alles Historische mehr oder minder Kleinliche tritt in den Hintergrund. Hier handelt es sich, das Wesen einer Sache aus sich selbst zu begreifen oder zu beurteilen, z. B. was das Wesen des Glaubens in sich ist, was sittliches Leben, wie Erkenntnis der Dinge sich aufbaut, welchen Wert und welches Recht es hat. Alle historische Betrachtung kann nie dahin führen, höchstens liefert sie Anschauungsmaterial. Und wenn man recht zusieht, so setzt diese jenes voraus. Ich kann nicht das Wesen einer vergangenen Kunst erfassen, wenn ich nicht erfasst habe, was Kunst – einmal abgesehen von ihren zeitlichen Bedingtheiten – in sich ist. Ich glaube, Sie neigen auch allzusehr zu einer geschichtlichen Betrachtung der Kunst. Man kommt da zu leicht in Versuchung, die Kunst z. B. aufzufassen als Spiegel der Zeit, an dem man den Zeitgeist studieren kann; auch wenn man die Kunstentwicklung an sich verfolgt, ihre Technik, ihre Ausdrucksmöglichkeiten, die Wandlung ihrer Stile – kommt man nie dazu, einmal ein Urteil zu fällen über das was schön ist und nicht schön, oder überhaupt zu wissen, was solch ein Urteil ist. Die historische Betrachtung, welche sich allerdings zunächst eines solchen Urteils enthalten sollte, sondern allein ein Kunstwerk aus den historischen Bedingtheiten heraus verstehen lehren soll in dem, was es sein will, nimmt oft genug solche ästhetischen Urteile unbemerkt in sich auf. – Ich habe gerade in den Ferien, während meines Krankseins als leichtere Lektüre »Philosophie der Kunst« von Christensen z. T. gelesen, aus der ich viel gelernt habe.

An eine Marburger Studiengenossin.

Halle, den 4. u. 5. Aug. 1914.

... In der gegenwärtigen Lage habe ich immer das Gefühl, dass wir für uns selbst nichts mehr wünschen dürfen, dass das bisherige Leben in sich geschlossen hinter uns liegen soll und es jetzt heißt: reif sein ist alles. Dies wurde mir zuerst so brennend klar, als ich vorgestern mittag durch die sonnigen Kornfelder mit meinem Vater zur Station ging. Ich war am Abend vorher nach Spören gekommen. Es war ein wundervoller stiller Abend nach all dem Getriebe seit dem letzten Freitag, den ich im Garten mit meinem Vater in nachdenklichem Geplauder verlebte. Zum ersten Mal empfand ich so sehr stark ein Heimatgefühl für das stille Dörfchen. Der Garten war so drängend schwer von Früchten: ich sah es zum ersten Mal. Die Pfirsiche und Aprikosen und die erst reifenden Äpfel und Birnen leuchteten aus den Gebüschen. Hin und wieder fiel eine reife Frucht dumpf zu Boden, wenn unser Gespräch stockte und wir den seltsamen Wolkengebilden nachsannen, die wie wilde Tiergestalten am hellen Abendhimmel standen. Mein Vater war sehr ruhig. Gelassen besprachen wir die Lage und unsere Stellung dazu. Er freute sich, dass mein Bruder Gotthold auch als Freiwilliger mitgehen wollte, wenn man ihn nähme. Keine Aufregung, Nervosität oder Angst scheuchte den Abendfrieden, der nie so stark empfunden über dem Kirchlein, über Friedhof und Garten lag. – Am nächsten Mittag ging ich dann mit meinem Vater wieder zurück zur Station durch die durchsonnten Felder und wir besprachen meine letzten Studien der Marburger Philosophie, Herrmann, die neue Metaphysik und die von ihr beeinflusste junge Theologie, sodass ich meine ganze theoretische Stellung, wie ich sie in den letzten Jahren erarbeitet habe, darlegen konnte. Es war mir so, als ob die Stunde jetzt Rechenschaft forderte von der bisher geleisteten Arbeit, der objektiven, die nun zurückgestellt werden sollte, wenigstens für einige Zeit. Über die subjektive Arbeit – die ja nicht eigentlich ein Arbeiten ist, sondern ein Werden, ein

Beschenkt-Werden der empfänglichen Seele – über die daraus fließende Stellung zum Leben überhaupt: darüber kann man wohl nicht Rechenschaft ablegen; aber auch hier fühlte ich, dass es hieß: reif sein! Die Natur um uns her sprach dasselbe, der reife Weizen war zum Teil schon geschnitten und wartete darauf, eingefahren zu werden; auf den Wegen lagen seine vollen Ähren und wenn der Fuß auf sie trat, sprangen die harten gelben Körner hervor. Die endlosen Kirschenbäume am Wege hingen voller reifer Kirschen, aber keiner wird sie abnehmen können. Ihre Reife muss verdorren, jene wird zertreten – und unsere? – In diesem Abgrund enden jetzt vielfach die Gedankengänge. Mich stören sie aber nicht mehr, sobald ich erkenne, dass das »Unerkennbare«, das uns immer umfasst, doch eine Liebe ist. – Und darum heißt es, trotzdem wir nicht wissen, wofür all das Wachsen, wofür all die Bereitschaft: Reif sein, froh, wissend und vertrauend einander und dem Leben die Hände reichen – das ist alles. –

... Doch jetzt zu meinen äußeren Ereignissen seit Freitag. Abends nach 10 Uhr kam ich nach Marburg zurück. In Ockershausen traf ich die gesuchten A. V.er nicht mehr an und ging allein den Wiesenweg zwischen den Zäunen. Zu Hause traf ich dann eine Reihe A. V.er: W. Wix, Schalow, Klamroth und Frost, die den Nachtzug benutzen wollten. Der nächste Morgen brachte viel Tätigkeit, die jeden Abschiedsgedanken verscheuchte. Ich war bei der v. K.'s, brachte ihnen die »grünen Blätter« und verabschiedete mich kurz. Dann bei Rade und Natorp zum Abtestieren. Ihr Testierbuch habe ich hier; Natorp testierte mir auf der Straße unter L's. Fenster ab und sah mich dabei mit seinem eigentümlichen Blick an. Zum Schluss war ich noch mit meinem Zweiten und Dritten zusammen und übergab Kreft die schön versiegelten A. V. Akten. Nachdem alles glücklich gepackt war, begann ich Mittags mit meinem Bruder die Heimfahrt. Der Zug war voller Russen aus Nauheim usw., stumpfsinnigen alten Gäuchen. Mit solchen Leuten musste man eine Fahrt antreten, die so viel innerlich wachrief. Einige Stationen nach Kassel hörte man von der Mobilmachung gegen Rußland und Frankreich. Unter den Mitreisenden schien die Nachricht keinen

Eindruck zu machen. Gepfercht in den Gängen stierten sie blöde vor sich hin. Nur im Gepäckwagen, wo noch einigermaßen Platz war, fand man bei den deutschen Beamten fühlende Herzen! Abends spät kamen wir in Halle an. Ich wohne nun hier bei meinem verheirateten Bruder. Eine Nacht war ich zu Hause in Spören. Ich nehme hier augenblicklich an einem Kursus für freiwillige Krankenträger teil; ob ich zum aktiven Dienst genommen werde, das wird sich morgen zeigen. Auf irgend eine Weise muss ich mich betätigen, sonst könnte ichs nicht aushalten. Aber den August hindurch wirds noch dauern, bevor man verschickt werden kann. Solange bin ich also hier. – – –

An die Nürnberger Freundin

Halle, den 12. August 1914.

... Man vermag nur ruhig und fest das allernächstliegende zu tun und zugleich einzustimmen in den göttlichen Begeisterungs- und Tatenrausch, der uns umgibt und fortreißt. Sicherlich übertönt er oft das Gefühl des Nichtgewohntseins gegenüber der Aufgabe, die die Situation in Gedanken und Taten fordert – nicht Aufgaben dem Vaterland gegenüber, die so klar und leicht zu erfassen sind, sondern dem eigenen Leben gegenüber: da sind wir plötzlich vor ein Ereignis gestellt, das in seiner Ungewohntheit die Augen blendet. Viele Menschen schließen nun einfach die Augen oder schauen nur auf Einzelheiten und haben sich bald in das Neue hineingefunden und leben ihren Alltag mit ihm weiter. Wie viel schwerer ist aber, und das ist doch die eigentliche Aufgabe, dieses Ereignis in seiner ganzen Größe, mit aller Erhabenheit und aller Tragik, damit dem geheimnisvollen Dunkel der Antworten, die es auf die letzten Fragen des eigenen Lebens und der großen Geschichte der Völker zu geben scheint, mit zu erleben und es ganz das eigene empfängliche Ich erfüllen zu lassen. Gedanklich erfassen und in klaren Kausalreihen auflösen kann man das Ereignis wohl nicht, auch fehlt ja die Zeit zu solchem Beginnen. Aber es wenigstens in seiner unerkannten, nie geschauten und empfundenen Bedeutung einwirken zu lassen, das sollte doch gelingen. Das wird mir jedoch nur bruchstücksweise gelingen, denn unsere nächste Aufgabe ist, so seinen ungeübten Corpus zu mobilisieren, dass Sehen und Hören, jegliche Empfindung und Gedanke vergeht. Mit mir ists zwar noch nicht so weit. Erst in den nächsten Tagen wird es sich entscheiden, ob man mich zum aktiven Felddienst bei der Artillerie nimmt. Jetzt spüre ich nur erst noch den Vorgeschmack, indem das Reiten auf ungesatteltem Pferd mich fürchterlich, körperlich und seelisch, schindet. Im Fall, dass ich nicht genommen werde, werde ich wohl Krankenpfleger. Ich nehme schon seit 8 Tagen an einem solchen Kurse teil. …

Zweimal war ich draußen in Spören und traf es lieblicher als je. Eine wundervolle Ruhe lag über dem Dörfchen, die ich nach der Aufregung und Hast der letzten Woche in Marburg und während der Heimfahrt am Mobilmachungstage schon lebhaft empfand.

An die Marburger Studiengenossin.

Halle, den 25. Aug. 1914.

… Ihr Brief traf mich selber in einer so fürchterlichen Depression. Jetzt liegt es glücklicherweise hinter uns. Die Geschichte war folgende: Ich wollte hier als Kriegsfreiwilliger mich stellen, um auf diese Weise die große Zeit in einzig möglicher Weise mitzuerleben und mitzugestalten. Ich war vorher im Zweifel, ob man mich überhaupt nehmen würde; doch wurde er zerstreut durch die Untersuchung eines Oberstabsarztes, der behauptete, ich würde schon genommen werden. Ich stand also an dem Tage der Hauptuntersuchung und Einstellung geduldig und bescheiden mit tausend anderen erwartungsvollen jungen Leuten – meist Studenten – auf dem Kasernenhof der hiesigen Artilleriekaserne. Ebenso auch noch mehrere Stunden des folgenden Vormittags – immer in der sichern Erwartung, dass mir nichts passieren könne, während die Leute um mich herum lebhafte Zweifel äußerten, ob sie selbst wohl genommen würden? Als ich nun endlich dran kam, brach das Unheil im Laufe einer halben Minute über mich herein: ich sei untauglich, die Muskeln seien nicht genügend ausgebildet. Zunächst sah ich den guten Stabsarzt ganz verständnislos an und versuchte ihm dann klar zu machen, dass ein anderer Oberstabsarzt mich schon für tauglich erklärt hätte, usw. Doch jener blieb dabei. Als dann der Schreiber noch bemerkte, sicherlich in ganz sachlichem Ton, aber mir klang es wie fürchterlicher Hohn: »Immer die Theologen«, da wäre ich den Leuten beinah vor Wut an den Hals gesprungen. Dann fiel ich in eine Lethargie; ich dachte gar nichts mehr und sah alle Gegenstände um mich herum sehr deutlich und interessiert an. Ich fuhr mit der Tram nach Hause. Der Schaffner wollte sich durchaus mit mir unterhalten und quälte mich die ganze Strecke, die ich mit ihm allein fahren musste, obgleich ich ihm gar nicht antwortete. Immer wieder redete der Mensch auf mich ein. Ich kam mir vor wie eine wehrlose Schnecke, die ein frecher Junge mit großem Behagen immer wieder piekt und sich an den immer gleichen Reaktionen, die er hervorruft, erfreut. Das alles ist mir noch so deutlich wie ein Fiebertraum. Hinterher kam das Erwachen. Wie das war, kann ich gar nicht mehr schildern – ich habe, glaube ich, geweint vor Wut über mich selber. Ich konnte diese Depression auch sobald nicht überwinden und es war mir deshalb auch unmöglich, zu schreiben. Denn das ruhige Überdenken seiner eigenen Lage und seiner Stellung zum Leben ist dann wie ein Gericht, in dem die eigene Schwäche und Unfähigkeit zum Leben so klar zu Tage tritt. Und solange das Gleichgewicht noch nicht erreicht ist, bereitet dies Erinnern unerträgliche Schmerzen. Einige Tage nach jenem Durchfall fuhr ich nach Naumburg, um es dort noch einmal zu versuchen – allerdings in viel resignierterer Stimmung. Ich blieb zwei Tage da und verlebte mit meinem lieben Vetter aus Jena und einem Freunde, die beide auch in das Artillerieregiment eintraten, einige schöne Stunden. Zunächst schien keine Aussicht zu sein, überhaupt noch anzukommen: ich machte mir gar keine Hoffnung mehr und wollte nur noch wie ein objektiver Beobachter einmal der Entwicklung zuschauen. Und siehe da: mit einigen Wenigen hatte ich vor hundert andern das Glück, eingestellt zu werden; als aber dann die Untersuchung kam, musste ich doch wieder zurücktreten. Diesmal war sie aber besser und man zeigte mir sachliche Gründe, so dass ich nicht mehr durch den Gedanken eines etwaigen Zufalls gequält wurde. Der Stabsarzt fand wirklich noch Reste einer Lungenaffektion, die ich seinerzeit glaubte in Davos ausgeheilt zu haben. – Ich habe dann Naumburg in bester Stimmung verlassen und versuchte mir die große Selbsttäuschung klar zu machen, in die ich verfallen war. Im aktiven Heeresdienst glaubt man jetzt einzig und allein seine Pflicht und jegliche Genugtuung, nach der man verlangt, erreichen zu können. Und gewiss ist mit diesem Weg das größte, der Heroismus und die Steigerung der Armseligkeit des Menschen ins Übermenschliche verbunden. Jedoch, wenn ich einmal die Sache psychologisch ansehe, so ist er der leichtere; man wählt ihn zunächst *deshalb* und neidet die Leute, die ihn gehen können. Viel schwerer ist es jetzt, zuzusehen und in solcher Zeit immer fürchten zu müssen, in seiner eignen Armseligkeit stecken zu bleiben. Die andern haben gleichsam einen Turm, an dem sie emporklimmen können, wenn auch unter viel Mühe, von dem aus sie das Land, nach dem wir uns alle sehnen, erblicken können, wenn sie nur etwas hellsichtig sind. Wir andern kleben im Staube, gekettet an die Kleinlichkeit unseres eigenen und unserer lieben Mitmenschen Ich und müssen in Untätigkeit verharren, während wir von der Schönheit jenes Landes wohl hören, aber uns betrügen, indem wir uns vortäuschen, es zu sehen (wie jene Leute, über die Sie sich beklagten, die der Bedeutung des Ereignisses – wenn es ein Sieg ist – nur in einem narkotischen Rausche gerecht zu werden glauben) oder seine Größe uns unverständlich bleibt und wir an seiner Last gänzlich zugrunde gehen (wie etwa bei einem teilweisen oder völligen Zusammenbruch). Die andern aber sehen und verstehen die Größe in jedem Falle – wenigstens ist die Möglichkeit überhaupt gegeben. –

Mein Bruder ist übrigens einer jener Glücklichen: er steht beim 26. Infant-Reg. in Magdeburg. Ich muss nun gestehn, dass ich doch an einem Turm baue, der auch zu einiger Höhe führen kann, das ist der Kurs für Krankenpfleger. Es ist ein ungeheuerer

Andrang. Aber diesmal werde ich sicher drankommen, wenn nicht mein Corpus auch diesmal wieder versagen sollte. Ich bin nämlich jetzt den Tag über im Hause des Herrn Prof. v. D., als sein Gehilfe, der wiederum der Sekretär des Vorsitzenden der Genossenschaft für freiw. Krankenpfleger im Kriege ist. Also bin ich ganz nahe an der Quelle. Die Ausbildung wird aber noch mindestens vier Wochen dauern. Diese Woche ist sie noch theoretisch und nur eine Stunde am Tage. Umso mehr habe ich bei meinem Professor zu tun. Ich führe also ein recht tätiges und in dem Zusammenleben mit sehr feinen Menschen anregendes Dasein. … Wenn ich gerade nichts Geschäftliches zu erledigen habe, arbeite ich an einer textkritischen Arbeit für ihn, indem ich verschiedene Lesarten eines alten apokryphen Evangeliums in einen sogenannten »textkritischen Apparat« ordne. Also eine ganz stille, exakte Gelehrtenarbeit, die gar nicht in diese Zeit passt, sondern irgendwohin in eine friedensselige Hieronymusklause. Ich würde eigentlich lieber an Kant oder Natorp arbeiten, denn ohne solche rein-geistige Tätigkeit kommt man doch nicht mehr aus.

Das Leben kommt also wieder ins Gleichgewicht und ich möchte das auch herzlich von Ihnen wünschen. … Die lieben Mitmenschen sollen Sie nicht so in ihren Ärmlichkeiten betrüben. Man braucht das grade doch nicht zu beachten. Gerade jetzt zeigen sie doch oft so seltene, nie gesehene schöne Aspekte. Man kann sie nie verstehen, wenn man sie verneint und ablehnt. Unsere schöne Marburger Zeit war ja wie das Leben in einem abgeschiedenen Tale, wo fern und unverstanden von einer fremden Außenwelt, sich in ewigem Spiel des Gebens und Nehmens Seelen selbst erschauten, wo nichts galt als ihr einziger eigentümlicher Wert. Jetzt sind diese schönen lebendigen Wogen verschwunden und die Seelen sind abgeglitten in einsame Gewässer, wo sich niemand um sie kümmert und wo sie niemand kennt. Dann aber können sie ihre Kraft nicht mehr ausgeben und sich verschenken; sie müssen sich gegen sich selbst wenden und sich verzehren. Wie seltsam ist das Leben der Seele, die da wächst und zu nie geahntem Leben emporsteigt, sobald sie sich verschenken kann, aber verkümmert, wenn niemand mehr ihren Reichtum verlangt und sie sich in sich selbst kehren muss. Wissen Sie übrigens, wer das zuerst gesehen hat? – Aber glauben Sie mir, wir sind akkomodationsfähiger als wir wohl denken. Jetzt mag man im Innersten wohl einsamer sein, niemand fragt nach der Seele; aber umso mehr wird von uns gefordert in anderer Beziehung; in objektiven Aufgaben, die die Zeit, die gegenwärtige oder zukünftige Gemeinschaft an uns stellt. Die Seele vermag, trotzdem sie ihren Platz im Zentrum verloren hat und nur in der Peripherie des Lebenskreises leben darf, auch bei wenig unmittelbarer und viel mittelbarer Tätigkeit (und die kann man immer haben) ganz gut zu existieren. –

Verzeihen Sie, dass ich Ihren Brief mit soviel moralischen Erwägungen belaste: aber das ist eben Marburger Erbe, warum haben wir immer Ethik getrieben? Das andere muss dann halt darunter leiden. Denn länger kann ich den Brief nicht mehr machen: mein Professor behauptet eben schon, ich betriebe ja beinah Goethesche Korrespondenz; wenn man auf den Inhalt sieht, wäre es wohl richtiger »Lavatersche Korrespondenz«. –

An dieselbe. Spören den 5. Okt.

Nur einen kurzen Gruß kann ich senden, da ich im Bett liegen muss und körperlich und geistig recht matt bin. In der vorigen Woche machte ich mein Examen und bin jetzt Mitglied der Genossenschaft für freiw. Krankenpflege im Kriege. Darauf bekam ich Urlaub und fuhr hierher, wo ich eine kleine Influenza bekam (die aber jetzt vorbei ist) und meinen Magen wieder etwas kurieren muss. Den September hindurch war ich in der chirurgischen Klinik, wo es soviel zu tun gab, dass ich jeder andern Gedanken beraubt wurde und die ZEIT mir sehr rasch verging. Aber viel Neues hab ich da gesehen und gelernt. Der Hochflug der Gedanken und Gefühle hat hier aufhören müssen. Soviel Elend! Dem man nur in gleichmäßiger liebevoller einfacher Arbeit begegnen konnte. Viel Gefühl darf da nicht mitsprechen, selbst beim Tode nicht. Und man lernt alles! Aber diese Gleichmäßigkeit drückt; kein emporhebendes Erlebnis! Man wird still und bescheiden bei dieser Arbeit. Nächstens werde ich eingezogen, aber zu Verwundeten. – – –

An dieselbe. Spören den 11. Oktober 1914.

... Bei der Tätigkeit, die ich jetzt betreibe und die den ganzen Winter hindurch wohl die gleiche bleiben wird, habe ich kein so schlechtes Gewissen, wenn ich mich auf acht Tage einmal ins Bett lege, als wenn der »verehrte Herr Corpus« mir mitten im Semester oder in arbeitsreichen Ferien solchen Streich spielen wollte. Im Gegenteil – bei der ständigen, meist mechanischen Tätigkeit, in der aber das Objekt immer angestrengte Aufmerksamkeit fordert, ist solch ein Ausruhen des Körpers und Freiwerden des Geistes und der Phantasie sehr willkommen. Das sind dann oft meine schönsten Stunden, in denen das Leben noch einmal gelebt wird, reicher, lichtvoller und sieghafter als die Wirklichkeit, die uns ins Dunkel fesselt, in dem wir nicht aneinander finden, wo soviel Hindernisse sind durch unsere Gefühle, falsche Instinkte oder Unzulänglichkeiten der Sprache. Aber diese Wirklichkeit birgt das wahre Leben nicht. Nein! *Schmerz muss Seligkeit, Unglück muss Glück, Enttäuschung muss Jubel, Trennung muss Sich-Finden* werden. Oft glauben wir, dass wir solch strahlende Liebe, die in dem Leben dann wirkt, die aus allen Dingen entgegenleuchtet, in der die Seelen sich finden und binden, garnicht ertragen können. Ach nein! Wir sind nur zu täppisch und ungeschickt und können uns in der neuen Art nicht bewegen und fallen wieder in die alte Art. Auch ist es ja kein Ausruhen, sondern der ewige Kampf, das immer weiter Hineingreifen ins Licht ist es, was uns entzückt und die Lebensgewissheit trägt. Gott lässt sich nicht ganz und auf einmal ausschöpfen, sondern er bleibt uns nur ein seliges Geheimnis, davon eigentlich nur das Auge sprechen dürfte. – Nein, diesen Quell Gott können wir nicht ausschöpfen und aussprechen, aber er ist doch der geheimnisvolle Ursprungsquell unseres Lebens. –

Wird L. Naturwissenschaften studieren? Der Kampf mit den geistigen Mächten ist so aufreibend, dass sie sicher bei der liebevollen Versenkung in die einfachen Verhältnisse der Natur dem Zwiespalt, unter dem wir so oft leiden, entgehen kann. Auch wissenschaftlich wird sie viel mehr Sicherheitsgefühl gewinnen können. –

Nun etwas von mir: Meine Zeit im Krankenhaus war mir eine ganz neue Welt. Ich musste mich selbst sozusagen ablegen; was ich bisher war oder zu sein glaubte, galt dort nichts. Ich bekam ein ganz neues Gesicht, allmählich musste ich es mir erwerben und nur in Rücksicht darauf galt ich etwas. Das ist ein ganz seltsames Gefühl: man führt eine Art Doppelleben. Trotzdem gestaltete sich das Leben mit den Schwestern und Kranken, mit denen man so intensiv Tag und oft Nachts zusammenarbeitete und lebte, sehr nett. – In unserer chirurgischen Klinik waren 90 Russen und Franzosen, meist Leichtverwundete. Dort gabs nicht viel zu tun. Sie helfen selbst schließlich viel, die gröbsten Arbeiten zu tun. Gewöhnlich sind sie ein harmloses, dankbares Völkchen. Hauptsächlich war ich auf der Männerstation, wo die Unglücksfälle der Stadt einlaufen und viele schwere Operationen vorkommen. Da habe ich lernen müssen, all das Grausige zu sehen und anzufassen. Schließlich tut man's ohne Schauder, ja mit besonderer Freude, die aus dem Interesse an der allmählichen Heilung entspringt. Nur die ersten Nächte hats mich oft verfolgt. Auch im Operationssaal habe ich vielfach gearbeitet. Manche schwere Nächte, z. T. bei Sterbenden habe ich gehabt: Also nichts Menschliches ist mir fremd geblieben. Was nun aus mir wird, wenn ich gesund bleibe, weiß ich noch nicht; es wird sich diese Woche entscheiden. Vielleicht komme ich auf einen Lazarettzug Halle-Kriegsschauplatz!

Mein Bruder ist schon die ganze Woche »im Begriff, ausgeschickt zu werden«. Vielleicht ist er jetzt schon fort. Hoffentlich wird er die Strapazen ertragen. Er soll sehr frisch und gesund aussehen, obgleich er einmal 14 Tage mit einer Lungenentzündung im Magdeburger Lazarett lag. – – –

Walckenraedt (Belgien) den 24. Okt. 1914.

Nun bin ich, wie Sie sehen, auch draußen unter den Kämpfern Deutschlands. Ich hatte schon die Hoffnung aufgegeben, mit auf den Schauplatz der großen Ereignisse zu kommen, wo jetzt das Schicksal, das uns immer in Atem hält, entschieden wird. Doch merke ich jetzt schon: all dies Große und Bedeutungsvolle, was in diesem Erlebnis liegt, tritt ganz zurück, wenigstens das momentane Bewusstsein davon – hinter den Entbehrungen und Anstrengungen, die das Leben, damit jenes Große erlebt wird, erfordert. Nur die äußern, allerdings interessanten Tatsachen, vor allem aber auch das Elend bleibt am meisten im Bewusstsein haften. Zu weiterem reicht Zeit, Kraft und Besinnung nicht. Auch das ganz Persönliche muss schweigen. Man kann nicht mehr mit den Menschen, von deren Liebe man lebt, verkehren – im Gedanken, wenn die körperliche Arbeit uns ganz einspannt und alle äußern Ereignisse und Dinge den Geist in Fesseln legen, wenn man selten allein ist, wenn man abgespannt ist durch schlaflose Nächte.

Dass ich in einem Lazarettzug bin, schrieb ich Ihnen wohl schon. Unser Zug liegt etwas abseits auf dem Rangiergeleise der belgischen Zollstation. Ich sitze auf dem Trittbrett meines Wagens und benutze das letzte dämmerige Licht für diese Zeilen. Zug für Zug fährt drüben voller Soldaten vorbei. Manche begrüßen das belgische Land mit Hurra. Gleich neben mir stehen eine Reihe Lokomotiven unter Dampf neben dem Zollgebäude, dessen Inneres eine große Wüste ist. Heute Morgen und die letzte Nacht lagen wir auf dem deutschen Bahnhof Herbestal, wo immer ca. acht große Transportzüge der Weiterfahrt harrten. Auf diese Weise hatte ich eine gute Nacht, nachdem die vorige bei der Rüttelei wenig angenehm gewesen war. Ich denke, dass wir heute Abend wieder weiterfahren. Ein Lazarettzug hat's halt nicht so eilig wie die andern, die scheinbar wichtiger sind. Doch es wird schon dunkel. Ein andermal mehr. – –

An Professor v. D.

Auf der ersten Lazarettzugfahrt in Aachen, den 23. Okt. 1914.

Diese Ansichtskarte hat mir eine junge Dame in Gladbach geschenkt, als ich grade meinen Wagen schrubbte, wobei sie behauptete, ich mache es noch nicht richtig! Aber ich kann es doch. Geschlafen hat man wenig und man wird zu sehr geschüttelt. Aber es wird wohl bald besser. Über Aachen liegt das schönste Wetter.

25. Oktober 1914 zwischen Löwen und Brüssel.

Jetzt bin ich glücklich auch in Feindesland und heute war wunderbares Sonntagswetter. Man lebt auf den Trittbrettern des Zuges und sieht in die Gegend.

26. Oktober 1914.

Gleich werden wir in Cambrai eintreffen. An der Grenze (Herbestal) lagen wir zwei Nächte, der Sonntag durch ganz Belgien hindurch war wundervoll. Das schönste Sonnenwetter. In Löwen sahen wir sehr viel von der zerstörten Stadt (genau 14 Tage nach Gottholds Durchfahrt durch Löwen). Auch die ersten Gräber auf den Anlagen des Bahnhofplatzes. Mir gehts recht gut, die Erkältung ist fast ganz weg.

An die Marburger Freundin

Douai am 5. Nov. 1914.

An einem wunderschönen, sonnigen Nachmittage, der alle Anstrengungen und körperlichen und geistigen Depressionen vergessen lässt, schreibe ich Ihnen und sende einen herzlichen Gruß aus den jetzt schön daliegenden Gefilden Frankreichs. Gleich werden wir in Lille sein. Unterwegs hörten wir den Kanonendonner von Arras, wo augenblicklich mein Bruder ist. – Eben hält der Zug wieder auf der Strecke, die ganz vom Monde erleuchtet ist. In der Dämmerung sah man im Westen Leuchtkugeln aufsteigen. Am Himmel schweben Flieger. Von drüben aus den Häusern ertönt friedlicher Abendgesang unserer Soldaten. Der Kanonendonner dauert immer fort. Die Sternennacht deckt über alles das große Geheimnis, das wir nun lösen. Und wir sind mitten drin mit unserm eigenen Leben und unserm Weltleben. Das Eigenleben, das Du und das Ich war bisher das Einzig-Wichtige. Die stille Sternennacht erweckt das verbleichende Geheimnis, das jetzt von dem Weltleben ganz verschlungen scheint. – – –

An dieselbe. Düsseldorf-Derendorf den 17. Nov. 14.

Wenn ich Ihnen die Erlebnisse der letzten Woche genau erzählen würde, so würde das ein ewig wechselndes Kaleidoskop geben, bei dem ich selbst eigentlich gar keine Rolle spiele. Man braucht ja schon immer Tage, um sich an irgend einem Orte in die Außenwelt einzuleben. Wenn man aber so hin und her geworfen wird und die Außenwelt eine einzige große Flucht ist, wird man leicht schwindlig und verliert die Eindrücke überhaupt. Dass ich erst vor 8 Tagen in Marburg war, kann ich garnicht recht glauben. Die Fülle des dazwischen Liegenden und schon wieder Verwischten will es ganz in die Ferne rücken. In den ersten Tagen, wo man hier und da noch ein Stündlein zum Nachdenken übrig hatte, wollte ich die Marburger Erlebnisse mit Gewalt im Einzelnen zurückhalten und Ihnen davon erzählen. Aber mir wurde alles sozusagen entrissen und Gelegenheit zum Schreiben fand sich bei der ununterbrochenen Fahrerei der Hinfahrt auch nicht. Sie werden in Ihrer einsamen Stille wohl umso mehr gedacht haben, vielleicht haben Sie auch viel mehr gesehen, denn dazu taugt die Gelassenheit, besonders der Außenwelt mehr als die Zerstreutheit.

Darin sind Sie mir jetzt weit überlegen: Sie sehen mehr und haben Stille, es auszudeuten und in Liebe zu verstehen. Sie können eigentlich viel mehr erleben als wir, denn dazu gehört ja immer zweierlei, erstens das Leben und zweitens das Ich. Bei mir kommt das Zweite zu kurz. – – Wir stellen uns zu leicht und gern eine Vollkommenheit vor, die wir in Gedanken und Wünschen ausmalen und sind betrübt, wenn wir im Gegenteil stecken bleiben. Der Marburger würde sagen, das sei falscher Metaphysizismus. Ich selbst habe wohl auch ein Klagelied angestimmt, als Sie mich in Marburg nach meiner Lage fragten. Aber schließlich müsste ich, als Sie mich fragten, doch sagen, dass ich zufrieden bin. – Ich habe L. neulich sehr bewundern müssen. Ihre Augen leuchteten so, wie ich es selten sah, als ob die große Traurigkeit noch mehr Licht hineingetragen hätte. Das ist eben Euer Vorzug, dass Ihr die Traurigkeit so auf Euch wirken lassen könnt, bis zwischen ihr und der Freude kein Gegensatz mehr ist. So möchte ich es gern deuten, wenn Traurigkeit und Freude oft so seltsam vereint sind. Vielleicht ist die Lösung nicht richtig oder vielmehr, sie entspricht nicht immer den wirklichen Tatsachen.

An die dieselbe. Am Mittwoch den 18. Nov. 1914.

Augenblicklich sitze ich im Wachtlokal und muss die Rederei und Stänkerei meiner »Kameraden« mit anhören. Je mehr man sie auf die Dauer kennen lernt, je mehr zeigen sie ihre Schwäche; man gewöhnt sich allmählich daran, selbst an die persönlichen Beschimpfungen, die sie einem zu teil werden lassen. Übrigens gehts mit meinen Vorgesetzten jetzt viel besser. Eine offene Aussprache hilft da viel, wenn er ein einigermaßen »anständiger« Mensch ist. Politik macht das Weitere, indem man sich ihren Schwächen anpasst. Das Kapitel darf keine Sorge machen, was aber nur gelingt, wenn man weiß, dass man nicht einsam ist. –

Doch jetzt etwas von unsern äußeren Erlebnissen, soweit sie noch haften bleiben konnten. In Kassel ging es am Mittwoch früh los. Der Tag brachte die mannigfaltigsten Einrichtungsarbeiten, wie Bettenbeziehen usw. Als es dunkelte, war man in Düsseldorf. Der nächste Morgen fand uns in Lüttich. Brüssel sahen wir zum ersten Mal bei Tage. Es lag im schönsten Sonnenschein herrlich da. Der schöne Anblick ließ keinen Gedanken an das Elend, das diese Stadt birgt, aufkommen. Man fährt mit der Bahn um die Stadt herum, immer mit dem Blick auf den wundervollen Justizpalast und die Gudulakirche. Jenen Abend in Serlin kurz vor Lille, wo wir lange liegen mussten, werde ich so leicht nicht vergessen. Der schöne Nachmittag ging gerade zu Ende. Man war fertig mit seiner Arbeit. Jeder vertrieb seine Zeit, so gut er konnte; der eine bastelte an irgend einer Lieblingsbeschäftigung herum, der andere schrieb oder las; am schönsten war es aber, auf dem Dache zu sitzen und hinüber zu starren nach der Front, die im Westen am hellen Horizonte lag, von wo der ununterbrochene Donner der schweren Geschütze herübertönte. Als dann die Dämmerung kam, die Sonne hinter einem Wäldchen verschwand, hatte man sich in Gruppen versammelt mit den Offizieren, Ärzten und Schwestern. Man beobachtete die Wölkchen, die von der Sonne beschienen emporschwebten, indem man hin und her überlegte, ob das Schrapnellfeuer sei oder Abendgewölk. Oder man zählte die Leuchtkugeln, die am Horizonte wie Bälle emporflogen. Dann kam die Nacht, so sternenklar und ruhig schwebend, in der die Schienenstränge im Mondlicht glitzerten. Sie werden verstehen, wie all diese Schönheit, Einfachheit und Stille in der Natur und bei den Menschen das eigene kleine Schicksal und das große gemeinsame so seltsam eindringlich in seiner ganzen Verwirrung vor Augen stellte. Und es wird jetzt immer größer und seine Fragen und Forderungen immer gewaltiger, je öfter wir von dem Tode unserer Freunde oder uns nahestehender tüchtiger Menschen hören. So ein großes Reich wie Deutschland mag wohl zu seiner Selbsterhaltung und Mehrung seines Reichtums einen Teil seiner vitalen Volkskraft, ein Stück seines vom äußern Lebenstrieb gepeitschten Körpers dahingeben. Das ist scheinbar ein biologisches Gesetz, das wir zur Not verstehen können. Aber diese vitale Volkskraft sind doch Individuen von unendlichem Werte, deren Eigenleben, unsichtbar aber doch erlebbar, uns wie eine unzerstörbare Einheit erschien, an deren Leben das unsrige sich oft erst entzündete und in deren Gemeinschaft es nur atmen konnte. Und jetzt werden sie massenweise vernichtet. Wofür? Etwa für ein großes geistiges Eigenleben des Vaterlandes? Es mag herrlich sein, *selbst* hierfür zu sterben und im Tode zu wissen, dass man es selbst bauen hilft. Aber *wir* – wir sehen es trotzdem nicht oder können nicht das, was wir sehen, als Gegengewicht für den eigenen großen Verlust anerkennen. Und so resigniert man leicht und lebt mit gebrochenem Selbst weiter und wartet darauf, bis vielleicht die Zeit es heilt. – Wenn man aber doch eine Lösung ahnt, so wagt man sie nicht auszusprechen. Denn was vermögen Worte gegen ein Leben! Unsere Toten sehen uns dann an und schütteln den Kopf. Ein Wort vermag die Kraft der Überzeugung nicht zu fassen oder wiederzugeben. Das kann nur ein Leben. Mit dem Leben eine Antwort geben, das ist wohl die Aufgabe.

Am Freitag morgen waren wir also in Tourcoing. Wir lagen am Güterbahnhof und trieben uns den ganzen Vormittag in dem großen Hofe zwischen den Schuppen herum. Dort herrschte ein interessantes Kriegsleben, wie es sich hinter der Front an der letzten Eisenbahnstation abspielt. Der Hof wimmelte von Soldaten und Wagen, Pferden und Autos. Munitionskolonnen und Proviantkolonnen in Autos und Bauernwagen kamen ununterbrochen zum Tor hinein und heraus. Bayrische Bauernsöhne saßen auf ihren Planfuhrwerken und verhandelten ihr »Kriegsgut« mit einigen Schlauen von uns: Bajonette, Gewehre, Revolver usw. Als wieder einmal eine Munitionskolonne vor dem Tore hielt, wurde ich plötzlich mit Namen gerufen von einem Artilleristen, der auf einem Vorspannpferde thronte. Ich erkannte ihn nicht gleich. Schließlich war es ein Marburger, mit dem ich im Misch-Seminar gesessen hatte: Hennicke. Er war schon einige Wochen kriegsfreiwillig in der Gegend. Wir unterhielten uns einige Zeit marburgisch und freuten uns dieser seltsamen Situation, schrieben noch eine Karte an Misch, dann ertönte das Signal zu unserer Abfahrt. Man musste zum Zuge – der aber noch lange nicht abging. Von Mittag bis Abend luden wir dann ein. Ich bekam wieder einen ganzen Strauß deutscher Stammesangehöriger, die aber alle aus einigen elsässischen Regimentern (15. Korps) stammten, Bayern, Westfalen, Hanoveraner, Sachsen, Polen, Thüringer: meistens aktive Soldaten, die schon in Mühlhausen und in den Vogesen gekämpft hatten. Sonnabend vormittag wurde in Roubaise der Rest des Zuges gefüllt. Die Trägerarbeit dabei ist ziemlich anstrengend. Dann gings zurück durch flandrische Landschaften, bis wir Sonntag mittag in Aachen waren.

Es ist zu schön, wenn man beobachten kann, wie das *Heimatgefühl* in weicher, inniger Stimmung die Leute erfasst und sie dann eigentümlich still oder lebhaft und unterhaltsam werden und eine festliche Stimmung in den Wagen kommt. Ich selbst konnte mich ihr kaum entziehen, als sich am Nachmittag ein Schneesturm erhob und wir bei kaltem, wehendem Wetter in den Düsseldorfer Bahnhof fuhren. Von meinem 6.–16. Jahre habe ich ja hier gelebt und als Kind lebt man ja viel intensiver, wenn auch nicht bewusst, so doch eben naiver und unreflektiert in der Außenwelt. Das Alte, Vergessene kam so deutlich wieder zum Vorschein, in einer Stärke, die ich in diesen Tagen nicht wieder erlebte. Es war mir, als ob Weihnachten wäre, wo man mit freudigem Gesicht durch das unfreundliche Wetter die altbekannten Wege nach Hause eilte, wo das kindliche Gemüt in sich seine schönsten Feste gefeiert hat. Im Abenddunkel fuhren wir weiter durch die winterlichen Felder, die ich so genau kannte und nach 7 Jahren wiedersah. Gar nicht weit lag das Haus, in dem wir wohnten. – Abends waren wir in Mühlheim, wo unsere Station auslud. Am nächsten Morgen erwachten wir in Essen. Wir lagen am Schlachthof bei einer großen Reinigungsanstalt. Es sollte nämlich Generalreinigung sein. Zunächst jedoch holte man Kaffee. Ich stieg mit Kanne und Korb über die Gleise und einige Viadukte zum Nordbahnhof, wo man alles umsonst bekam. Dann kam die große Wäsche. Kochendes Sodawasser floss in Strömen. Montag Abend ging es wieder nach Düsseldorf. Zwei volle Tage, abgerechnet die Wachen, konnte ich an die alten Stätten gehen. Es war zudem das schönste Wetter der Welt. Am ersten Morgen war ich auf dem Friedhof an dem lieben Grabe der Mutter, wo ich vor sieben Jahren zum ersten Male das Furchtbare des Todes erlebte und damals einfach alle Fassung verlor. Das Sterben selbst hatte mich nicht so erschüttert. Es war wie eine wunderbare Erlösung aus große Schmerzen. Erst als der Sarg verschwand, da ging mir erst das Grausame auf. Ich habe mich damals geschämt, dass ich in einen so leidenschaftlichen Schmerzensausbruch geriet, während mein Vater und mit ihm meine Geschwister in diesem Augenblick gefasster waren als je, da doch das große Publikum den Schmerz im Zaume halten musste. –

Das alles ging mir jetzt durch den Kopf, während ich am Grabe saß und die Sonne über die Lebensbäume strahlte, in tausend Tautropfen glitzerte, den Nebel aus der Erde lockte, der dann im Schatten der dunklen Bäume in farbigen Tönen wogte. Dabei kam es mir vor, als ob das ein ander Leben sei, was ich überdachte, mit dem mich eigentlich nichts mehr verband; als sei es vielleicht ein schöner Traum, während ich in einer fürchterlichen Wirklichkeit lebte, von der im Traume auch nicht das Geringste vorkam. Wenn wir nicht im Kriege lebten, wäre mir der Gegensatz wohl nicht so scharf vorgekommen. Mein Vater ist ziemlich oft seit jener Zeit nach Düsseldorf gekommen, hat aber nie das alte Pastorat besucht. Zuerst hatte ich auch etwas Furcht: man soll das alte Freudige und Schmerzliche nicht wieder aufsuchen und ausgraben. Aber *ich* konnte doch nicht: *Ich* war damals ein Kind und muss jetzt alles anders ansehen. Jenes Leben war ein Traum, an den man sich wohl erinnern darf. So habe ich denn alles wieder aufgesucht, traf auch Menschen von jener Zeit, die mich nicht mehr erkannten. Ach, all die schönen Einzelheiten kann ich gar nicht so schnell erzählen. –

Düsseldorf-Derendorf, Güterbahnhof, 17. Nov. 1914.

Liebe Eltern!

So bin ich glücklich in Düsseldorf … Wir bleiben wohl zwei Tage. Ich freue mich schon sehr, alles Alte wiederzusehen. Hoffentlich kann ich bei den Tanten essen. Zugwachen werden leider die schöne Freizeit arg beschneiden.

An die Jenauer Freunde.

Löwen, 29. November 1914.

Ich bin nun beinahe sechs Wochen im Zug und jetzt auf der fünften Fahrt. ... Die Nerven leiden auf die Dauer und ich kann auch die Diät nicht ganz vertragen. Aber man hilft sich so durch. Es muss so lange gehen als möglich. Die anderen haben es noch viel schlimmer. Ich bin ja nur ein armseliger Sanitäter. Man kann den Krieg mit seinen Schrecken und seiner Größe gar nicht so miterleben und innerlich aufnehmen und dies mit anderen austauschen, wie man gern möchte. Es muss jedoch auch so gehen.

An die Nürnberger Freundin.

Tournay den 1. Dezember 1914.

Der Krieg führt mich aus einem Aufruhr in eine Betäubung und aus der Betäubung wieder in einen Aufruhr. Ich kann gar nicht mehr reden und leben wie sonst, das scheint mir nur ein matt Geleier. Wo jetzt ein Leben nach dem andern zerbricht, das ich selbst zu dem meinigen zählte, muss auch meines zerbrechen. Diese furchtbare Tragik muss ich ins Leben hinein zwingen, sonst bleibe ich unwahr. Mit Worten kann man das aber nicht, es muss gelebt werden. In München war ich in einer Betäubung und ich mochte und konnte reden, wie sonst. Jetzt möchte ich an die vorderste Linie gehen, wo der Tod herrscht und ihm mit Wonne ins Angesicht schauen, oder ich möchte schweigen und den Alltag leben, als sei er ein Feiertag oder mit Menschen ein Wort wechseln, die ich so kenne, dass ich sie neben mir fühle wie meinen Schatten. – –

Liebe Hildegard, jetzt habe ich Sie wieder mit einer Last beladen, die nicht für Sie bestimmt war. Es wäre vielleicht besser gewesen, ich hätte etwas erzählt von dem, was ich in diesen Tagen erlebt und gesehen habe. Von der wundervollen Kathedrale, die hier in Tournay steht, wo sich eine Basilika in einfachen großen Linien in drei Etagen über den mit weißen und schwarzen Fliesen bedeckten hallenden Fußboden erhebt, und wo sich ein gotischer Chor in tausend Verästelungen in mystische Höhen emporschwingt und durch die vielen bunten Fenster das erdenferne Licht hineindämmern lässt, wo Renaissance und früheste Gotik, Barock und Rokoko, Rubens und Jordaens in Plastiken und Schnitzereien und Gemälden versammelt sind. Dorthin Sie zu führen, und mit Ihnen die Einzelheiten zu betrachten, hätte vielleicht unseren tatsächlichen Verhältnissen besser entsprochen. Aber Sie nennen mich Ihren Freund, darum muss ich auch von dem sprechen, was die Wirklichkeit unserem Versuch entgegensetzt. …

An die Jenaer Freunde.

Herbestal den 18. Dezember 1914.

Das war eine große Freude für mich, einmal etwas von den alten Freunden zu hören. Und dazu die hübschen Bilder. Sie können sich kaum denken, wie sehr man sich freut, ein Stück der schönen gemeinsam verlebten Zeit vor Augen zu sehen. Die Nachricht von Malotki und Brügmann geht mir sehr nahe; hoffentlich wendet sie sich zum Besseren. Von unserer Marburger A. V. fielen auch schon zwei der besten, zwei andere werden vermisst, darunter Dr. Wix [auch gefallen], eine Reihe sind verwundet. Unserer Freunde Opfertod muss und wird der Ursprung sein zu neuem gemeinsamen Leben. Unsere Reihen werden sich enger schließen, um das große Werk fruchtbar zu machen, um das große Leid zum Segen werden zu lassen. Wenn man immer in Tätigkeit ist oder in der freien Zeit von bleierner Müdigkeit befallen wird, ist es oft schwer, dies Ganze in seiner Tiefe zu durchdenken. Weihnachten wird wieder alles aufwühlen. Hoffentlich bringt es dann den Frieden, ich meine den innerlichen. – Mir geht es sonst noch gut; oft wundere ich mich darüber. Die Anstrengungen gehen kurvenweise. Ich bin doch sehr froh, dass ich mithelfen darf.

An den Leuten habe ich oft rechte Freude, wenn sie nicht zu schwer verwundet sind. Es sind durchweg einfache Leute, Arbeiter und Bauern. Man lernt soviel Menschen kennen. Und viel Elend! Neulich starb einer bei mir. Sterbend konnten wir ihn noch in Gent herausschaffen. Meine Kameraden sind zum großen Teil sehr mäßige Gesellen. Ich habe mich mit Mühe an sie gewöhnen müssen.

Würzburg den 22. Dezember 1914.

Liebe Eltern und Geschwister!

Wie ich gestern schon schrieb, kann ich Weihnachten nicht bei Euch sein. Dieser Brief muss Euch alle meine Wünsche überbringen. Die Trennung, die der Krieg auferlegt, ist ja etwas ganz Geringes gegenüber dem, was er sonst von uns fordert. Also wollen wir es auch nicht beklagen. Ich selbst habe dazu auch eigentlich keine Zeit und Gelegenheit. In den einsamen Stunden, die man jetzt vielleicht hat, ist man viel zu müde, um sehnsüchtigen Gedanken nachhängen zu können. Dazu gehört zunächst auch ein warmes Zimmer, das fehlt mir augenblicklich gänzlich. Ich sitze im »Wachlokal«, d. h. in meinem Wagen. Es ist eiskalt, dass die Finger jeden Augenblick klamm werden. In Decken eingehüllt, sitze ich auf meiner Schlafgelegenheit, Kamerad Bergmann auf meiner Fußbank. So drängen wir uns beide um die Lichtfunzeln, die auf dem Schemel stehen, dessen Höhe durch eine Bettschüssel ein wenig nachgeholfen ist. In welch anderer Stimmung schrieb ich meinen ersten Weihnachtsbrief von Davos! Tempora mutantur, nos et mutamur in illis.

Wir sind also gestern Abend nach Würzburg gekommen, nicht nach Nürnberg, wie es zuerst hieß. Gegen zwölf Uhr konnte man sich auf ein Bett legen und schlief totmüde, wie man war, trotz der großen Kälte gleich ein; heute morgen kam dann das obligate Groß-Reinemachen; um 3 Uhr konnte man dann sein Lokal verlassen und in die Stadt bummeln. Ich strich durch die

Straßen und Gassen der Stadt, über die alte Brücke am Main, die zu dem Schloss hinüber führt, durch schöne Parkanlagen, alte Dome und Kirchen. Ein klarer Dezemberhimmel und die roten Berge ringsum ließen die alte Stadt mit ihren vielen Türmen im Spätnachmittagshimmel doppelt schön erscheinen. –

Unsere diesmalige Fahrt ging von Halle aus am vorigen Donnerstag mit einer Schnelligkeit, die wir noch nicht erlebten. Da wir in Halle nie wussten, wann wir abfuhren, mussten wir immer in der Stadt bleiben, so dass ich nicht mehr nach Spören kommen konnte. Am nächsten Morgen waren wir in Düren. Den Tag über lagen wir in Herbestal. Dort bekam ich nun die ganze langersehnte Post. Da habe ich denn die Weihnachtsfreude vorher genossen. Abends fuhren wir weiter. Am nächsten Morgen Brüssel, mittags Mons, abends Douai. Dort sollten wir laden. Wir bekamen noch Urlaub von 6–8 Uhr und sahen uns im Dunkeln die Stadt an. Es ist eine schöne mittelgroße Universitätsstadt mit stillen Straßen und Häusern aus der ersten Hälfte des vorigen Jahrhunderts. Alle Fenster waren dunkel und mit den schlanken Holzläden, die man an den großen Barockschlössern findet, geschlossen. Am nächsten Vormittag wurde dann fleißig geladen, so dass man mittags schon fertig war. Gewöhnlich dauert das Verladen einen ganzen Tag. In Douai gehts aber immer sehr schnell, weil dort viele Transportmittel zur Verfügung stehen.

Diesmal bekam ich in meinen Wagen keine sehr schwer Verletzten. Es waren darunter sogar vier Kranke, die sich nicht zu Bett legen brauchten. Trotzdem kam man nicht zur Ruhe, da es in dem Lokal jetzt sehr lebhaft zuging. Erzählen, Schwatzen und Singen ging durcheinander. Allmählich lernten die einzelnen sich kennen, so dass die ganze Sache sehr gemütlich wurde. Der Schützengraben spielte dabei eine große Rolle. Die Unteren lagen in ihren Unterständen schön gedeckt. Nur wenns Essen gab, wurden sie mit unheimlicher Geschwindigkeit ohne jegliche Vorsicht eiligst verlassen. Unter meinen Leuten war ein junger frischer Seminarist aus Heidelberg, der sehr interessant von einer Unterminierung und Sprengung eines gefüllten Schützengrabens erzählte. Besonders viel habe ich mich diesmal mit einem 30jährigen sehr gebildeten Buchhändler, Sohn eines bekannten Karlsruher Malers, unterhalten. In einer Kompanie der Darmstädter Leibgrenadiere hat er acht Wochen in einem weit vorgeschobenen Schützengraben oder in Kellern gelegen, die von drei Seiten fürchterlich beschossen wurden. Ohne jeden Offizier haben sie dort ausgehalten. Und der Feldwebel ließ sich auch nicht blicken. Jetzt ist diese Stellung aufgegeben, nachdem der Graben in die Luft gesprengt worden war. All das Schreckliche, was er mir erzählte, kann ich gar nicht hier schildern. Es war übrigens der erste Soldat, den ich traf, der selbständig über all die großen und kleinen Ereignisse urteilen konnte. Man kann sich wohl keine Vorstellung machen, wie acht Wochen ruhig liegen unter solchen Strapazen auf das Gemüt von selbst gebildeten Menschen wirkt. Es kommt tatsächlich jetzt darauf an, wer die stärksten Nerven hat. In solcher Lage wird schließlich jeder gar leicht zu einem mürrischen, egoistischen, streitsüchtigen Soldaten. Selbst Studenten und Abiturienten konnten sich gegen den aufsteigenden Raubtierinstinkt nicht wehren. Hoffentlich haben meine Kameraden und Freunde aus Marburg doch einen anderen Geist gezeigt. –

Nun wünsche ich Euch allen einen schönen Weihnachtsabend im traulichen Spörener Heim. Meine Gedanken werden bei Euch sein. Es grüßt Euch herzlich
Euer Heinz

An die Nürnberger Freundin.

Würzburg den 24. Dezember 1914.

... Es wird leicht der Fehler des Optimisten, dass er dort mit Worten Leben behauptet, wo noch keins ist, dass er das Wort findet, wo der Inhalt noch nicht da ist. Unter glücklichen Umständen gelingt es vielleicht, das Leben hinterher zu zwingen, dass es dem Anspruch entspricht. Aber dies ist doch selten. Wie oft kommt es nicht vor, dass der Anspruch von Leben, den das Wort in sich birgt, nicht erreicht wird, und dann entweder das

Leben in eine leise, schmerzliche Unwahrheit mündet oder dem Wort an Wert geraubt wird und das wäre doch schade, wenn so der Wert, der in jedem gemeinsamen Leben liegt, verdorben würde …

Ich habe oft wundervolle Menschen getroffen, mit denen man Stunden oder auch Tage sehr weit in der Kunst der Gemeinsamkeit kommen kann. Aber man lernt es, dieses nicht eigensinnig festhalten zu wollen; denn wenn man den Menschen wirklich in seiner Tiefe erkannt haben sollte, dann ist es doch sehr schwer, in Gedanken fruchtbar mit ihm weiter zu leben. Wenn man sich auf eine ganz bestimmte Gemeinsamkeit der Interessen gefunden hat, dann ist es ja wohl anders; da wird man immer wieder anknüpfen können. So geht es mir meistens mit meinen Freunden, mit denen ich einmal zusammen gearbeitet habe und eine gemeinsame Linie dauernder Freundschaft glaube halten zu können. Man verzichtet für gewöhnlich von vornherein darauf, bis in die Tiefen des individuellen Lebens einzudringen; das ist ja überhaupt einem gewöhnlichen Auge verborgen, nur das Auge der Liebe vermag es zuweilen zu sehen. Und solche intensive schauende Liebe ist zwischen Kameraden selten möglich. Weil ihr eben der affektive Untergrund fehlt, ist solche Freundschaft aber auch viel ruhiger und einfacher. Der große hinreißende Strom, der es möglich macht, die Wahrheit in ihrer tiefsten Tiefe zu schauen, lässt viel leichter bloße Illusionen entstehen oder verführt im Drang eines schönen Augenblicks dazu, diesen Augenblick für das ganze Leben zu nehmen und daran festhalten zu wollen. Das individuelle Sein ist eben etwas viel zu Geheimnisvolles, immerfort Keimendes, Wachsendes, das gezwungen ist, sich stets zu ändern durch die von außen eindringenden Erlebnisse, als dass man in einem Augenblick die Art dieser Seelenbewegung erfassen könnte, und nun immer auch in der Entfernung wissen könnte, wie jetzt die Seele des andern in der bestimmten Gestalt einer Reaktion aussieht. …

Die tiefen Erlebnisse mit all ihren Schmerzen und Freuden haben die Naivität zerstört und ein neues Leben in seinen Anfängen geweckt. – –

An die Marburger Freundin.

Würzburg Weihnachten 1914.

... Ich habe gar nichts mehr, was man schenken könnte. Das hat alles die Welt genommen, das hat alles Gott genommen, das hat alles das Vaterland genommen. Ich bin gar nicht mehr da. Und ich bin froh darüber. Ich führe ein Traumleben. Nirgends bin ich wirklich. Äußerlich sehe ich so viel. Ich gehe abends allein durch die Straßen der Stadt Douai, so allein, so einsam, dass ich mich gar nicht mehr kenne. Aber die Welt ist da, die mich verschlungen hat; sie steht groß vor mir und ich sehe mich mitten in ihrem Getriebe als ein winziges Glied. So klein, dass niemand etwas merken wird, wenn es nicht mehr da ist. Ja, ich selbst nicht. Der Eisenbahntod, der ruhmlose, der so gemeine und so zeitgemäße, stand vor einigen Tagen so dicht hinter mir. Nur einige Zentimeter, dann hätte das Pfeifen der Lokomotive alles andere übertönt. Aber ich merkte nichts davon. Nur hinterher war etwas Herzklopfen da, als ich die Sache Bergmann erzählte, wie ein fremdes Schicksal. Ich nenne ihn Bubi; er ist mein seltsamer Gefährte. Ich bin wie er, er ist wie ich. Ich bin ein großes Kind geworden wie er; wir freuen uns und lachen über alles Komische und Sonderbare und sehen alles an, als ob wir von der Tiefe, die dahinter liegt, gar keine Ahnung hätten. Heute war er nicht da; das merkte ich , als ich so allein durch die alten Gassen und Straßen der Stadt strich. Der Wagen läuft besser auf zwei Rändern, als auf einem. Wir sind zwei »tumbe« Gesellen, die nichts verstehen, wie sehen viel und vergessen es bald und müssen es in mühsamer gemeinsamer Arbeit wieder zusammensuchen und es mit wichtiger Miene in das »Tagebuch« eintragen. Es ist zum ersten Mal, dass ich ein Tagebuch führe. Ich konnte es bisher nicht. Mich ekelten die Spiegelungen eines subjektiven Nichts. Alles für die Freunde: Nur so kann ich das Leben ertragen. Vielleicht entsteht dann ein objektives Selbst: doch das kümmert mich nicht. Aber jetzt ists etwas Anderes. Ich habe ja gar kein subjektives Leben mehr – – – – – das Andere gehört alles dem Objekt; der Geschichte, Gott selbst. Und das kann man wohl verzeichnen, ohne dass es ärgert. – Jetzt besinne ich mich, dass Weihnachten ist; ein schönes Fest, an dem das Herz sonst vor Freude überfloss; an dem jetzt viele sehr traurig sind, das sehe ich wohl und weiß es von früher, aber von mir weiß ich gar nichts.

Am 2. Weihnachtstage.

... Nun muss ich Ihnen aber etwas von meinem Weihnachten erzählen.

Wir kamen am 22. abends mit unserem Transport hier an. Der folgende Tag war der Generalreinigung gewidmet. Gegen Abend machte ich noch einen Besuch bei Frl. H.; ich traf sie als Helferin in einem Lazarett; sie war aufs höchste überrascht, mich zu sehen und hörte gern von der A. V. Ihr Vater, Landgerichtsdirektor, und seine Frau luden mich ein, und ich war auf diese Weise einmal zu Mittag und zu Abend bei ihnen. Sonst bin ich in diesen Tagen allein oder mit Bubi – wenn ich nicht Wache hatte – öfters in der Stadt herumgestrichen, in allen alten Kirchen gewesen; die schönen Riemenschneiderschen Sachen haben wir bewundert. Würzburg ist wirklich eine schöne kleine alte Stadt, in der man zur Weihnachtszeit wohl sein mochte. Hier ist ein prachtvolles Schloss aus dem 18. Jahrhundert in französischem Stil gebaut; mit dem großen Platze davor und dem Garten dahinter eine ruhige, große Architektur. Das habe ich oft angesehen und ohne dass ich viel dabei denken konnte, kam das Gefühl von etwas Vollendetem über mich. Einmal war ich auch mit Bubi im Innern. Ganz allein waren wir in der Eingangshalle mit der langsam emporsteigenden breiten Treppe, die sich auf halber Höhe nach beiden Seiten hinauf wendet und auf die große umlaufende Galerie mündet. Wir haben uns dann lang auf die Treppe gelegt, um das große Deckengemälde von Tiepolo recht gründlich zu betrachten. Man sah in die weiten Höhen eines Himmels, in dem die Götter auf dem Olymp schwebten. Alles war mit großer Geschicklichkeit gemalt, so dass man eigentlich gar nicht wusste, wo die Decke aufhörte. Es spannte sich nur ein unendlich tiefer

Himmel über die vier Erdteile, die an den Seiten gemalt waren. Schließlich begannen wir zu singen und zu pfeifen, denn die Akustik unter diesem Himmel war ganz wundervoll; jeder Ton kam, wie von Engeln gesungen, wieder herab. Am 24. Dez. hatten wir ganz frei. Bis morgens 6 Uhr hatten wir Wache, von da ab die nächsten 24 Stunden immer Weihnachten gefeiert – auf unsere Weise. Wir rückten mit einem schönen Zuge um 6^{10} aus und waren um 8 Uhr in Rotenburg ob der Tauber, wo wir den ganzen Tag blieben. Das war ein schönes Weihnachten in der alten ummauerten Stadt, die im ersten Schnee lag! Viel kann ich davon gar nicht erzählen. Wir haben in der Außenwelt gelebt und uns wohl gefühlt und dabei nicht viel gedacht, wie es eben unsere Art jetzt ist. – – Jetzt lag alles so unwirklich da, eine Schönheit, an der wir jetzt keinen Anteil haben durften. Dort in dem Städtchen, das wie Jerusalem auf dem Berge über dem tiefen Tale liegt, war alles selige Glück hinter den Mauern und großen Türmen verborgen. Ich aber ging wie ein Fremder aus einem Tor hinaus. –

Würzburg den 2. Januar 1915.

Wir sind noch immer auf Gleis 10 des Würzburger Hauptbahnhofs und jeder versucht, seine Langeweile auf seine Weise zu vertreiben. Urlaub bekommt man nur mit Mühe und wenig, da es jeden Augenblick losgehen kann. Heute habe ich jedoch den ganzen Tag geschafft und meine Bude wieder ein wenig in Ordnung gebracht und hübsch gemacht. Neulich war ich an einem Nachmittag in Mainberg und blieb dann noch eine Nacht da, eine wundervolle Mondnacht. Das Schloss war so still und märchenhaft, dass ich gern seinem Zauber länger nachgegangen wäre. Am Abend saß man in dem großen Speisesaal, dessen Fenster hinausgehen auf einen Garten und tief hinunter auf den Main und eine weite silberne flutende Wiesenfläche, die wenigen Menschen, es waren nur ein paar Helferinnen des Lazaretts, saßen verloren in einer Ecke. In der Mitte strahlte ein großer Baum. Es wurde die Sonate von Beethoven gut gespielt, die ich nur ungern Mondscheinsonate nenne; die Spielerin war zwar scheinbar anderer Ansicht, wenigstens beim dritten Satz. Der erste Satz war nicht zu verfehlen. O die arme Seele, wie sie sich um und um wendet mit den großen sehnsüchtigen Augen, die hineintauchen in die fürchterliche schweigende schmerzliche Leere. Wie diese Triolen der Begleitung gar nicht aufhören wollen und langsam und traurig sich um die Seele legen und jede Bewegung, jede Hoffnung ihr nehmen! – – –

Würzburg am 3. Jan. 1915.

Das war heute ein schöner sonniger Sonntag, ich bin durch die Weinberge zum Bismarckturm gestiegen, wo die Stadt schimmernd zu meinen Füßen lag und habe mich des Friedens gefreut, der über allem lag und habe unserer Toten gedacht. Durch die Ruhetage komme ich wieder einigermaßen zur Besinnung und bin nicht mehr so abgespannt und müde. Gelesen habe ich auch schon wieder etwas und zwar den Vortrag von Misch. – –

Würzburg den 7. Januar 1915.

Liebe Eltern und Geschwister!

Nun liegen wir schon über 14 Tage hier auf dem Hauptbahnhof, Gleis 10, und warten von Tag zu Tag auf die Abfahrt. Alle seufzen danach und unser Wagenmeister Vater Fink, der nun auch bald sein Vierteljahr mitgefahren ist, sagt täglich: »Wenn wir nur doch rollen täten, dann bekomme ich täglich 50 Pfg. mehr pro Tag.« Es scheint ja, als ob wir morgen oder übermorgen abfahren würden, aber das hat es schon öfters geschienen. Die Folge war, dass man nichts zu unternehmen wagte, seine Post nicht herbestellte und überhaupt nur schwer Urlaub bekam. So haben die meisten, abgesehen von dem regelmäßigen Wachdienst am Zuge, die Zeit in Würzburg verbracht und zwar, wie es bei der Mehrzahl unserer Sanitäter zu erwarten ist, in den Bier- und Weinlokalen. …

Ich aber habe mit Kamerad Bergmann Weihnachten auf meine Weise gefeiert. Das war auch ganz schön. Am 24. Dezember fuhren wir ganz früh gleich nach unsrer Wache um 6 Uhr nach Rotenburg ob der Tauber. ... Wir kamen in die Stadt, als der erste Schnee auf den alten Häusern, den Mauern und Turmkappen und über dem toten Walde in dem tief eingeschnittenen Tale lag. Das gab allem ein verzaubertes, märchenhaftes Aussehen. Wir haben uns den ganzen Tag in diesem schönen Städtchen herumgetrieben, in dem kein modernes Haus den einheitlichen Eindruck stört. In der Mitte steht ein deutsches Renaissance- und Rathaus, das von alter Bürgerherrlichkeit und Selbständigkeit erzählt. Auf den freien Plätzen prangen mächtige Brunnen mit schön verzierten Säulen, aus der gleichen Zeit. In der alten gotischen Kirche, jetzt protestantischen, befinden sich aus der romanischen und der gotischen Zeit Kunstkleinodien seltenster Art. Vor allem zwei große Schnitzaltaraufsätze von dem berühmtesten deutschen Holzbildschnitzer, dem Würzburger Tilman Riemenschneider. Da liegt ein wunderbarer andächtiger Zauber in dem Liniengewirr der Gesichter und Gewänder und der feinen Verästelung des Maßwerks.

Am Abend kamen wir mit reichen Schätzen an Bildern beladen, mit denen wir jetzt unsere Wagen ausgeschmückt haben, nach Hause. Dort hatte die gemeinsame Feier schon begonnen. Man bekam sein Bier und Backwerk. Um 9 Uhr drückte ich mich und ging zu Landgerichtsdirektor Haupt. Ich kenne die Tochter aus Marburg, wo sie in unserer Verbindung verkehrt. Ich blieb dort zwei Stunden und unterhielt mich mit den alten Herrschaften bei einem kleinen Weihnachtsbaum.

Um ½12 Uhr waren wir wieder zu einer Weihnachtsfeier gebeten in das Rote Kreuz-Lokal hier auf dem Hauptbahnhof. Das Lokal war gedrängt voll Soldaten. Ein Baum stand in der Mitte, dazu einige Exzellenzen, die durch das hohe Komitee empfangen wurden. Vor einem notdürftigen Altar begann ein Priester um 12 Uhr mit der Messe. Zwei Jung-Deutschland-Knaben assistierten in Uniform. Ich stand zwei Schritt davon. Das ganze machte einen wenig weihevollen Eindruck; der Priester las mit unheimlicher Geschwindigkeit. Ich konnte ihn ein wenig verstehen, obwohl er halblaut sprach; fand aber nur mit Mühe das Evangelium heraus, das er zur Hälfte abschnurrte.

Um diesen prosaischen Eindruck zu verwischen, ging ich gleich danach mit Bergmann und Schwester Clara in eine große Barockkirche. Wir kamen gerade zum Benedictus. Das war nun etwas anderes. Dichtgedrängt stand alles. Die Schauer der Weihnacht lag über der ganzen Gemeinde. Wunderbar sang der Chor mit großer Orchesterbegleitung das Dona nobis pacem immer von neuem, inniger, immer dringlicher bis es im Amen wundervoll ausklang. Dann kam das Tedeum, das die ganze Gemeinde auf deutsch mitsang und schließlich Stille Nacht, das wie von Engeln gesungen aus der großen Kuppel heruntertönte, ganz leise, so dass alle an sich hielten und dem geheimnisvollen Mysterium lauschten. So feierten wir das viertemal Weihnacht und sicherlich am schönsten.

In den folgenden Tagen haben wir in der Freizeit zunächst viel geschlafen und uns erholt, sind dann in der Umgebung der Stadt spazieren gegangen, besichtigten die alten Kirchen, das prachtvolle Schloss, studierten das Museum. Wenn es regnete, war man im Wagen, erledigte viel Briefe und Karten, rahmte Bilder ein oder saß zuweilen abends mit einigen Schwestern zusammen beim Punsch, vorlesend oder sich gebildet unterhaltend, sogar über Natorp!

Doch jetzt Schluss, denn der Zug fährt tatsächlich bald ab. Es grüßt Euch Euer Heinz.

Bamberg den 13. Januar 1915.

In Douai lagen wir zwei Tage. Ich wäre gerne zu Gotthold nach Merkatel gefahren, wenn es möglich gewesen wäre. Am Sonntag Morgen bin ich nur bei schönstem Wetter nach Arras auf der Pappelallee etwas entlang gewandert. Autos rasten hin und her und Flieger tummelten sich in der Luft. – Der Transport ging ganz gut; ich hatte meistens Kranke, z. T. Nervöse und geistig Gestörte, die wir in Cambrai geladen hatten.

An die Jenaer Freunde.

Den 24. Januar 1914.

Mir gehts noch gut, was bei dem faulen Leben, das wir jetzt führen, nicht verwunderlich ist. Wir haben wieder zehn Tage in Bamberg gelegen, weil wir jetzt wenig gebraucht werden. Das ist wohl soweit schön und gut, aber ich sehne mich doch nach Arbeit. Ich studiere indessen süddeutsche Städte und Kunst, um wenigstens etwas zu tun. Oft muss ich mich aber dazu zwingen. Es liegt mir jetzt so wenig. – Gotthold führt gelegentlich schon einen Zug.

Coburg, 28. Januar 1915.

Liebe Mutter!

Heute Nachmittag sind wir in diesem weltentlegenen Nest, in das die verschneiten Berge des Thüringerwaldes hineinschauen, angekommen. Wir hatten ziemlich weit hinter der Front, in Valenciennes, eingeladen und sind dann zwei Nächte und zwei Tage hergefahren über Aachen, Köln, Elberfeld, Barmen, Kassel, Eisenach, Meiningen.

An die Jenaer Freunde

Coburg, 31. Januar 1915.

Die letzte Fahrt hat uns in dies verschneite Nest getragen. Ich habe sogar wieder Ski gelaufen. Morgen gehts nach Halle, wo ich die Meinigen einmal wiederzusehen hoffe, dann nach Osten zur 9. Armee.

An die Nürnberger Freundin

Halle den 7. Februar 1915.

Es ist eine große Wandlung mit mir vor sich gegangen. Zuletzt hatten wir in Coburg ausgeladen. Gerade war ich wieder auf einen Sprung nach Nürnberg, um Euch zu sehen, da fuhren wir schon ab nach Halle, um nach dem Osten geschickt zu werden. Ich freute mich schon sehr auf die neue Veränderung. Von Halle war ich wieder einmal zu Hause. Das war wundervoll. Als ich dann wieder in dem alten Halle war, dachte ich doch einen neuen Versuch zu machen und mich als Kriegsfreiwilliger zu stellen, zumal ich mich in der letzten Zeit körperlich außerordentlich wohl fühlte. Diesmal wurde ich genommen und bin nun Infantrist. Was nun aus mir wird, wer weiß es? Hoffentlich halte ich den Dienst aus und darf den so oft gefahrenen Weg noch einmal fahren mit bedeutungsvollerer Bestimmung. Die Tätigkeit im Lazarettzug mit den langen Pausen konnten mein sittliches Selbstbewusstsein schließlich doch nicht befriedigen, zumal wenn ich mir das Los und Glück meiner Freunde vorstellte.

An die Marburger Freundin

Halle, den 7. Februar 1915
Am Sonntag nachmittag.

... Ich bin gestern als Kriegsfreiwilliger bei der hiesigen Infanterie eingetreten und Ihren Brief las ich gestern mitten unter dem Lärm meiner Kameraden in unserer Stube, wo wir zu 10 Mann hausen. All die Sehnsucht von einem halben Jahr ist im Begriff, in Erfüllung zu gehen. Eine seltsame Spätgeburt, nachdem ich die Hoffnung eigentlich schon begraben hatte. Im Zuge hatte ich außer B. noch einen dritten Kameraden, der noch mehr wie wir beide sein strohernes Schicksal beklagte. Er war schon ganz nervös und übellaunig geworden. Ich versuchte ihn oft zu beruhigen und schläferte dabei mein eigenes Verlangen ein. Als wir aber jetzt nach Halle kamen, da habe ich es doch wieder versucht, zumal da ich mich wohler fühlte als je. Die Lazarettzugtätigkeit ist mir in den letzten Monaten so leicht geworden trotz des zuweilen sehr schlechten Essens und geringen Behagens, das wir haben konnten. Die Entbehrungen und Ungemütlichkeiten des Dienstes sind mir also nicht fremd und werden mir nichts anhaben können. Auch ohne Bücher, ohne vertraute Menschen, ohne Alleinsein muss der Geist herrschen. Wenn ich den Dienst nur körperlich aushalten kann. Das ist meine einzige Sorge.

Die Arbeit im Lazarettzug befriedigte mich auch nicht mehr ganz. Wir lagen im Januar so lange untätig auf den Stationen, wo wir ausgeladen hatten, so dass das Bummeln, auch wenn es zuweilen interessant war, mir auf die Dauer auf die »moralischen« Nerven ging, zumal wenn ich an meine Freunde dachte. So habe ich denn frohen Mutes den ersten Schritt auf den Weg getan, der mir diesmal ganz ohne Schwierigkeiten geöffnet wurde, nachdem ich vorher mich so sehr darum bemüht hatte und doch abgewiesen wurde. Nur liegt der Weg noch so gänzlich im Dunkel – weiß ich doch nicht, ob ich überhaupt herauskomme und jenen so oft gefahrenen Weg mit ganz anderer und wertvollerer Bestimmung und tieferer Glut im Herzen fahren darf. Das macht mir aber keine Angst, ich kann jetzt wohl alles ertragen.

Halle, am Sonntag den 13. Februar 1915.

Einen Gruß sollen Sie doch haben an einem so herrlichen frühlingshaften Tag wie heute. Wie werden Sie in Marburg ihm nachgegangen sein und seiner Botschaft gelauscht haben. Selbst mir fiel er hinter den Kasernenmauern auf die Seele. In all der Unruhe ist es wie Seligkeit vergangener Tage – nein nicht vergangener Tage. Als wir gestern auf dem Schießplatz waren und zum ersten Mal scharf schossen, da war der mir sonnenblaue Himmel über den grünen Kiefern das tiefste Ereignis. Es wird nun bald oft so mild werden; durch dampfende auftauende Erde, sie sich wunderbarer der Sonne öffnet, werden wir marschieren, dann wird es bald März werden und schließlich kommt der Frühling. Ich bin jetzt so oft im Freien und mit einem Mal spüre ich wieder die Schönheit der Erde: Es ist ja jetzt das Einzige, auf das meine Gedanken sich wenden können, wenn sie nach Stoff von außen suchen. Die Zeit, die später kommt, können wir doch nicht ausdenken. Darum liebe ich jetzt das Allernächste. – – –

Halle, Kaserne II, den 13. Februar 1915.

Liebe Eltern!

Eine Woche des Militärdaseins ist nun vorüber. Vor einem halben Jahr wäre das wohl etwas besonderes gewesen, von dem man mit Stolz zu erzählen berechtigt gewesen wäre. Jetzt hat aber eine solche Woche ersten Militärdienstes nicht mehr den Vorzug der Besonderheit und steht auch nicht mehr unter dem Glanz der ersten Begeisterung. Wenn mir also auch manches fehlt, was meine Freunde miterleben durften, so freue ich mich jetzt doch sehr über meine augenblickliche Lage und hoffe, dass sie zu einem glücklichen Ende gelangt. Die Ausbildung scheint auf 4–6 Wochen berechnet zu sein und ist ausgezeichnet organisiert. Man hat durchaus nicht das Gefühl, dass man einmal etwas Überflüssiges tun müsste. Alles ist auf baldigen Kriegsdienst zugeschnitten. Man muss darum stets mit seinen Gedanken dabei sein. So haben wir nur Exerzieren mit dem Gewehr. Morgens von 8–11 U. und Nachmittags von 2–5 U. laufen wir gewöhnlich auf dem Exerzierplatz umher, der gleich hinter der Kaserne ist. Morgens bildet er in Wirklichkeit einen großen Eisplatz, auf dem man mit seiner Knarre umherrutscht. Nachmittags ist er zur Abwechslung ein weites Schlammfeld. Einmal waren wir auch schon auf dem großen Übungsfeld bei den Brandbergen in der Dölauer Heide, wohin man in 30–45 Min. gelangt. Regen, Schnee, feuchtes Gelände und Kälte darf dabei nicht hindern. Außer dem Griffekloppen haben wir stetig Ziel- und Schießübungen. Heute morgen ist schon das erste Übungs-Scharfschießen auf dem Schießstand, wo man seine drei Schüsse abzugeben hat und hoffentlich nur Zwölfen schießt.

Wenn ich mit gleichgesinnten Kriegsfreiwilligen zusammen hausen und ausgebildet werden könnte, dann könnte der ganze Dienst und das Zusammenleben etwas ganz Ideales, Einzigartiges werden. In der gegenwärtigen Zusammensetzung ist das aber leider gar nicht möglich. Es sind alles eingezogene Ersatz-Reservisten in meiner Stube, die jüngeren z. T. nicht üble Schlafgesellschaft. Es grüßt Euch herzlich Euer Sohn Heinz.

Halle, 18. Februar 1915.

Liebe Eltern!

Ich kann jetzt in der Nähe der Kaserne wohnen und daher mittags nach Hause gehen und ein Stündchen ruhen. Vor allem aber bin ich von der Kasernenkost unabhängig geworden, die bereits begann, meinen Magen zu ruinieren, weil sie so scharf war. Meine Wirtin kocht mir morgens Hafer- mittags Reis- und abends Grießbrei, so dass ich mich wieder erholen kann. Auch sonst kann ich mich besser körperlich und geistig pflegen. Beides ist nötig, denn der Dienst wird anstrengender und erfordert oft viel Geduld und Entsagung.

Halle, 22. Februar 1915.

Mittags wurde unsre Korporalschaft zur Wache kommandiert, woselbst ich mich jetzt noch befinde. Geschlafen habe ich natürlich nicht. Alle vier Stunden habe ich zwei Stunden Wache an dem Patronenhaus. Mit scharfen Patronen ausgerüstet, war die Wache etwas anderes als die Lazarettzugwachen.

An die Jenaer Freunde

Halle, 23. Februar 1915.

Heute Vereidigung. Der Dienst und der Verkehr mit den »Kameraden« bringt ja manchen Ärger und Verdrießlichkeiten mit sich. Man lernt jedoch bald, derartiges nicht mehr tragisch zu nehmen und es dem großartigen System als Nichtzuumgehendes zugute zu rechnen. Der Dienst ist sonst nicht anstrengender als der im Zuge. Ich fühle mich daher noch ganz wohl. Ob ich als Soldat oder als Sanitäter herauskomme, weiß ich noch nicht, hoffe aber sehr, wenigstens herauszukommen. Glücklicherweise kann ich jetzt privat wohnen und bin nicht mehr immer von dem z. Z. recht üblen Ton mancher Kameraden andauernd umgeben. Allmählich findet man aber auch hier die besseren Elemente heraus.

An die Marburger Studiengenossin.

Halle 23. Februar 1915.

Es wird dies wohl der letzte Brief sein, der Sie im Stübchen über der Kugelgasse erreicht. Grüßen Sie es mir noch einmal recht. Wer weiß, wann ich es einmal wiedersehen kann. Mich interessiert es wirklich, zu sehen, wie die Prinzessin sich ausmacht. Oder hängt sie nicht dort? Früher liebte ich das Bild sehr, besonders deswegen, weil es meiner Phantasie einen so großen Spielraum gab, hinter dem strengen, noch-nichts-verratenden Mädchengesicht die sich verbergende Seele zu entziffern und zum Leben hervorzulocken. Jetzt liebe ich es hauptsächlich wegen seiner wundervollen dekorativen Wirkung. – – – Das Charakteristische an der Prinzessin ist, dass hier ein Wesen dargestellt ist, dessen Seele bis in die Unendlichkeit nicht fassbar ist, hinter dessen Pose man nie kommen wird. Sie ist eigentlich nur Bild.

Sollte ich von mir erzählen, so müsste ich sagen, wenn ich mich mit den Augen der Welt betrachten wollte, es ginge mir wenig gut. Mein Leben ist im Grunde dünn und schmal geworden, dass es oft ein Jammer sein müsste. Aber trauern Sie bitte nicht mit solchen Weltleuten! Auch im Ärmlichen finden sich Gotteswege, so dass man von ärmlich gar nicht mehr reden darf. – Schaffende Tat – ach wie nah liegt sie mir immer vor Augen; aber nie darf ich die feste Zuversicht hegen, dass ich jemals feste Hand mit anlegen werde. Ich komme mir oft vor wie ein Dieb, der nicht mit der Menge im hellen Sonnenschein gehen darf; sondern immer gewärtig sein muss, dass ihn jemand vor Erreichung seines Zieles ertappt und zurückhält. – In den ersten 14 Tagen war der Dienst nicht besonders anstrengend. All die kleinen Entbehrungen an Essen, Schlafen, Ruhe und Gemütlichkeit, Anständig-behandelt-werden war ich ja gewöhnt und hätte sie mit Leichtigkeit weiter ertragen. Jetzt kommen aber die »akuten« Anstrengungen, wie langer Laufschritt mit Gewehr und schwerem Tornister. Da versagt sicher einmal meine Lunge, wenn es noch oft gemacht werden muss. Diese Sorge werde ich nicht los.

Im übrigen geht der Dienst täglich seinen gewohnten Gang – von morgens 6 Uhr bis abends ½8 Uhr. Die stete Gleichmäßigkeit tut mir gegenüber dem Lazarettzugleben sehr wohl. Ich habe innerlich viel mehr Ruhe und komme besser zu mir selbst. Allerdings kommt mir dadurch die völlige Einsamkeit, die mich umgibt, oft stärker zum Bewusstsein. Das ist aber nicht so gefährlich. Es finden sich immer noch empfindende Seelen; man muss nur Geduld haben. Auch eine wahre Lammesgeduld – oder soll ich sagen ein recht dickes Fell – gegenüber manchen Vorgesetzten und ihre Art der Behandlung. Kasernenethik und -pädagogik ist ja ganz primitiv und kindlich und dabei muss man immer ernst bleiben und ihre Erzeugnisse mit Anstand herunterschlucken. Ich tröste mich aber damit, dass das großartige preußische System solcherlei nicht vermeiden kann, wenn es seine Massenstoßkraft erhalten will. Ich werde drum – was auch immer kommen mag – froh sein, dass ich selbst einmal dabei gewesen bin.

Halle, 5. März 1915.

Liebe Eltern!

Nun werde ich doch nicht mehr nach Spören kommen können, ich hoffte ja immer am Sonntag Urlaub zu erhalten. Das geht aber nicht mehr, da wir im Laufe nächster Woche ausrücken, um hinter der Front im Westen weiter ausgebildet zu werden. – –

Es grüßt Euch herzlich Euer Heinz.

An die Marburger Studiengenossin.

Halle den 9. März 1915.

Zunächst eine Antwort auf Ihre letzte dringliche Frage: mir gehts gut – allerdings, nachdem ich jetzt vier Tage im Revier gelegenhabe und mich noch bis Montag aufhalten muss. Heute bin ich wieder aufgestanden und sitze in unserer Krankenstube nur wenig gestört. Ich hatte einen festsitzenden Bronchialkatarrh, der sich scheinbar langsam angesammelt hatte. – – –

Das war aber eine Freude, als ich W. sah; leider nur 20 Minuten während der Zug Aufenthalt hatte. Er brachte mit einem Natorpschen Buch unter dem Arm eine so anheimelnde, nur immer ferner rückende Atmosphäre des stille arbeitenden Marburger Geistes mit. Je weiter man sich von diesem Leben entfernt, das ja auch seine Nöte und dunklen Stunden enthielt, umso mehr erscheint es wie ein lichter Metakosmos [obere Welt], an dem die stille Sehnsucht hängt. Aber sie ist nicht wie eine Sehnsucht, die abzieht von dem neuen Ziel. Sie leitet uns auf den Weg, den wir mit dem offensten Herzen und entschlossensten Willen gehen. Die toten Freunde rufen uns und wir gehen mit allem, was wir haben. Nichts soll zurückbleiben. Nur das alte Schwache und Nievollendete! –

Diese Woche rücken wir aus. Sie wissen nicht, wie dankbar ich dafür bin, dass ich dies Erlebnis auch haben kann – was für ein Leben, ärmlich oder gedrückt, tatenlos oder unvollendet, vielleicht auch folgen mag. Ich stehe jetzt ganz unter seinem Bann, dass alles andere schwinden muss. Wie viele haben es beschrieben, aber nie einer vermocht, es ganz auszudrücken. Es kann auch nicht alt werden, obgleich es alltäglich geworden ist. Ich bin nun der letzte von allen Freunden. Das macht mich aber nur bescheidener und stiller; das raubt mir nicht die Tiefe. Im Gegenteil. Wie wunderbar ist es, mit seinem Leben in gewissem Sinne abschließen zu dürfen. Und ist ein Recht dabei und keine Pose. Und aufzugehen und einzugehen in die große Gemeinde, die um die objektive Aufgabe ringt. Über ein halbes Jahr hat es gedauert, bis ich gewürdigt wurde, in diesen Kreis eingehen zu dürfen, die vorderste Linie zu erreichen, wo man sein Leben hinter sich legen darf, um das Unvergängliche, in dem das Leben einzig Sinn gewinnt, zu retten. Scheinbar sollte das allmähliche Aufsteigen bis zu dieser höchsten Stufe eine Schule dafür sein, dass sich das Bewusstsein davon recht tief eingrabe und nicht wie ein Rauch das Innerste unberührt lässt. Die ganze Nüchternheit da draußen wird das sicher nötig machen: der Geist muss doch siegen.

Soldat in Frankreich mit dem Bruder

Es war am Sonnabend den 13. März, als wir bei Herbestal die Brücke, die die Grenze von Deutschland und Belgien bildet, mit dreimaligem Hurra passierten. Wie viele Tausende waren vor mir schon hinüber gefahren und bei allen hatte sich an dieser Stelle die gewaltige Spannung, die durch die Fülle der großen, nur einmaligen Erlebnisse des Abschieds und der Fahrt durch die weiten, weiten Gauen der Heimat angesammelt hatte, in diesem Hurra entladen. Dann überkommt alle ein Gefühl der Freiheit und Entschlossenheit. Ausgelassenheit und Ängstlichkeit, die vorher auf manchen Gemütern lag, wandelt sich in tiefere sachliche Interessiertheit und ruhigen Gleichmut. – Es war das 17. Mal, dass ich über die Grenzbrücke fuhr, und immer hatte ich die Vielen an dieser Stelle das Hurra rufen hören, einerseits mit Neid, anderseits mit dem wissenden Mitleid, das man als Sanitäter ohne weiteres lernt, wenn man viele Hunderte gesehen hat, deren Augen, müde und elend, gerade an dieser Stelle gern wieder an Frische gewannen, da der Heimatboden ja wieder erreicht war. Aber so groß der Unterschied ist zwischen Psychologie und Logik oder Ethik, so groß ist auch der Unterschied zwischen einem Sanitäter und einem aktiven Soldaten, die über die Grenze fahren. Jener hat viel gesehen und kann sich alles gut erklären. Das Letzte aber weiß er nicht, er kann es in seiner Bedeutung nicht erfassen, wie dieser, der das Letzte eben erleben kann. –

Dann gings wieder die so bekannte Strecke mit den vertrauten Ortsnamen: Dolhain, Verviers, Ensival, Pepinster usw. nach Lüttich. Die Kameraden standen enggedrängt am Fenster und nahmen saugend all die interessanten Eindrücke einer romantischen Gegend, zerschossener Häuser, gestürzter Eisenbahnwagen, trotzig dastehender Belgier in sich auf. Ich aber musste an all die kleinen Erlebnisse denken, die sich mit den verschiedenen Orten gerade dieser jedesmal befahrenen Strecke verbanden. Meistens war sie recht verstopft, wie auch dieses Mal. Dann waren wir immer ausgestiegen und hatten den bequemen Seitenweg dem Gang durch alle Wagen vorgezogen, um Essen zu holen oder sonstige Gänge zu machen. In *diesem* Tunnel war es einmal, als ich um die Mittagszeit beim Heizwagen warmes Aufwaschwasser holte. An *der* Stelle hielt der Zug einmal in strömendem Regen und ich lief zum Arztwagen.

Als es dunkel wurde, waren wir in Landen. Man sah nichts, aber ich wusste es ja. Dort wurden wir verpflegt. Auf der Weiterfahrt las ich meinen Kameraden Gedichte vor, die sie interessiert anhörten. Es waren meist ältere ruhige Leute, Arbeiter und Handwerker. Nur einer aus meiner Korporalschaft. Es verträgt sich so mancherlei in ihren Köpfen, Gutes und Schlechtes, Gemeines und Schönes. Es kommt nur darauf an, was man aus ihnen herausholt. Fürs erste muss man jedoch immer schweigen. Nur so kann man seine eigene Meinung am besten und unmissverstanden ausdrücken. Mit dem gesprochenen Wort tut sich gleich die Kluft auf, die uns immer trennt. So bleibt man im Grunde doch allein, nur die sachliche Verbindung vermag zuweilen ein wirklich schönes Gemeinschaftsleben hervorzurufen. Wann und wie oft das auftreten kann, weiß ich noch nicht. Jedenfalls gehört es mit zu den größten Entbehrungen, die wir in diesem Kriege auf uns nehmen, dass wir kein persönliches Gemeinschaftsleben haben können, dass alle die schönen und furchtbaren Erlebnisse allein auf der Seele lasten bleiben und gar nicht oder selten die Leichtigkeit und Freiheit eines gegenseitig gestützten und gehaltenen Daseins hervorrufen, wie das unter Gleichgesinnten der Fall sein könnte. Wenn ich an meine Freunde denke, die gefallen sind, so ist mir das Traurigste an ihrem Tode, dass sie in dieser dunklen Einsamkeit ihr großes Opfer gebracht haben. Gerade die Gedanken, die sie dabei getrieben und im Innersten bewegt haben, sind ihrer Umgebung – vermutlich – fremd gewesen. – In Löwen war es schon ganz finster geworden. Nur schattenhaft und ungewiss hob sich rechts die schwarze zerschossene Häuserfront an der Bahn entlang empor.

Dann suchten die acht Mann in dem Abteil einzuschlummern. In Braine le Comte war schon alles wieder munter. Dann wieder in Mons gegen 6 Uhr. Am Sonntag morgen hielt der Zug zwischen den Lazarettzügen auf dem Verschiebebahnhof von Valenciennes.

Wie oft hatte ich schon an dieser Stelle gelegen. Des Nachts kam man gewöhnlich an und der erste Blick aus den Fenstern war dann auf die großen Kohlenlager, die Eisenwerke und die nebligen, mit Baumgruppen bestandenen Wiesen. Ich kann mich auch gar nicht entsinnen, dort jemals einen blauen Himmel gesehen zu haben. So wars auch diesmal. Bis 1 Uhr lagen wir zuerst hier, dann im Bahnhof. »Urlaub« gabs nicht, wie ehedem, wo Bergmann regelmäßig mit mir auf das Zeichen wartete und wir dann in die Stadt eilten. – In einem Schuppen wurden wir verpflegt. Es gab Wurstsuppe, die ich mit schlechtem Gewissen aß, denn schon hatten sich wieder die ersten Anzeichen der Schmerzen bemerkbar gemacht.

Das half aber nichts, jetzt musste durchgehalten werden. In Cambrai war man um 4 Uhr. Dort Aufenthalt bis ½6 Uhr. Man dachte schon mit heimlichem Schrecken an einen mehrstündigen Marsch zur Front hin. Aber siehe da, man konnte noch weiter fahren. Auf einer eingleisigen Bahn ging es noch ein gutes Stück, vielleicht 20 km, nach Westen. Das war für mich eine Fahrt durch terra nova, die man mit erschauerndem Gefühl betritt. An einer Landstraße geht die Bahn entlang. Dann über liebliches Gelände, das sich in sanften Kurven senkt und hebt. Weithin sah man nach Westen in fruchtbares Land. Die untergehende Sonne sandte hinter Wolken ihre Strahlen darüber. Kleine Dörfer und Waldungen hier und dort. In M. ist es dunkel geworden. Dann noch einige Stationen und wir sind am Ort. Im Dunkel tappt jeder nach seinem Gewehr. Die Stimme eines Leutnants ordnet die Gruppen. Die 200 Mann sind alle da. Der erste Zug marschiert ab. Es geht durch die schweigsame Nacht zum nächsten Dorf. Schwere Wagen jagen plötzlich vorbei. Alles springt zur Seite. Am Eingange des Dorfes sieht man auf hohem Hügel unter alten Bäumen einen Kruzifixus stehen. Zu acht Mann werden wir am Westeingange einquartiert. Es ist das Gehöft eines Kleinbauern, in dem schon fünf Artilleristen vom Regt. … einquartiert sind, die in Reserve ein faules Leben führen. –

In einer Stube zu ebener Erde ist ein Strohlager, auf dem man ausgezeichnet schläft. Tornister und Sachen liegen am Kopfende, im schmalen Gange stehen zwei Tische. Sonst ist nicht viel Platz.

B. am 17. März 1915.

Nun wohnen wir schon drei Tage in diesem Orte. Das Leben macht den Eindruck einer Sommerfrische – wenn man nicht die Geschütze von der Front her andauernd grollen hörte. Ich werde wirklich an Ferienzeiten auf dem Lande erinnert, z. B. an die Ferienfahrt mit dem Bibelkränzchen, wo wir ja meistens auch ein Strohlager hatten und täglich zum Exerzieren und Kriegsspiel auszogen. So ziehen wir auch jetzt jeden Morgen und jeden Nachmittag durchs Dorf auf die Felder, wo wir tüchtig gedrillt werden, so dass dem Körper nicht viel zu denken übrig bleibt; er ist froh, wenn er abends ins staubige Stroh sinken kann. Nur die Stiefel zieht man aus, vielleicht auch die Jacke, die unter den Kopf kommt. In die Decke eingewickelt und den Mantel übergezogen, schläft man fest und traumlos, bis der nächste Morgen uns wieder an den Anfang setzt. Die Stimmung ist ganz gut, wenn nicht der Magen öfters Einspruch erheben würde und mir die Zuversicht auf baldige Einstellung in den Graben niederdrückte. Wenn ich doch irgendwie Grieß oder Reis auftreiben könnte, so wäre dem Übel bald geholfen. Milch bekomme ich von meiner Wirtin, und einen Ofen haben wir auch.

Die andere Hälfte unserer Korporalschaft wohnt mit dem Unteroffizier in einem anderen Gehöft. Dort ist regelmäßig zwischen 5 und 6 Uhr Gewehrreinigen. Das vollzieht sich auch im Freien, sehr idyllisch zwischen Misthaufen und Kuhstall. Man kann überhaupt schon viel im Freien leben. Der Himmel ist zwar bisher immer bedeckt gewesen, die Luft aber lau und milde. Die Straßen beginnen schon staubig zu werden. Das merkt man deutlich, wenn Stabsoffiziere im Auto vorbeirasen, oder auch stramme Offiziere stolz vorbeigaloppieren an uns bescheidenen Füsilieren, die der Staub der Allgemeinheit bedeckt und der Erdgeruch umduftet. Tatsächlich merkt man ihnen am wenigsten den Krieg an. Elegant und schneidig sind sie wie immer. Sonst sehen unsere direkten Vorgesetzten, die aus dem Graben zu uns kommandiert sind, schlimmer aus als ihre Rekruten. Auch eine gewisse Müdigkeit, von der sie beherrscht sind, legt sich leicht lastend auf das Allgemeingemüt der neuen Rekruten. Deshalb erscheint in solcher Umgebung die Gestalt eines frisch gewaschenen, schneidigen Offiziers oft wie die Verkörperung eines leichten, lebendigen und in sich klaren Daseins, das von allen, wenn auch unbewusst, als überlegen und mit gewissem Neid angesehen wird.

An die Marburger Freundin.

Bullecourt den 16. März 1915.

Ich sitze in dem Garten hinter dem Hause unserer französischen Wirtin und erwarte den Abend. Die Beete sind sauber eingefasst mit Boskets. Schneeglöckchen stehen dichtgedrängt. Bäume mit wirrem, andere mit sehnsüchtigem, andere mit sanftem, beruhigtem Geäst sind in die verdämmernde Luft gezeichnet. In der Hecke singt eine Amsel, versuchend, anfangend; so schüchtern, aber doch mutig.

Nur fern rollt der Donner der Kanonen. – – –

Am 17. März.

… Wir sind hier 15 km von der Front und hören nur andauernd die Geschütze rollen. Wir werden ausreichend verpflegt, zwar nicht immer mit dem, was mein Magen vertragen kann, aber ich hoffe, mir bald Passendes selbst kochen zu können. Der Dienst geht sonst weiter wie im Frieden.

Wenn Du einmal gute politische Aufsätze findest oder Chronisten der letzten Wochen, so wäre ich dir sehr dankbar dafür. Und dann noch für Goethes Gedicht, in dem es ungefähr heißt:

> Die Stimmen der Geister,
> die Stimmen der Meister
> rufen, zu üben die Kräfte des Guten,
> sie heißen euch hoffen.

Ich besinne mich immer darauf, bringe es aber nicht zusammen.

An Professor D. in Halle. Den 23. März 1915.

Sehr verehrter Herr Professor!

Nun habe ich auch das Glück, aus der Menge derer, die Deutschland mit der Waffe verteidigen, einen herzlichen Gruß senden zu können. Und zwar bin ich wirklich ganz in der Menge untergetaucht, im Volke mit all seinen Vorzügen und Schwächen. Wir sind hier noch Rekruten und liegen gemächlich einquartiert in einem französischen Dorfe drei Stunden hinter der Front. Die Reise dorthin war meine 17. Fahrt auf der so lieb gewordenen Strecke, die mich immer wieder an manche schöne Erlebnisse erinnerte. Diese aber wird wohl die unvergesslichste bleiben. – Das Land ist hier schön und fruchtbar, seine Äcker werden von unsern Halleschen Artilleristen bebaut. In solchem Frieden und bei dem herrlichen Frühlingswetter erscheint das Grollen der Kanonen als etwas seltsam Unwirkliches. Auch bei uns geht der Dienst weiter wie in Halle, zwar unter größeren Entbehrungen, aber durchaus erträglich. Am Sonntag hörten wir eine ausgezeichnete Predigt von Pf. Jakobi-Weißenfels.

B. den 21. März 1915.

Der Sonntag und zugleich Frühlingsanfang ist heute mit einem strahlenden Glanze aufgegangen, der in diesem Jahr noch neu war. Sonntägliche Stille liegt über der warmen Dorfstraße, und wenn man hinaustritt vors Dorf, so flimmert weithin die heiße aufsteigende Frühlingsluft über den besäten Feldern.

Als ich gestern mit einem französischen Wagen – er hat kleine eiserne Räder und ähnelt einem niedrigen Kohlenwagen – hinausfuhr, um neues Stroh für unser Lager zu holen von einer ca. 20

m hohen Strohdieme, die vor dem Westeingange unseres Dorfes liegt, da hatte ich einen besonders starken Eindruck von dem, was sich bei unserm jetzigen Dasein immer wieder aufdrängt wie eine Parallele und zugleich ein Gegensatz zu unserm Krieg in diesem Lande. Ich war auf den luftigen Sitz geklettert und genoss eine wundervolle Aussicht auf die Westfront, wie sie vor uns liegt zwischen A. und B. Der Himmel war zerklüftet von Wolken und Wölkchen, die der Wind herübertrieb. Die Sonne ruhte stetig auf dem fernen Horizonte, wo blaue Höhen hervortraten, Waldstreifen sich dunkel abhoben. Fesselballons über dem Walde und dumpfes Grollen zeigten uns an, dass in der schönen Ferne unsere Fußartillerie stand, die Mord und Tod durch die herrliche Luft sandte.

Von der Ferne her zog sich dann in mannigfaltiger Abwechslung ein reiches schönes Land her bis zu meiner Strohdieme. Überall schwerer dunkler Ackerboden, von dem sich lustig das weiße Sträßlein abhob, das emporeilte, dann in einer Geländesenkung verschwand und wieder auftauchte, um sich zu einem verschwindenden Dorfe hinzuschlängeln. Zum größten Teil war der Acker bestellt – von unsern Soldaten – und atmete mit seinen weiten, nur leicht bewegten Flächen die große Ruhe, Stetigkeit und Sicherheit, die in solcher Geschlossenheit allein die Natur hervorbringen kann. Das ist der eine große immer wiederkehrende Eindruck, den man bei dem eng mit der Natur verwachsenen Leben empfängt: wie die Sonne aufgeht und untergeht, so herrlich wie am ersten Tag, herrlicher und sicherer als wie an vielen Friedenstagen; wie der Frühling sich aus dem kalten, dunklen Wintergraben jung und stark erhebt, strahlender als je zuvor; wie die Erde dankbar die Frucht in sich aufnimmt, still atmet und ruht, wie ein Geheimnis des künftigen neuen unendlichen Lebens, das sie erzeugen will und muss, wie in allen Jahren.

Und all dieser Friede, diese aufbauende Sicherheit und strahlende Schönheit geht auf über uns, die wir zerstören und vernichten wollen, als ob sie nichts davon wüsste. Sie geht auf über viel Leiden und Tod, viel Strapazen und Elend verkümmernder Menschen, als ob sie nichts davon sähe.

Das sind die beiden Eindrücke, die sich hier uns unauslöschlich einprägen. Zunächst ein unversöhnlicher Gegensatz: Hier feindliches, zerstörendes, elendes, menschliches Treiben, dort Sicherheit, Schaffen und Schönheit, die wie ein mahnendes Gewissen, wie das Ziel aller Sehnsucht darüber steht. –

Aber ist zwischen diesen Welten nicht doch eine Parallele, bei der unsere Welt vielleicht noch an Wert gewinnt? Die Verwandtschaft ist sicherlich da, eröffnet sich aber nur dem Gedanken. Der unmittelbare Eindruck spricht nur von einem Gegensatze. Natur ist Schicksal, d. h. sie wird von einem einheitlichen Willen gelenkt, dem jedes einzelne Glied folgen muss. Das einzelne Glied ist nicht frei und kann nicht von sich aus in dem großen Bilde etwas ändern. Diese Gesetzlichkeit ist die Vernunft und Schönheit, die uns jetzt besonders ergreift, dem gegenüber unser Leben mit seinem Zerstören unvernünftig und seinem Leiden hässlich erscheint. –

Aber das große menschliche Leben ist auch Schicksal, jetzt mehr wie je. Der Krieg ist nicht entstanden aus diesem oder jenem menschlichen Willen, auch letzten Endes nicht aus dem Willen großer Völkergruppen, sondern als ein Akt im geschichtlichen Verlauf, jetzt entstanden aus dem bestimmten Nebeneinander politischer Bildungen.

Unser Treiben ist also ebenso gesollt, wie das der Natur. Wenn also die Vernünftigkeit in der Gesetzlichkeit liegt, so muss auch unsere Welt vernünftig sein, weil sie doch gesetzlich ist. Nur ist die große Gesetzlichkeit des geschichtlichen Verlaufs nicht übersehbar, wie die der Natur. Wir sehen nur immer Ausschnitte aus dem großen Geschehen und nicht seine Ganzheit, wie in der Natur. In der Natur ist im einzelnen auch viel Leiden, Vergehen und Zerstören.

Aber wir können auch einen Blickpunkt einnehmen, von dem aus man dieses zugunsten der gesamten Schöpfung, zugunsten der beruhigten Selbstverständlichkeit, mit der alles geschieht, übersehen kann. Wenn wir also einen einheitlichen Willen auch im Menschengeschehen erblicken können, wenn wir uns in allem unsern Tun des Zerstörens und Tötens als Werkzeuge einer göttlichen Schöpfungstat fühlen, so dürfen wir mit derselben Sicherheit und Ruhe unserer Aufgabe, als der Erfüllung des göttlichen Willens nachgehn, wie die Natur, wenn sie ihrem Meister gehorcht.

Dieses ist zwar nur die Lösung eines Teiles des großen Problems »Krieg«, das uns auch hier draußen nicht verlässt, im Gegenteil härter plagt, weil wir so wenig Zeit haben, darüber nachzudenken. Jedoch haben wir ja immer die Lösung durch die Tat, in dem tatsächlichen Glauben an die Richtigkeit unseres Tuns, in der Kraft und Macht, die sich in der Tat offenbart. Die gedankliche Lösung kann nur allmählich und zum Teil folgen. –

Den 25. März 1915.

Das war gestern Abend eine große Überraschung und Freude, als Gotthold mich hier aufsuchte. Ich hatte gleich nach meiner Ankunft in B. an ihn geschrieben, aber erhielt gar keine Antwort. Es hat eben sehr lange gedauert, bis die Karte den Weg, der nur ca. 2 Stunden beträgt, hinüber gefunden hat. Um so schöner war also die Überraschung, als er stolz zu Pferde, gefolgt von seinem Burschen, in unsern Hof eingeritten kam. Ich saß gerade mit meinen Kameraden beim Abendbrot, mit Schmutz bedeckt, wie wir vom Exerzieren gekommen waren und nahm mich wahrscheinlich sehr unvorschriftsmäßig neben dem eleganten Bruder aus. Aber famos sah er aus und machte wirklich einen ausgezeichneten Eindruck, so dass ich einfacher Musketier stolz auf meinen strammen Bruder sein konnte. Bei alledem habe ich wirklich vergessen, die nötigen Ehrenbezeugungen dem Leutnant zu machen, was mein Korporal und Gefreiter und andere Kameraden um so besser nachholten. Er hat dann in unserm Quartier mit zu Abend gegessen. Glücklicherweise konnte ich ihm etwas vorsetzen: Fett, Brot, Käse und Wasserkakao – dies vornehme Essen gab es nämlich, weil wir heute eine große Felddienstübung machen sollten, die aber des schlechten Wetters wegen ausgefallen ist – Gotthold selbst hatte mir dazu einen feinen Rollschinken und Zucker mitgebracht, beides hier eine große Seltenheit.

Nach dem Abendbrot saßen wir dann im Garten an meinem Lieblingsplatz, von dem man über die Hecken ins weite Land hinaussieht.

Es ist ein seltenes, tiefes Erlebnis, ein Wiedersehen in Feindesland unter diesen ganz eigentümlichen Verhältnissen. Es war zudem eine ernste Stunde. Ich erfuhr durch Gotthold den Fall von Przemysl. In aller Freude des Wiedersehens dies ernste Mahnzeichen an die Unerbittlichkeit der riesengroßen Aufgabe, unter der auch wir beide stehen.

Und neben diesem Weltschicksal, in das wir mehr wie je verflochten sind, die persönlichen Schicksale. Ich musste ihm den Tod des Marburger Freundes mitteilen, der ihm am nächsten stand. Dass auch Konrad Reuter seinem Vater gefolgt ist, erfuhr ich durch ihn. Wie eng stehen doch Tod und Leben nebeneinander; Wiedersehen und Verlieren. Beides wächst ungeheuer in seiner positiven Bedeutung. Das eine wird zu einer großen unverdienten Gnade und das andere macht durch seine stetige Nähe das Leben frei und einheitlich. Wenn aber noch Momente eintreten, in denen solches Leben im Innersten gemeinsam gefühlt und gelebt wird, so ist es das höchste Glück.

In der Einzigartigkeit eines solchen gesteigerten Daseins lebt Gotthold nun beinahe ein halbes Jahr. Von seiner Wirkung kann man sich zu Hause wahrhaftig keine Vorstellung machen. Und das ist auf ihn natürlich nicht ohne Eindruck geblieben. Von irgendwelchen, seinem Wesen fremden Wirkungen des Leutnantslebens habe ich jedoch nichts entdecken können. Und wenn zu Hause es seltsam erscheinen mag, dass er sich über seine Zukunft gar keine Gedanken und Sorgen macht, so hat das wieder seinen Grund in der gänzlichen Gegenwartsbestimmheit des Lebens im Felde, von dem ein Uneingeweihter keine Ahnung hat und dessen Glück nirgends zu finden ist als eben im Felde. –

B., den 28. März 1915.

Der Gegenbesuch bei dem Bruder, von dem Heinz schon in einem Nachruf auf ihn [siehe Seite 77 f.] erzählt hat, wird zunächst genauer geschildert. Dann heißt es weiter:

Mit seinen ganz andersartigen Anschauungen in Bezug auf Alkohol und in sexualibus, die Gotthold offen ausspricht und herzhaft verteidigt, wird er zwar im launigen Verkehr gern geneckt, aber sonst scheinbar nicht verachtet, vielleicht auch unbewusst in dieser seiner selbständigen und wirklich gänzlichen Ausnahmestellung anerkannt und geachtet. Seine persönliche Liebenswürdigkeit und Bescheidenheit und vor allem der Name und seine Stellung als *aktiver* Offizier haben ihm das Wohlwollen seiner älteren Kameraden und Vorgesetzten gesichert, – soviel ich wenigstens beobachten konnte. – Ob Gotthold nun dauernd in der Arbeit in diesem Kreise Befriedigung finden wird, ist sicherlich noch eine Frage, die aber augenblicklich wirklich keine Antwort verlangt. Es muss eben so vieles jetzt ohne Antwort bleiben. Man kann sie nicht erzwingen. Trotzdem gibt man eine Antwort, vielleicht eine provisorische, im Grunde aber lebendig-schöpferische, allmählich wachsende, allein in der Tat. –

Das Mittagessen in diesem Kreise stach natürlich im Material und im Ton sehr ab von dem gewöhnlichen Verlauf dieses Aktes. Ich als gemeiner Musketier hatte jedoch Grund, mich möglichst im Hintergrund zu halten. Als Nachtisch gab es einen Pudding, der aus Spören stammte.

Nach dem Essen unternahmen wir beide einen Bummel durch das Dorf. Es steht dort ein Maschinengewehr, an dem Gotthold oft auf der Lauer gegen Flieger liegen muss. Diese bevölkern sehr zahlreich unsre Luft und tummeln sich mit den deutschen Tauben umher. Neulich beobachteten wir auf einem Übungsmarsche einen interessanten Kampf. Der Flieger stand gerade über uns, wir natürlich schleunigst in Deckung. Hinter ihm krepierten die Schrapnells eines Ballonabwehrgeschützes, zwar immer in großer Entfernung, bewirkten aber doch, dass der Flieger sich schleunigst aus dem Staube machte. Eine Reihe kleiner weißer Wölkchen stehen hinterher friedlich in der blauen Luft.

Bei dem Spaziergang in B. suchten wir auch ein halb zerstörtes Gutsherrenhaus auf, aus dem man einen kleinen Teil einer schönen Bibliothek gerettet hat. Da lag noch allerlei, Einbände und Drucke, wie sie die moderne Bücherkunst nicht geschmackvoller herstellen kann. Dazwischen Aufzeichnungen und Rechnungen aus den Jahren 1810–13.

Friedhof und Pfarrgarten, beide mit Mauern umgeben, sind seinerzeit hartnäckig verteidigt worden. Tiefe Granatlöcher zeugen noch von der Furchtbarkeit der deutschen Feuerwirkung. Auseinandergerissen war auch eine schöne Laube aus Lebensbäumen, in der wohl mancher Pfarrherr seine geistlichen Meditationen und Übungen abgehalten und seinen Gott der Mystik gesucht hat, bis die Granaten aus dem stillen Plätzchen eine Wüste machten und fürchterlich den Gott des Kampfes und der Schöpfung sprechen ließen. –

Nach dem Kaffee dehnten wir unsern Spaziergang weiter aus bis M. Eine halbe Stunde Wegs ist es dorthinüber. Das Dörfchen liegt an der breiten, schönen, schnurgeraden Straße auf einer Anhöhe. Es wurde seinerzeit auch heftig verteidigt. Die Schützengräben und Löcher stehen noch da und sind zum Teil in Franzosengräber verwandelt. –

Gotthold führte mich an die alten Stätten seiner ersten Rekrutenzeit, und ich musste zugeben, dass ich es in meinem B. tausendmal besser hatte. Das Dorf macht in seinem halbzerstörten Zustand einen unfreundlichen, beklemmenden Eindruck. Und dort irgendwo zwischen zerfallenen Scheunen und stehengebliebenen Stuben haust sein Regiment schon seit einem halben Jahre! Die Westseite des Dorfes ist mit Verhauen verteidigt, die ins Tal hinabreichen, in der unsere Artillerie steht.

Es war ganz ruhig. Die Geschütze machten Sonntagsruhe, obgleich wir auf dem offenen Hange, Gotthold mit seinem hellen Mantel, wahrscheinlich sehr gut von den Franzosen gesehen wurden. Auf der breiten Landstraße wanderten wir dann wieder heim. Was sich nun in diesen wenigen Stunden begeben hat, kann ich gar nicht schildern. Es war eben wieder eins der seltsamen Ereignisse, vor die man sich hier so häufig gestellt sieht. Wir spürten die große geheimnisvolle Hand, die uns in dies niegeahnte Leben hineingeführt hat. Neu und unverbunden setzt sich dies Leben an alles Bisherige an und fesselt uns mit einem so faszinierenden inneren Gesetz, dass das Vergangene wie ein seltsamer Traum hinter uns liegt.

Um so mehr haben wir uns dann in dem Gedanken an die Lieben daheim, an die gemeinsamen lebenden und toten Marburger Freunde gegenseitig diese Vergangenheit lebendig und freundlich gemacht und haben dies fortgesetzt, als wir nach dem Abendbrot unter dem sternübersäten französischen Himmel den weiten Weg wieder heimfuhren.

An die Marburger Freundin.

B., 1. April 1915.

Sie stehen jetzt wieder vor mir, die zarten schlanken Bäume, wie von einem der alten deutschen Kupferstecher oder von Vogeler an den Abendhimmel hingeträumt. Wie die Unendlichkeit steigt es hinter ihnen auf. Wie still lauschen sie in diesen Himmel der Ewigkeit hinein, so voll Freude und Sicherheit, als ob die Musik des Alls in ihren Zweigen zur Ruhe gekommen wäre. Drüben kämpft die letzte Sonne mit dem dunklen Gewölk des Horizonts. Apollo, der heimkehrt mit Artemis von seiner Entdeckerfahrt; wie er die Mächte der Niederung überwindet und stolz als ein Held in den Olymp eingeht! Wie ein Spiegel ist es, dieses herrliche, klare sichere Sein der Natur. Ein Spiegel von dem mächtigen Sein der Geschichte, das uns kleine Menschenseelen in den großen seltsamen Ereignissen anleuchtet; ein Spiegel von unserm eigenen kleinen Sein, das so einheitlich, in allen seinen Teilen und Tätigkeiten so einfach und klar von dem großen Geist bestimmt ist wie noch nie und Gott mit allen Fasern seiner Seele entgegenjauchzt und sein erhabenes Wesen wiederspiegelt, wie in den großen Zeiten, da Gott zu den Menschen in der Geschichte sprach.

Von meinen Erlebnissen im Einzelnen werden wohl meine Tagebuchblätter schon berichtet haben und weiter berichten. Das Schönste war ja das Wiedersehen mit Gotthold. Wie er der Alte geblieben und doch so verändert im Äußerlichen und Innerlichen! Er selbst und all das, was ich gemeinsam mit ihm erlebte, prägt sich so unauslöschlich ein, dass man sich nie getraut, dessen letzten Sinn zu fassen, sondern immer auf dem Standpunkt des Staunens stehen bleibt.

Es ist ein so großes Glück für mich, dass ich diese Wochen noch so erleben kann; wo ich das äußere Dasein spielend leicht beinah beherrsche; wo ich noch mit ganzer Seele das Glück und die Höhe meines Daseins empfinden kann; wo noch nicht der Körper auf Kosten der Seele zu leben braucht; wo noch nicht der große Schmerz und das Leiden, die Gewöhnlichkeit und die Tierheit den Mund lähmt, den Gott, den die Seele will, auszusprechen. So gehts auch bei uns im Äußerlichen: wie üben täglich Parademarsch, als ob es gälte, in diesem Herrscherschritt die Welt zu besiegen und in Paris und London einzuziehen.

B., am 2. April 1915.

Wir haben heute hier draußen Karfreitag gefeiert. An einem heißen Vormittage marschierte unser Zug aus seinem Quartier hinüber zu dem größeren Dorfe, wo sich das ganze Rekrutenbataillon zum Feldgottesdienst versammelte. Die Kirche war zu klein für die vier Kompanien, die noch durch 2 Batterien verstärkt waren. – Es ist eine der typischen Kirchen, wie man sie hier fast in jedem Dorfe sieht. Ein starker viereckiger Turm mit wuchtigen, bis zur Plattform reichenden Strebepfeilern frühgotischer Art, der mit einer flachen Spitze gekrönt ist. Dazu das im Verhältnis kleine Schiff mit Chor. Die Fenster und Türen haben gotisches Maßwerk, doch fehlt ihnen Einheitlichkeit und Originalität. Sie machen einen etwas degenerierten Eindruck, der verstärkt wird durch das schlechte, zerbröckelnde, grüngewordene Steinmaterial, aus dem sie gehauen sind. Hier in B. hängt diese Gotik irgendwie mit dem Barock zusammen, wie denn auch die Kirche aus dem Jahre 1609 stammt.

So war denn die Kirche auch nicht geeignet für einen Karfreitagsgottesdienst im Felde. Auf grünem Feld unter strahlendem Himmel war die Menge versammelt. Wir sangen das uralte Lied des ersten französischen Mystikers Bernhard von Clairvaux, das zwar durch Luther und Bach ganz deutsch erscheint; aber das ursprüngliche Salve caput cruentatum mit seiner eigentümlichen Bedeutung, das es in der Geschichte der Mystik und persönlichen Frömmigkeit hat, bleibt doch darin lebendig. Der Feldprediger las das Evangelium, wie es bei Lukas kurz und knapp steht – allerdings nicht so wie bei Markus, wo in den wenigen sparsamen Worten das große Drama des Leidens am tiefsten wiedergegeben wird. – Was er dann sagte, war nur wenig im Verhältnis zu dem, was jetzt hätte gesagt werden können. Aber es braucht ja gar nicht gesagt zu werden. Man fühlt es unmittelbar, dass wir heute den Tag feiern, an dem das Leiden und der Tod den tiefsten Sinn empfangen hat. Im Grunde ist also dieser Tag der Festtag des Krieges, ein Feiertag des namenlosen Opferleidens und Sterbens, das die Erde jetzt beherrscht. Am Karfreitag ist das Leiden und der Tod mit ins Leben aufgenommen worden. Vorher war das Leben eng und schmal begrenzt. Leiden und Sterben war Nicht-Leben. Der Gedanke mochte es anders gedacht haben, aber die Tat erst brachte die Neuschöpfung; und der Tod war aufgenommen unter die Schöpfungsfaktoren eines neuen weiteren übersinnlichen Lebens.

Am Ostersonntag den 4. April.

Der Ostersonntag ist mit feinem Regen über das Land gekommen. Heute Nachmittag blickt die Sonne wieder etwas hervor. Jedoch habe ich darauf nicht viel geachtet, denn ich bekam die erfreuliche Nachricht, dass ich unter den Auserwählten bin, die morgen in die Front kommen. So wenig anstrengend der Dienst und so erträglich das Leben in dem schönen B. auch ist, so sehnte man sich trotzdem, zu seiner Bestimmung zu kommen.

Schön waren die drei Wochen hier sicherlich und ich bin sehr dankbar dafür, dass ich diese Zeit noch verleben durfte. Der Dienst war mehr ein Sport. Parademarsch vor allem haben wir kräftig geübt. Jeden Morgen gings in der frischen Luft los: Einzelmarsch, die Beine fest herausgeworfen, als ob's sich um den Einzug in Paris oder Calais handle. Dazu besinnliche Stunden zum Lesen und Schreiben. Und das alles in unmittelbarer Nähe der Front, so dass mit dem Kanonendonner stetig das Gefühl der Besonderheit und Einzigartigkeit der gemeinsamen Bestimmung wach blieb. Nun ist das vorbei. Es ist für mich ein besonderer Vorzug, dass ich unter den 15 Mann bin, die unsere Kompanie aussendet. Meine Kameraden sind doppelt oder dreimal solange ausgebildet wie ich. Das kommt vielleicht daher, dass der Feldwebel mich kennt und weiß, dass mein Bruder Leutnant ist – also infolge einer kleinen Schiebung, auf die ich noch häufiger rechne, um alsbald noch die höheren Stufen der Gemeinheit zu erklimmen. Wir haben um 12 Uhr in H. zu sein und kommen leider nicht zu meinem alten, sondern zu einem Nachbarregiment.

Der einzige aus meiner Korporalschaft, der ebenfalls gewürdigt wird, mit in den Graben zu kommen, wird – o Ironie des Schicksals! – zur Strafe herausgeschickt. Das ist also mein Kamerad! Jedoch ist er eine Ausnahme. Im Ganzen konnte man das Leben in unsrer Bude schon aushalten. Unser Gefreiter, ein 19 jähriger Unteroffizierschüler aus Weißenfels, ist ein wirklich famoser Mensch von anständiger Gesinnung und großem Bildungsbedürfnis, mit dem ich mich ausgezeichnet verstand. Schade, dass er nicht mitgehen konnte. Wir haben so manches Mal zusammengehalten, wenn die Wellen der Gemeinheit zu hoch gingen. Er ist Waise und stammt aus Düren und wäre wohl einer andern Umgebung und eines andern Bildungsganges wert. Auch mit den andern, soweit sie wenigstens im Grunde ihres Wesens ehrliche Naturen sind, findet man einen modus vivendi. Oft ist es wirklich ganz schön, wenn der Ton vorhanden ist, den man unvermerkt selbst leitet. Aber so mancherlei Seelen wohnen unwidersprochen in ihrer Brust, so dass man doch oft in unglücklichen Situationen sich befindet, deren Atmosphäre sehr an diejenige gewisser Tiere erinnert, um deren Nützlichkeit man sich bei euch jetzt streitet. Derjenige, der morgen mit herauskommt, ist Maurer und acht Jahre auf der Walze gewesen in aller Herren Ländern, dabei ein großer Freund von Schlägereien, von denen er uns gerne eine Schilderung zum Besten gibt. Ein anderer ist Elbschiffer, auch ein tüchtiger Raudi, aber wenigstens ehrlichen Gemüts. Ein anderer ist vier Jahre im Zirkus gewesen bei Elefanten und Dompteusen; er hat eine famose Gabe in seinem anhaltischen Dialekt ungeheuer anschaulich seine Erlebnisse zum Besten zu geben, ganz gleich mit welchem Inhalt; alles wird mit der gleichen Liebe und Anschaulichkeit erzählt. Das sind einige meiner Kameraden.

Boiry den 8. April 1915.

Das wäre also der Ort meiner künftigen Wirksamkeit, das Standquartier, in dem ich meine sogenannten Ruhetage verbringen werde. Es ist furchtbar, wie die Einwohner von Haus und Hof verdrängt werden müssen. Die meisten Quartiere, die ich gesehen habe, sind allerdings von ihren Besitzern gänzlich verlassen. Gestern abend, als ich mit meinen neueintretenden Kameraden in allen Quartieren unserer Kompanie Feuer anmachte, damit die aus den Graben Heimkehrenden gleich eine warme Bude hätten, da habe ich sie alle in ihrem Urzustande sehen können. Dem Uneingeweihten werden sie sicher einen beklemmenden Eindruck machen. In gänzlich ausgeräumten Stuben, meist auch mit aufgerissenem Fußboden, sind Verschläge übereinander zurecht gezimmert, auf denen das Stroh schon vielfach filzartig zusammengetreten ist. Die Fensterscheiben sind nur noch zur Hälfte ganz, das andere ist mit Brettern und Pappe vernagelt und verklebt. Als Möblement dient, wenn es hochkommt, ein zusammengezimmerter Tisch und eine Bank, für die noch gerade Raum vorhanden ist. Schließlich noch ein gebrechliches kleines Öfchen unter dem Rauchfang. In solchen kleinen einfenstrigen Räumen wohnen 8–10 Mann, in größeren 16–20 Mann, immer eine bis zwei Gruppen mit ihrem Unteroffizier. Zuerst erscheint es unmöglich, in solcher primitiven Enge existieren zu können. Man fürchtet, des Nachts sich gegenseitig zerdrücken und des Tages auf den Hühneraugen herumtreten zu müssen. Aber man lernt schon, sich in solch engem Raum zu bewegen und seine tausend Sachen zusammenzuhalten. Schließlich vermag der Raum sogar eine Schönheit und Gemütlichkeit zu gewinnen, die man ihm nie zugetraut hätte.

Freitag den 9. April 1915.

Heute abend geht es mit dem 1. Bataillon zum ersten Mal in den Schützengraben. Das Wetter ist nicht gerade sehr verheißungsvoll. Es ist echtes Aprilwetter: Regenschauer wechseln mit Sonnendurchblicken. Die Ostertage hatte es schon andauernd geregnet. Den Anmarsch am 2. Ostertag werde ich so leicht nicht vergessen. Ich war der einzige, der den Mantel angezogen hatte, obgleich der Regen im Anfang nur sehr schwach war. So wurde ich denn unter dem schweren Tornister zwar nass von innen, aber die äußere Nässe, die den Tag über recht heftig auf meine unbemäntelten Kameraden herniederkam, war doch bedeutend unangenehmer. Und manche schlichen denn auch recht seufzend unter ihrer schweren Last einher. Aber man kommt schließlich doch immer an.

Der Anmarsch zum Graben dauert 1¼–1½ Stunden. Zunächst geht es über den Acker zu dem benachbarten Dorf. Ich sah es immer liegen bei meinen abendlichen Spaziergängen, die ich bei Sonnenuntergang in diesen Tagen regelmäßig machte. Man geht durchs Dorf hinauf auf die Landstraße. Von dort oben hatte man den schönsten Ausblick auf die Abendsonne. Die Luft wird licht und klar. Die Wolken sammeln sich mit goldnen Rändern im Westen und türmen sich zu riesigen Bildungen übereinander, gleich als ob sie in der Dramatik, mit der dort oben Licht und Dunkel kämpft und niegeschaute Formen und Gestalten, Verschleierungen und Durchblicke auftauchen und verschwinden, den Kampf zu ihren Füßen widerspiegeln. Von dem Dorf sieht man in einem großen Park ein kürzlich zusammengeschossenes Schloss, dessen Rauchwolken sich mit dem Licht der hinter dem Park untergehenden Sonne vermischen.

Wende ich mich dann um, so liegt unser Dorf friedlich zu meinen Füßen. Ein Wiesenabhang reicht herab, auf dem oben zwei alte Rüstern einsam im Winde rauschen. Das Dorf ist so warm und sicher in die Mulde eingebettet, die Dächer schieben sich so altgewohnt und vertrauensvoll übereinander, dass man nicht recht glauben will, dass auch hier die Granaten jeden Augenblick einschlagen können. Aus der Mitte des Dorfes erhebt sich ein einzelner schlanker viereckiger Turm, freundlich weiß getüncht. Es ist der Rest einer ehemaligen Kirche. Jetzt ist der Turm von einem Friedhof umgeben. An diesen schließt sich der besondere Ehrenfriedhof der 26er an. Das Tor, aus unbehauenen Baumstämmen zusammengefügt, geschmückt mit den Initialen des Regiments, führt hinein. Dort liegen in zwei Reihen die wohlgepflegten Gräber der Tapferen, die man aus dem Graben hinuntergeschafft hat. Beinahe täglich findet hier einer seine letzte Ruhe. Gestern sah ich einer solchen Beerdigung von weitem zu. Die Töne der Kapelle hatten mich hergelockt. Ich sah dann den Pfarrer sprechen vor einem Zuge von Kameraden des Gefallenen. Als er zu Ende war, begannen die Bläser, hauptsächlich mit zartem Waldhorn und Holz, leise das Ulandsche Lied vom guten Kameraden. Wie verhallendes Echo tönte es in den hohen Baumwipfeln, in der ganzen herrlichen Frühlingslust nach. So hat man das Lied noch nie gehört und noch nie so tief und allgemein die Lebensbeziehung darin gespürt. –

Boiry den 13. April 1915.

Wenn man dasjenige Leben für das lebens- und erstrebenswerteste hält, das aus lauter Überraschungen besteht, aus einem andauernden Wechsel nie erlebter Situationen, in deren Mitte das Ichbewusstsein mit allen seinen sonst geläufigen Beziehungen gänzlich verschwindet, so gäbe es kein schöneres als dies Kriegserleben. Allerdings muss man dabei in Kauf nehmen, dass in diesem steten Wechsel der Beziehungen auch die eine nur einmal erlebbare sich einstellen kann, der Tod. Er steht im Mittelpunkt aller jetzigen Beziehungen und die Gesamtheit der Erlebnisse liegt unter seinem Bann. Dadurch erhält das Leben einen großen Schwung, innere Sicherheit und Geschlossenheit und Kraft in der Überwindung vieler Kleinigkeiten und Ärgerlichkeiten, die das Ich angehen.

Allerdings werden auch manche andere Lebensformen erzeugt: Leichtigkeit, die ausgelassen werden kann bis zum Leichtsinn, der neben dem mürrischen Stumpfsinn und ewigen Quängeltum, das auch vorhanden ist, sehr erquicklich wirkt. Und dann gibt es natürlich mancherlei Mischungen. Eins aber ist überall vorhanden, mehr oder weniger beherrscht – das ist die Angst, rein physische Angst, die der unausrottbare Selbsterhaltungstrieb erzeugt, die von unten durch den ganzen Körper steigt, das Herz und den Atem beklemmt in dem Momente, wo die Todesgefahr unmittelbar vor Augen steht. – An das seltsame Singen der Infanteriegeschosse, die über den Graben weggehen, mag man sich schon eher gewöhnen. Aber wenn Granaten heransausen und mit dem gar nicht wiederzugebenden Krach bersten, dann duckt sich jeder und sucht schleunigst nach Deckung, oder setzt sich, wenn er nicht im Graben ist, mit seiner ganzen schweren Last in Trab nach gefahrloseren Gegenden hin. Man hört den Abschuss, man lauscht mit verhaltenem Atem dem Geräusch der sausenden Granate. Sie nähert sich der eigenen Stellung. Alles zieht den Kopf zwischen die Schultern und knickt in den Knien ein. Da kommt sie schon über die Köpfe herüber und ratsch in den Boden hinein 10–20 m entfernt. Man hört diesen Krach gar nicht mehr, so sehr fährt er in die Glieder. Aber interessant ist es doch. Wie der Teufel, mit einer dem Menschendasein fremden Gewalt, Tücke und Leidenschaft, kommt es von oben herab. Mit einer kurzen Flamme löst sich die Erscheinung auf und ein hässlicher, schwarzer Rauch ist der Rest. –

Boiry heißt der Ort, der auch täglich beglückt wird von einer Reihe solcher Granaten. Die Häuser sind denn auch alle gänzlich demoliert. Aber man kann doch nicht den ganzen Tag im Keller liegen, wenn man des Nachts schon dort zubringen muss. Darum liege ich jetzt faul auf einer lieblichen Apfelwiese mit Gänseblümchen, wie man sie sich schöner nicht denken kann. Heute ist der zweite Tag, an dem unsere Kompanie hier in Reserve liegt. Die Stellung wird gewöhnlich des Abends um 10 Uhr besetzt, so dass man auf einer Straße bis zu ihr hin gehen kann. Am Tage benutzt man einen Laufgraben von halber Mannestiefe und nur die letzte Strecke geht man auf der Straße. Als aber unsere Gruppe vorgestern zur Wache ging, da hatte uns ein französischer Fesselballon doch bemerkt und schon kamen ein paar schwarze Dinger angeflitzt, als wir dicht vor dem Dorf waren, aber glücklicherweise ein paar Meter zu weit. – Das ist etwas Alltägliches –, sie passen drüben eben genau auf und scheuen sich nicht, auf den einzelnen Mann mit Geschützen zu feuern. Wenn man am Tage nur etwas Erde aufwirft, sofort gibt's »Lack« und immer dicht in der Nähe – aber dann schleunigst in Deckung! Das sind die bekannten Erdhöhlen, zu denen ein Türchen aus dem Graben hineinführt, in der verschiedensten Aufmachung. Dort verbringt man für gewöhnlich den Tag. Morgens um 7 Uhr legt man sich hin, so wie man ist, enggedrängt in der Höhle und schläft bis ½1 Uhr, dann holt einer Essen von der Feldküche. Nach dem Mahle verschwindet man wieder und um 5 oder 6 Uhr taucht dann alles wieder mit verschlafenen Augen auf. Kurz nach 8 Uhr werden die Horchposten herausgeschickt, die in den Löchern 20–30 m vor dem Graben stehen. Die anderen sind im Graben oder arbeiten, schanzen, holen Balken und sonstiges aus dem Dorfe und so die ganze Nacht durch. Am Tage hat jeder ca. 1 Stunde Wache. Es ist also das reine NACHTLEBEN. Darum haben die Leute hier auch alle eine schlechte Gesichtsfarbe und ich werde meine Bräune, die ich mir bei dem gesunden Leben in B. geholt habe, wohl bald verlieren. Geschossen wird am Tage nicht viel. Nur die Geschütze sprechen. Man muss schon ein gutes Glas haben, Wenn man im feindlichen Graben, der 700 m entfernt ist, menschliches Treiben erkennen und aufs Korn nehmen will. Des Nachts beginnt die Knallerei auf Schleichpatrouillen, die man nicht sieht. Wenn lebhaft geschossen wird, so hört sich das in der Ferne an wie ein mächtig brodelnder Kessel.

So steht man denn die ganze Nacht da, wenn nichts zu tun ist, unter dem schweigenden Sternenhimmel. Zuweilen kommt ein gutes Gespräch in Gang. Sonst aber ist die Einsamkeit schöner. Schade ist es nur, dass meine astronomischen Kenntnisse nicht mehr so weit her sind. (Vielleicht hilft mir jemand mit einer kleinen Sternkunde nach.) Dann harrt man, bis der Morgen im Osten anfängt zu grauen und die Lerchen jubelnd in die frische Luft steigen. Aber dann kommen gewöhnlich schon die ersten eisernen Grüße, die den stillen Morgenbetrachtungen ein jähes Ende bereiten. –

B., den 16. April 1915.

Lieber Papa!

Deinen 60. Geburtstag feierst Du in einigen Tagen. Es ist dies wohl der Anbruch der Zeit, in der sich das Leben beginnt zum vollen Ring zu schließen; und klarer und klarer bilden sich alle Beziehungen, sie reifen und lösen sich zu eigenem vollen Leben. So auch das Verhältnis zu deinen Söhnen. Aus der Natur entwickelt sich der Geist. Aus der natürlichen Liebe die »Liebe Christi«. So gedenken wir, Deine Söhne, an diesem Tage Deiner, klarer und reifer, selbständiger und inniger. Wie ein Geschenk müssen wir es empfinden, dass wir diesen Tag noch erleben durften, trotz all der vielen Not, die ihn uns früher und jetzt oft fraglich gemacht haben. Aber wir wissen ja jetzt, dass die Not das Leben rundet, so dass man von ihm sagen kann, es ist vollbracht. Darum müssen wir uns besonders dieses Tages freuen. So wünschen wir denn, dass diese *gemeinsame* Freude Dir noch recht viel Lebenskraft geben möge. Es ist wahr, von dieser Gemeinschaft leben wir, auch wenn wir sie nur in der Ferne haben. Sie wirkt auch dorthin. Das lerne ich ja jetzt mehr und mehr, wo mir die Gemeinschaft der Nähe fehlt, während man sich besonders stark nach ihr sehnt, um den Schmerz und die Qual mancher Augenblicke zu lindern, aber auch die Größe und lebendige Fruchtbarkeit anderer Erlebnisse zu gewinnen. – Es freut mich sehr, dass Euch meine anspruchslosen Berichte so viel Freude machen. Wenn ich nicht so viel mit mir selber zu tun hätte, mit Müdigkeit, die sich durch den Nachtdienst einstellt, vor allem mit meinem Magen, der mich doch oft deprimiert und dann Zeit wegnimmt, wenn ich ein extra Süppchen für ihn bereit halten muss, schließlich mit all den Fataltäten und Engigkeiten unseres primitiven Lebens, so würde ich gern noch mehr und weiter ausholend schreiben. So müsst Ihr halt vorlieb nehmen mit dem, was mir der Augenblick gönnt.

An die Marburger Studiengenossin.

An der Front in Frankreich, den 21. April 1915.

... Wo man sich jetzt so unmittelbar von der großen Aufgabe erfasst sieht, fühlt man sich doch nur oft als Ding unter Dingen. Als ein Gleicher unter Gleichen, dem alles Individuelle zu fehlen scheint, bewegt man sich hier tagaus, tagein. So gehen alle wie unter einem Druck, unter einer großen unsichtbaren Last einher. Gewiss wären persönliche Beziehungen mit dem und jenem möglich. Unter so vielen findet man schon eine verwandte Seele. Aber der Verkehr kommt so schwer in Gang. Die Lust am Individuellen fehlt ganz. Der andere bleibt immer nur der »Kamerad«, allerdings ein guter Kamerad, dem man auch ohne Worte ganz vertrauen kann. Aber all das andere, was ich für mich allein habe, was nicht zusammenhängt mit dem Großen, Allgemeinen, bleibt gänzlich für sich allein. So windet man sich in sich selbst hinein und bleibt im Grunde ein Fremder unter Fremden.

Man hat zwar oft viel von diesen Monologen und Dialogen mit der Außenwelt und dem All. Eine bunte Welt der Phantasie entsteht, wenn außen alles dunkel ist. Aber wenn man nun müde wird?

Ach, dann hilft solch ein Wunsch und Brief wie Deiner. – Ich bekam ihn eben, wenn du sähest, an was für einem Orte! Selbst Gotthold, der mich gestern hier besuchte, machte ein verdutztes Gesicht, als er mich in solcher Umgebung sah. Darum will ich es lieber nicht schildern. Aber ich bin wenigstens allein – abgesehen von den vier- und mehrbeinigen Geschöpfen, die mich umgeben. Die kleinen Mäuschen, die immer etwas auf die Schnauze kriegen, wenn sie sich zu intim mit meinem Zwieback und sonstigen Liebesgaben, die mich umgeben, befassen, sind noch die angenehmsten Gesellschafter. – Ich muss mich einige Tage zur Schonung hier aufhalten, um einen Darmkatarrh, den ich mir im Schützengraben geholt habe, zu beseitigen. Es ist aber nicht weiter gefährlich; Fieber habe ich nicht. So etwas kommt hier häufig vor, herbeigeführt durch das eigentümliche bewegungslose Leben im Graben. So ganz spielend beherrscht man das Leben doch nicht wie in Bullecourt. Und nicht umsonst tragen alle hier an einer schweren Last – jetzt zwar nicht so sehr wie vor einigen Monaten – und sehnen sich alle nach Frieden.

Aber eine Freude und mein Interesse lasse ich mir nicht nehmen – besonders wenn man so liebe aufmunternde Briefe bekommt. Wie schön mag doch der Frühling in Marburg sein. Es ist unsagbar, wieviel Schönheit ein solch lieber Ort in sich bergen kann. Aber diese Freude genieße ich schon, wenn ich weiß, dass Du sie ganz aufnimmst und in ihr ständig atmest. Ich entsinne mich noch so deutlich, wie ich genau vor einem Jahr in den Marburger Frühling zog, in das Semester, das mein schönstes wurde. Es war morgens um 5 Uhr, als ich ankam und durch die stillen taufrischen Straßen ging, wo die Amseln in den Büschen jauchzten und die Kirche und das Schloss so herrlich stand. Jetzt kommt auch im Graben jeden Morgen um 5 Uhr schon das ersehnte Licht nach langer fröstelnder Nacht. Dankbar begrüßt man es – wenn die Granaten nicht grade hereinschlagen – und ist froh, dass man sich den Tag über in sein Erdloch schlafen legen kann. –

Aber Frühling und Sonne ist auch hier. Im Graben sieht man wenig. Aber dann in Blaireville, einem Dorf, das gleich dahinter liegt, in ständigem Feuer. Dort liegen wir 1–2 Tage in der Woche zur Reserve. Vorgestern stand ich noch in einem der schönen Gärten. Die Granaten waren hineingefahren durch die weiße Kalkmauer und die Beete waren zerstört. Durch das Loch sah ich hinaus in ein weites, herrlich durchsonntes Land. Es war um die Mittagszeit. Stille war weithin und zitternd in der Glut stand die Luft über den beiden Schützengräben. Und drinnen leuchteten blühende Aprikosen, Anemonen lugten aus dem Schutt und das hohe saftige Grün von verschüttetem Weizen.

Warum sollten wir uns nicht freuen in all dem Frühling, in all der Sonne und Liebe, die uns mitten aus dem Schrecken entgegenleuchtet? Darum sind wir nicht treulos, im Gegenteil wir sind treu dem Ursprung, aus dem alles entspringt. Gott steht so meilenweit fern über dem, was wir irdisch Freude oder Schmerz nennen, Tod oder Leben, Glück oder Unglück. In ihm liegt beides, es quillt empor in der gleichen Liebe, die der irdischen wohl verwandt ist, so wie Jesus liebte, als er die »Sünden der ganzen Welt trug«. Warum sollen wir nicht auch lieben und froh sein durch alle Verwirrung hindurch, durch all die Lähmung, Enttäuschung, Nicht-Erfüllung hindurch? Ist denn Erfüllung immer Erfüllung? Wir bleiben doch immer nur auf dem Wege. Nur die göttliche Liebe hilft uns auf dem Wege und gibt die selige Gewissheit. –

An dieselbe. Croisilles den 29. April 15.

Einen recht herzlichen Gruß zum 1. Mai! Ich schicke ihn Dir vom Lazarett aus, wohin mich ein gütiger Stabsarzt geschickt hat, obgleich ich mich schon auf dem Wege der Besserung fühlte. Aber die Sache scheint hartnäckiger als ich dachte und ich werde vielleicht noch 8–10 Tage hier bleiben müssen. Mit dem Schicksal hadere ich nicht. Im Gegenteil, wenn man einmal hier ist, dann ists sehr schön. Wieder einmal baden können, sich auskleiden können; und ein Bett! Wenn auch nur ein Strohsack. Herrlich! Zwar muss ich zunächst noch tüchtig hungern. Aber das macht nichts. In einigen Tagen hoffe ich mich so langsam wieder kräftigen und auf die alte Höhe bringen zu können. Um so erfolgreicher lese ich jetzt, z.

B. studiere ich gründlich in Fichtes Reden. Aber damit bin ich bald fertig. Kannst mir vielleicht auch mal etwas schwerere Kost schicken; danach hungere ich jetzt sehr, z. B. das Neueste über Kant, ein Werklein von Buchenau, ich glaube bei Meiner erschienen. Vielleicht schickst Du es mir umgehend. Dann habe ich mich schon lange nach dem Aufsatz von Feickes geistlichem Freund aus dem Sauerland über Kants und Schleiermachers Ethik gesehnt. Ich glaube, es ist auch einmal in den Kantstudien erschienen. Ich muss jetzt wirklich über mich und meinen philosophischen Hunger lachen. Was mir noch im Sinn liegt, ist nämlich aus den Kantstudien 1912 Heft 2 (Cohen-Heft zu seinem 70. Geburtstage). Das ist ja alles keine Schützengrabenlektüre. Aber wenn ich es hier hätte, so würde ich es gleich verschlingen. Vielleicht kommt wenigstens etwas davon bald in meine Hände. –

Wie schön wird nun der Mai werden. Durch die Fenster hindurch ahne ich das herrlichste Wetter. Wenn ich einmal in den Garten kann, dann wird es erst fein!

B., den 23. April 1915.

Nun bin ich beinahe drei Wochen in der rühmlichst bekannten Kompanie und dabei in der 1. Gruppe, die sich stolz für die strammste hält, was man ihr tatsächlich auch nicht abstreiten dürfte, wenn die äußere Länge mit der inneren Strammheit identisch wäre. Denn an Länge erreicht sie das denkbar höchste Maximum, so dass ich, der ich mich doch nicht gerade für klein halte, in ihrer Mitte höchstens bis zu ihrer durchschnittlichen Nasenspitze reiche. Im Schützengraben haben wir eine Strecke besetzt, die bis vor kurzer Zeit von den ...ern behaust war, und zwar anscheinend auch von den Längsten. Denn sie passt ausgezeichnet für uns. Nicht zu niedrig, dass wir für unser Haupt Angst zu haben brauchten, auch nicht zu hoch, so dass wir bequem Brustwehr und Schießscharten benutzen können. ...

Von meine neuen Kameraden zu berichten, wäre vielleicht an der Zeit. Jedoch kann ich das nur mit großen Vorbehalten tun.

Man könnte vielleicht denken, dass nirgends leichter als in einer Kriegskameradschaft die Menschen kennen zu lernen sind, wo man des Nachts eng zusammen sich drängt, um sich gegenseitig zu wärmen, wo am Tage einer für alle anderen Essen holt, Stube säubert usw., wo man die langen, langen Nächte im Schützengraben nebeneinander steht und wacht, wo der eine für den anderen selbst sein Leben aufs Spiel setzen wird. Aber trotzdem kennt man manche Kameraden nur oberflächlich, und die Kriegskameradschaft wächst sich nicht so bald zu einer wirklichen tiefen dauernden Gemeinschaft aus. Bei den Kameraden aus den niederen Ständen – eigentlich die große Mehrzahl – ist das zwar leichter der Fall in den möglichen Grenzen. Das Kennenlernen findet jedoch den größten Widerstand bei solchen, die der lange Krieg schweigsam und stille gemacht hat. Man findet nun in einer solchen Fülle von Menschen doch eine ganze Reihe, mit denen dies wohl möglich wäre: Studenten, Lehrer und andere Einjährige. Aber trotzdem bahnt sich gerade mit diesen nur langsam oder gar nicht ein engerer Verkehr an.

Es ist dies eine ganz eigentümliche Erscheinung im Kriegsleben. Wir sind alle von der einen große Aufgabe bestimmt. Bis zur Abspannung herrscht sie in allem großen und kleinen Tun. Alle werden von ihr so ergriffen, dass das Individuelle und Besondere verschwindet; wie man sie denn auch dem Äußeren nach nicht mehr oder nur langsam voneinander unterscheiden kann. Schließlich liegt auch die Mühsal des langen Krieges auf allen wie eine drückende Last, so dass jegliches Interesse am Individuellen geschwunden ist, und deshalb ein Näherkommen auch dort, wo es möglich wäre, sich mühsam und für Momente nur anbahnt. Wenn darum auch nicht viel Worte fallen und man im Grunde ein Fremder bleibt unter Fremden – wenigstens bisher – so weiß man doch, was man vorneinander zu halten hat, man weiß, wer im Entscheidungsfalle der »gute Kamerad« ist, auf den man sich unbedingt und in allen Dingen verlassen kann. Das bringt eben die ganz selbständige Offenheit oder besser das Sich-nicht-verschleiern-wollen, das Gleichsein unter Gleichen, wie es im Felde nicht anders möglich ist, schon mit sich.

Wenn ich also von einzelnen etwas erzähle, so geschieht das nicht, weil ich sie besonders gut kenne, sondern weil sie mir augenblicklich am meisten vor Augen sind und ich mit ihnen am engsten zusammenlebe.

Da ist zunächst mein Unteroffizier, er heißt Kluge und ist Lehrer in Bernburg. Er ist wohl der angesehenste und angenehmste Unteroffizier der ganzen Kompanie, wohl auch der älteste. Es ist nicht ausgeschlossen, dass er bald Zugführer wird. Das Verhältnis der Vorgesetzten zu den Mannschaften ist ja im Felde ein wesentlich anderes als in der Garnison, vor allem das Verhältnis zu den Unteroffizieren, während die Zugführer: Feldwebel und Leutnants für gewöhnlich im gleichen Abstand bleiben wie in der Heimat – wenigstens unter den augenblicklichen Bedingungen des Stellungskrieges. Die Unteroffiziere und Gruppenführer schlafen mit uns in den gleichen primitiven Quartieren eng gedrängt auf altem Stroh. Sie essen das gleiche Essen, sie müssen ebenso ihren Affen hucken und ihr Gewehr schleppen wie wir. Sie stehen die langen Nächte mit uns im Graben. Durch dieses Zusammenleben fallen ganz von selbst die schärfsten Schroffheiten weg, unter denen der Soldat in der Garnison wohl zu leiden hat.

Trotzdem bleibt es immer noch ein Unterschied, ob man einen geschickten oder ungeschickten Gruppenführer hat. Über den meinigen kann ich mich absolut nicht beklagen. Es versteht es ausgezeichnet, jeden einzelnen nach seiner Eigenart zu behandeln, ohne jemals ungerecht zu werden. Er wird nicht nervös und gewinnt unbedingte Achtung durch sein überlegenes, ruhige, zuweilen humorvolles Wesen. Er ist seit Anfang September ununterbrochen im Felde, in seiner Gesundheit, Zähigkeit und Gemütsruhe wirklich beneidenswert. Er kann gut erzählen und in den langen Nächten im Schützengraben hat er schon manches Feldzugserlebnis zum Besten gegeben und die müden Leute damit wachgehalten. Der Mittelpunkt aller Erzählungen, nicht nur bei ihm, sondern auch bei allen anderen alten Leuten, bildet der Tag von Neuville, Anfang Oktober 1914. Damals gelang es dem IV. Armeekorps in Eilmärschen von Soissons aus eine große französische Armee, die über Arras den deutschen nördlichen Flügel überflügeln und Antwerpen entsetzen wollte, bei Arras zum Stehen zu bringen. Damals wurden unter den fürchterlichsten Verlusten die Dörfer Neuville, Beaurains und Merkatel gestürmt und das weiter südlich gelegene Monchy und Douchy. Wer den Tag von Neuville überlebt hat, der konnte wohl von Glück sagen. Vor allen fielen in langen Reihen die schnell herbeigeförderten, eben erst eingetroffenen Mengen der Kriegsfreiwilligen, die in frischem Mute das Feuer am wenigsten achteten, allerdings auch im Deckungnehmen und im Vermeiden von vermeidbaren Feuerwirkungen noch nicht die nötige Routine hatten. So erzählte der Unteroffizier.

Drei andere Kameraden sind von Anfang an dabei gewesen. Einer trägt noch von Neuville her eine gehörige Schmarre im Gesicht. Es sind die stillsten und angenehmsten Leute der ganzen Gesellschaft. Von dem Mann mit der Schmarre habe ich beinahe gar nichts gehört. Er ist breitschultrig und kräftig gebaut und stammt aus Mosigkau. Im Umgang ist er still und höflich. Ich habe ihn auch noch niemals schimpfen hören, obgleich man ihm seinem finstern, verschlossenen Äußeren nach , alles zutrauen würde. Er ist scheinbar ein heimlicher Sinnierer, der unter seiner Rauheit und Eckigkeit ein Eigenstes verbirgt, so wie er auf der bloßen Brust neben seiner Erkennungsmarke einen schweren metallenen Christus von irgendeinem gefundenen französischen Kruzifix trägt.

Die beiden andern aus dem Trio der »alten Krieger« erzählen zuweilen in ihrer Art von den Erlebnissen des Marsches durch Belgien bis Paris. Es ist seltsam, wie die großen Ereignisse sich bei ihnen wiederspiegeln. An irgend etwas Unbedeutendes, das ihnen besonderen Eindruck gemacht hat, knüpfen sie an und bleiben in der weiteren Erzählung an dem Komischen und Seltsamen am liebsten kindlich-staunend haften. ... [Zensurlücke]

Der angenehmste meiner Kameraden ist ein junger Lehrer aus der Gegend von Halle. Er ist Ersatz-Reservist und sehnt sich sehr nach seiner jungen kriegsgetrauten Frau. Das Kriegsleben behagt ihm wenig; er trägt es jedoch mit großer Geduld.

Liebe und Verständnis hat er für mancherlei, doch erinnert sein Idealismus noch sehr ans Seminar. Sein Wesen ist jedoch treu und vertrauenerweckend. – Zwei weitere unvermeidliche Typen werden dargestellt durch einen älteren Ersatz-Reservisten, einen Kneiper, der ewig murrt und mit allem unzufrieden ist, nur mit dem zu erhoffenden Frieden nicht, und einem Knecht, der in bäurischer Derbheit am liebsten nur in Zoten spricht und sein Maul am weitesten aufmacht. Gleichwohl können diese beiden doch nicht das Oberwasser im Tone halten. – Schließlich ist noch »Joseph« da, der jüngste. Ein stämmiger Riese aus Westfalen, der gern aushilft und dies und das besorgt für ein paar Zigaretten. Er ist Maurer und Bergarbeiter und hat sich in der wüstesten Gesellschaft umhergetrieben; unter seinen Genossen wohl einer, der es am tollsten treibt. In anständiger Gesellschaft ist er jedoch freundlich, umgänglich und ehrlich und kann seine gute bäuerliche Abstammung doch nicht verbergen. Er ist in gewisser Beziehung der Mittelpunkt der ganzen Gesellschaft, vermutlich weil er das einzige Objekt ist, das jeder nach seiner Art beeinflussen zu können glaubt.

Croisilles, Feldlazarett 3, den 5. Mai 1915.

Ich muss gestehen, dass ich mit einiger Beschämung auf die eben geschriebene Ortsangabe blicke; denn sie gibt ja denjenigen Recht, die mir prophezeit haben, ich würde das Kriegsleben doch nicht aushalten und mir dabei von meiner freiwilligen Stellung mehr oder minder deutlich abgeraten haben. Denen, die mir also jetzt vielleicht einen Vorwurf machen könnten, möchte ich doch entgegenhalten, dass, was jenen Entschluss angeht, das Freiheitsproblem nicht so einfach zu lösen ist, wie der gesunde, durch Wahrscheinlichkeits- und utilitaristische Gründe beeinflusste Menschenverstand sich wohl träumen lässt. Und was den Erfolg angeht, so passiert es tatsächlich auch den stärksten Naturen, dass sie hier im Schützengraben einen ähnlichen Darmkatarrhanfall bekommen wie ich. Schließlich habe ich ja auch ein gewisses Recht, mich einmal auf Kosten des Staats im Lazarett herumzutreiben, nachdem ich selbst vier Monate für ihn gepflegt habe. Ich kann jedoch nicht umhin zu gestehen, dass ich mich dabei außerordentlich wohl fühle, beinah zu wohl nach Kriegsbegriffen. Zuerst war es mir allerdings nicht so wohl zu Mute, als ich die Kameraden und die Kompanie, in die ich mich grade hineingelebt hatte, verlassen musste. Es ist beschämend zu wissen, dass die Kameraden immer weiter den gleichen, eintönigen, oft bedrückenden Dienst machen müssen. Und so ließ ich mich denn betrübten Sinnes von den Rösslein dahinfahren durch die lachende Frühlingslandschaft. Langsam und vorsichtig zogen sie den Krankenwagen die Anhöhe hinauf, die das liebliche Boiry umschließt. Von dort umfängt der Blick noch einmal die weite schöne Landschaft. Bald sind wir über die leichte Anhöhe hinüber, die Rösslein beginnen zu traben und allmählich verschwindet der weite Horizont hinter unbestellten alten Rübenäckern und frischer keimender Saat. Im Wagen fuhren noch einige andere Kranke mit und auf einer Trage ein Unteroffizier mit schwerem Kopfschuss, ganz in seine rotbraune Zeltbahn gehüllt, dem Leichentuch eines jeden braven Kriegers. Dieser hat den Abend wohl nicht mehr gesehen; denn er war besinnungslos und röchelte schon stark unter seinem Tuche. Ein trauriger seltsamer Zug, diese holprige Fahrt durch junge blühende Natur, viel trauriger als alle Lazarettzugfahrten. Denn dort war immer tätiges Helfen und Hoffnung; in all das Elend griff eine ruhige naturüberlegene Hand hinein. Aber hier die gänzliche Passivität und das Ausgeliefertsein in die Hand eines großen Geschehens, das in der herrlichen Natur die kleinen Menschlein mit seinem Sphinxantlitz anblickte.

Wir fuhren die wohlbekannte Straße zurück, auf der wir ja am Ostermontag unter schwerem Regen einhergekeucht waren, nach C. Dort kam ich auf die innere Station und löste mich zum erstenmal seit dem 13. März aus den Kleidern und stieg in ein Bad und dann in ein Bett und pries innerlich den Erfinder eines solchen unerhörten Luxus, indem ich mich wohlig dehnte, obwohl mein Bett nur ein Strohsack war auf einem aus rohen Brettern gezimmerten Gestell.

Die innere Station ist untergebracht in einem größeren zweistöckigen Gutsgebäude aus roten Ziegelsteinen, mit weißen Läden an der vielfenstrigen Front, die auf den sauberen Hof blickt. Das schönste aber ist ein kleiner Park und ein Garten mit vielen Obstbäumen, die jetzt in blühender Pracht stehen. Ich kann das Bett schon verlassen und lebe also in diesem Garten das herrlichste Dasein der Welt. Es ist wirklich kein Wunder, wenn man hier benommen wird von dem Maiduft, der alles denkbar stärkste Leben zu umfassen meint und die Erinnerung weckt an jeden Frühling, den man erlebt hat. Das war in Marburg 1914, Tübingen 1913, Jena 1912, Lichtental 1910. Alle in ihrer besonderen einzigartigen Gestalt und Fülle.

Außerdem habe ich hier auch fleißig gelesen, vor allem Fichtes Reden. Diese muss man gründlich studieren, wenn sie in allen Partien verstanden werden sollen. Sie scheinen einfach, populär. Aber das sind sie im Grunde gar nicht, wenigstens nicht ihre Fundamente. Da steckt sehr viel philosophisches Gut und philosophische Problematik innen. Kenntnis Kants und seiner Vorgänger und Gegner wird vorausgesetzt, um Fichtes eigentümliche metaphysische Grundstellung zu verstehen. Meine philosophischen Lehrer, Eucken und die Marburger, musste ich immer wieder zum Vergleich heranholen. Fichte ist im Grunde ein Vorläufer der Marburger und geht in der gleichen Richtung über Kant hinaus wie diese und zwar in der Ausmerzung und Überwindung des Kantschen »Gegenstandes« oder »Dinges an sich«. Diese sind darin nur vorsichtiger, phantasieärmer, indem sie sich streng an die Tatsache der exakten Wissenschaft halten, jener dagegen intuitiv und scheinbar konstruierend, sofort ein großes Welt- und Geschichtsgebäude mit dem ganzen, ihm eigenen religiösen und ethischen Ernst aufbauend. In dieser Tendenz gleicht er wieder ganz Eucken (oder besser umgekehrt). Wenn man darum Fichte mit marburgischen Augen liest, so stößt man sich nirgends an seinen oft so seltsamen Behauptungen (etwa der Leugnung der Welt der Erscheinung oder an seinem fälschlich sog. »Solipsismus«). Und so erst vermag seine gewaltige Predigt, die sich an seine Grundaufstellung anschließt, ihre eigentliche Wirkung tun. Es hat mich wirklich selten ein Buch so gepackt und hingerissen wie dieses. Wie das deutsche Volk berufen ist ein »Urvolk« zu sein, das aus den »ursprünglichen« Tiefen heraus lebt, die toten, überkommenen Stützen (d. i. der »Gegenstand«) immer wieder bekämpft und abbricht, um in ewiger Bewegung nicht von diesen äußeren Dingen ausgehend oder nach ihnen sich richtend, sondern dem Urgesetz des Lebens folgend und ihm vertrauend schafft, überwindet und wieder neu bildet – während das Ausland an seinem Fetisch, an irgend welchen *Dingen* hängt, um derentwillen alles tut und von ihnen abhängt. Dass *wir* das tiefste Recht in diesem Kriege haben, weil wir den Kampf letztlich um eine Menschheitskultur führen, wie sie tiefer und wahrer kein ander Volk hervorgebracht hat oder der Gesinnung nach gewillt ist durchzuführen, das hat Fichte als erster ausgesprochen und wenn wir es tun, so greifen wir immer auf ihn zurück.

Prof. Misch in Marburg, einer meiner philosophischen Lehrer, mit dem ich mich sehr gern mehrere Male unterhalten habe, schrieb zu Beginn des Krieges eine nicht leicht lesbare Schrift »Über den Geist des Krieges und des deutschen Volkes Barbarei«, die, wie ich jetzt sehe, an Fichteschen Gedanken anknüpft und diese in selbständiger Weise weiterführt. Es ist mit das Beste und Tiefgründigste, was ich gelesen habe.

Neben solcher philosophischen Lektüre, habe ich noch manches andere vor, z. B. die gesamten letzten Hefte der »Hilfe«, die mir jetzt eine gütige Hand regelmäßig spendet. Die Kriegsberichte erfahren wir ja regelmäßig, aber immer so unzusammenhängend, dass man sich kein einheitliches Bild von den Vorgängen im Ganzen machen kann. Deshalb sind uns die nachträglichen guten Berichte von Naumann sehr willkommen. Nicht minder natürlich die Heimatberichte von Gertrud Bäumer. Auf diese Weise bleibt die Heimat nicht das alleinige Objekt der Sehnsucht, zu dem sie sich zu verflüchtigen droht, sondern wir merken, dass dort ebenfalls tüchtig gearbeitet wird, ebenso ausdauernd wie hier draußen.

Nun ist es einem wirklich nicht zu verdenken, dass man hier in der idyllischen Einsamkeit, wo man ohne Sorge dahinlebt und sich allein der Lektüre und dem erwachenden Leben in der Natur hingibt, den Krieg, an den nichts mehr unmittelbar erinnert, gänzlich vergisst. Ein flüchtiger Gedanke an das Schützengrabenleben bringt ein ähnliches Gefühl hervor, wie es der Schüler hat, wenn er sich einer Lateingrammatikstunde mitten während der Ferien einmal erinnert. Die Heimat und ihre neuen großen Aufgaben, das befriedigende, aufbauende, gemeinsame Arbeiten, das alles übt eine so unbedingte, bezaubernde, beinahe gefährliche Anziehung aus. Auch die gemeinsamen Gespräche erinnern mehr an Frieden als an Krieg. Ich bin hier mit einem jungen Bankier zusammen, einem früheren Schulpfortenser, und wenn unsere Gespräche nicht bei Politik oder Finanz sind, so sind sie sicher bei der humanistischen Wissenschaft und vor allem bei Schulanekdoten, an denen ja Schulpforta reicher ist, als irgend ein anderes Gymnasium im weiten deutschen Reiche.

Der Lazarettbetrieb, den ich auf diese Weise nun auch kennen lerne, ist ausgezeichnet, im Gegensatz zu dem Revierbetrieb beim Regiment, von dem man amüsante Geschichtlein erzählen könnte. Täglich kommt zweimal der Stabsarzt mit Assistenzarzt und nimmt gehörig Visite ab. Ersterer macht alles. Letzterer darf auch nichts selbständig anordnen. Zuweilen kommt dann der Divisionsarzt mit Begleiter und sieht nach. Zu anderen Zeiten kommt der Generalarzt, gefolgt von seinem diensteifrigen ärztlichen Stabe. Jedoch muss ich gestehen, dass er sich auch nach mir freundlicherweise erkundigte, beim zweiten Besuch sich sogar meiner erinnerte und mir aufmunternd zusprach. – Also kann ich doch sehr zufrieden sein! – Ein anderer regelmäßiger Besucher, der uns auch Unterhaltungslektüre besorgt, ist der Sanitätsunteroffizier und Lazarettpfarrer Jaensch aus Magdeburg. Durch die Verbindung dieser beiden Ämter hat er tüchtig zu tun. Ich beneide ihn wirklich um diese schöne und befriedigende Tätigkeit. Aber leider ist eine solche Stelle nicht mehr frei, sonst würde ich mich darum bewerben. Im Lazarett der 7. Division ist der Sohn von Gen.-Sup. Jakobi, der uns einmal in B. die ausgezeichnetste Kriegspredigt gehalten hat, die ich hier draußen gehört oder gelesen habe. [Zensurlücke].

An die Nürnberger Freundin.

C., den 5. Mai 1915.

Ich habe lange nichts von mir hören lassen, so dass Du wohl denken könntest, mich habe der Krieg gänzlich verschlungen. Und daran ist wohl etwas Wahres. Augenblicklich hat mich aber die Welle, die mich in die Tiefe riss, wieder ans Land geschleudert. Ein Land, das mir so fremd und seltsam schön vorkommt, dass ich mich nur langsam daran gewöhnen kann. Ich bin nämlich gerade in einem wunderbaren Garten, in dem der Mai blüht. Die Vögel singen in den hohen Bäumen des Parkes und die Bienen summen in dem blendenden, lachenden Weiß der Obstbäume. Über der herrlichen jungen Erde liegt ein Duft, ein unsäglicher, der all das zu umfassen scheint, was wir uns unter Leben vorstellen und ahnen.

Ein eigentümliches Geschick verschlug mich in diese Schönheit, die so gänzlich fremd ist unserm gewöhnlichen alltäglichen und mühseligen Schützengrabenleben. Ich bekam plötzlich im Graben einen heftigen Darmkatarrh, und da ich ja überhaupt in dieser Hinsicht nicht der stärkste bin, wurde ich ins Feldlazarett gesteckt. Mir passte es natürlich zunächst nicht, von der Truppe loszukommen, in die ich mich gerade eingelebt hatte und wo ich mich schon recht wohl fühlte. Aber als ich einmal hier war, da gefiel es mir doch ganz gut. Wieder einmal ein Bett und ein Bad! Nun bin ich acht Tage hier und kann schon wieder etwas aufstehn und in dem herrlichen Garten mich wie ein verzauberter Prinz fühlen.

All das alte Leben strömt wieder auf mich zu, das schon so fern und abgetrennt hinter mir lag. Ich hatte mir nie Sorge darum gemacht. Wie ein objektives Etwas lag es irgendwo und führte sein eigen Leben. Jetzt aber las ich die Tage im Bette sehr viel – zum erstenmal seit einem halben Jahr. Fichtes Reden studierte ich gründlich. Seine eigentümliche Stellung in der Geschichte der Philosophie, sein Verhältnis zu Kant und vor allem das Große, Neue, ganz Einzigartige, das er bringt und in tiefer Wucht darzustellen weiß. Das hat mich die Nächte nicht schlafen lassen und mir Wege gezeigt in die Geisteswelt, in die wir gehören. Und die Sehnsucht wird groß nach neuem, großem, tätigem Aufbau. Uns aber scheint es, als ob unsere Hände hier draußen gelähmt wären, und das lastet furchtbar auf den Gemütern. Aber wir wissen, es muss durchgehalten werden, und ich werde für mich die Kraft sammeln in diesen stillen Tagen, die mir helfen soll, durch Wüsteneien frohen Mutes zu gehen. –

Die Freude an selbsttätiger Arbeit ist doch immer das Einzige, was dem Leben den Inhalt zu geben vermag und außerdem seine Kontinuität und Stetigkeit bedingt. Durch sie wachsen wir selbst und verwachsen in die Menschheit als deren wesentliche Glieder. Und dann der unmittelbare Verkehr mit lebendigen Menschen! Aber so ist es mit dem gemeinsamen, geistigen Leben ja immer und auch mit der Freundschaft: Ein längeres oder kürzeres Kreuzen, Begegnen und Miteinandergehen von Menschen verwandten Glaubens und gleicher Hoffnung. Die Freude an dem Sein und dem Wachstum der Freunde ist das stetig Bleibende und geht hin und her wie ein Grüßen und Vertrauen, in dem man selbst für seine eigene Tätigkeit immer wieder Mut und Kraft schöpft.

Früher habe ich wohl sehr darunter gelitten, dass man sich doch immer fern bleiben muss und nicht stetig unmittelbar an dem Leben der Freunde teilnehmen kann. In meinen Briefen hattest Du wohl Zeugnisse genug von solchen Klagen. Nun hat es mich aber das Leben selbst anders gelehrt. Seit ¾ Jahr bin ich nun fast stetig gänzlich allein und immer nur auf mich angewiesen. Man beginnt dann die Einsamkeit zu lieben. Besonders seitdem ich draußen bin unmittelbar vor dem Feind, wo man täglich gefasst sein muss, dass das zeitliche Leben als bloße Erscheinung bald vergehen kann und abfällt wie Laub vom großen Baum des Wesens. Und man beginnt mehr und mehr seine Liebe auf diesen Baum des Ursprungs, den überzeitlichen, zu richten und die Freunde und die Welt der Erscheinung nicht unmittelbar, sondern mittelbar als Äste und Laub des gleichen großen Lebensbaums zu lieben. Warum sollen wir uns an das Laub hängen? Meine liebsten Freunde sind ja hin! – –

An die Marburger Studiengenossin.

Am 9. Mai 1915.

Die Situation: Es ist am frühen Vormittage. Ich sitze im Garten unseres Lazarettes auf einer alten Bank, die von einer hohen Eberesche überschattet wird. Die Morgensonne bricht in schrägen Strahlen durch die Stämme des Parkes und glitzert in tausend Tautropfen, die wie Diamanten im Grase liegen. Unermüdliches Durcheinander der Singvögel kommt aus den alten Rüstern und Lebensbäumen. Weiße Obstbäume blühen in Reihen. Rote und blaue Blumen leuchten aus dem grün umrahmten Gitter, durch das man auf das Gutsgebäude mit seinen vielen weißen Fensterläden sieht. O du lieber herrlicher Frühlingsduft, du bist ja das Leben selbst, so wie wir es immer ersehnt, so lächelnd und still gewiss, alle Weite in sich umfassend, so berauschend in all der goldnen Seligkeit, mächtig und herrlich in seiner Größe und Einheit, die tiefste Schönheit, die wir einmal gesehen, die letzte Weisheit, die wir je gedacht, das Geliebteste, nach dem wir uns immer gesehnt, staunend fassen wir es hier mit allen Sinnen, die jubelnd schweigen. Für Momente tauchen wir hinein in dies Meer der Erfüllung und unsere Hände halten das flüssige Gold, unsere Augen sind des Lichtes voll und unsere Ohren klingen wieder in den Harmonien des Alls.

Aber nein! Das alles ist ja nur ein Traum, aber ein schöner Traum, das Symbol aller Erfüllung und Überwindung äußerer Bindung und innerer Zerspaltenheit. Wie ein Glück ist mir diese Schau geschenkt mitten in die Härte des Krieges. Ich möchte ihn oft vergessen in der Freude über ein sinnvolles tätiges, aufbauendes Leben, das hineinfließt in Breite und Tiefe, Zwiespälte überwindet, fest und freudig in Hoffnung schafft. Der Krieg ist furchtbar und aufreibend für den, der immer mit ganzer Seele dabei sein will. Darum schläfert er die meisten ein, und seine Größe geht an ihrer Seele vorüber; denn es ist oft zu schwer. Tote leere Augen blicken in die Weite, die Hände tun mechanisch ihr Werk und der Mund kennt nur ein Wort: Friede! Es ist auch nicht möglich, dass die durstende Seele nun in ihre eigenen weiten Welten, in denen sie sich zu Hause fühlt, spazieren geht. Für das individuelle Leben lässt ja das Kriegsleben keine Zeit.

Mir hat jetzt Fichte eine mächtige Predigt gehalten und das war das Schönste in diesen Tagen. Ich las die Reden einmal gründlich hintereinander. Ich habe sie so unbedingt wirken lassen können, ausgehungert wie meine philosophische Nachdenktätigkeit war. Sie haben mich so gepackt und alle kleinen und großen Erlebnisse im Krieg und Frieden so in Bewegung gesetzt, dass ich die Nächte nicht mehr schlief und dieser furchtbare Willensmensch Fichte nicht von mir wich. Mit Marburgischen Augen gelesen, verschwinden viele Härten und Fremdheiten. Über allem schwebt ja die achte Rede als Krone des Ganzen. Aber dann vor allem die 3., 6. und 7. Rede mit ihrem reichen philosophischen Gut. Mit welcher Sicherheit und Wucht die eine einzige, klare, vorstürmende in sich selbst gewisse Linie des Lebens herausgearbeitet wird, die so überzeugend und schlagend wirkt: Nur hier ist Tätigkeit, nur hier ist wahres befriedigendes Leben. Alle die mannigfaltigen Gebilde unserer überreichen geistigen Kultur, zwischen denen wir hin und her schwankten, die uns verwirrten, sie verlieren ihren absoluten Wert als Stütz- und Richtungspunkte und bleiben zurück als Etappen, Stufen, die man überwinden kann, aber die uns nicht bannen können. Und wie werden wir von der eigenen Vergangenheit erlöst, die unser Ich mit all dem Schönen und Schweren des eigenen Erlebens zuweilen erstickte.

Hier im Kriege müssen wir uns beschränken auf eine schmale große Linie, die nur die Aussicht nach vorn freilässt. Die Vergangenheit liegt fern, an ihr haben wir keine Stütze. Wenn sie stark war, vermag sie vielleicht zu halten, aber weiterführen – kraftvoll und lebendig – das vermag sie nicht. Darum ist der Mann jetzt unser Held, der diese schmale Sternenbahn, die das Vergangene ewig vergangensein lässt, uns aufzeigt und leitet. Und wie löst er das Problem von Wissenschaft und Leben, das vielerörterte! Wie Wissenschaft Einfluss gewinnt auf das Leben, ja wie sie im Grunde identisch sind, zwei Seiten der gleichen Sache. Wissenschaft ist das buchstabierende Leben, die Herausarbeitung seines einheitlichen »Ursprungs«. Und Leben die gelebte, tätige Verwirklichung des »Ursprungs«, der »Wissenschaft«. Wahre Wissenschaft ist wahres Leben. Also in jedem wahren Leben ist schon *die* Wissenschaft. Es kann doch nicht zwei Absolute, zwei Einheiten geben, sondern das »ursprüngliche Leben« umfasst beides. Aber damit sind natürlich noch nicht die Schwierigkeiten des eigenen psychischen Lebens gelöst. Aber nur das Eine, was sich aus der Fülle in dieser Grundanschauung hervorhebt: die Wissenschaft, mit der *wir* es zu tun haben, ist ja noch lange nicht das, was sie sein sollte und Wissenschaftlichkeit hängt also nicht mit unserer Erfahrungs-Wissenschaft zusammen, sondern Wissenschaftlich-sein würde nach Fichte heißen: Lebendigsein. Also darf uns die empirische Wissenschaft, mit der wir es zu tun haben, nicht ängstlich machen: wir sind mehr denn sie. Und nun möchte ich wohl noch einmal bei Dir im schrägen Stüblein sitzen und über die Diskrepanz zwischen Weib und Studentin, zwischen Dir und der *empirischen* Wissenschaft reden. Ich kann das ja gar nicht allein, geschweige denn in Briefen. Aber das ist ja ganz klar: Einschüchtern und Sich-beirrenlassen gilt nicht!

Gestern nachmittag war Gotthold hier und wir konnten ein paar Stündchen miteinander plaudern. Der Junge ist innerlich gewachsen, vor allem durch die stetige Auseinandersetzung mit dem Offizierstande. In dem garnisonartigen Leben der Offiziere hier an der Front kommt die ganze Problematik dieses Standes schon im Kriege deutlich hervor. Und Gotthold, der ganz in diesen engen Kreis aufgenommen und durchaus als voll angesehen wird, hat es darin nicht leicht, eben weil der sonstige Dienst sehr leicht und gering ist und viel Zeit zu geselligen Verkehr übrig lässt. Unser Gespräch dreht sich natürlich immer um diese Probleme des Berufs-Militarismus und um die einzelnen Typen, die er kennen lernt. Er hat sonst gar keinen Verkehr als mit solchen Voll-Blut-Offizieren und Reserve-Offizieren. Darum tun ihm solche Gespräche sehr wohl und ich werde versuchen, ob ich nicht in sein Regiment komme, so dass wir uns noch näher sind.

Grüße mit den Marburger Mai, den Flieder über den alten Mauern, unser altes Haus mit dem stillen Saal. Wann dürfen wir wieder dort pflanzen und bauen? Oft krallt sich die Einsamkeit und die Sehnsucht danach mir furchtbar ins Herz, aber dann denken wir an das Symbolum von Goethe.

An Professor v. D.

Boiry, 11. Mai 1915.

... Hier ist noch keine Gelegenheit sich auszuzeichnen. Umso mehr aber Stille und Einsamkeit, die viele jedoch unruhig und krank macht. Passive Tugenden sind es, die von uns verlangt werden. Aber jetzt, wo der Sommer herrlich beginnt, sind auch diese nicht so sehr schwer, solange man einigermaßen gesund bleibt. – Hier in B. ist unser Ruhequartier. Jedoch sind die drei Tage, die wir hier alle sechs Tage verbringen, ausgefüllt mit Exerzieren, Appellen und Übungsmärschen, regelrechtem Garnisondienst. Man lebt dabei in engen Quartieren, die man mit kleineren Bewohnern, von denen die Mäuse die angenehmsten sind, teilen muss. Doch bei dem warmen Wetter kann man die Stube sehr gut meiden. Draußen im Graben oder in Reserve (zerschossenes Dorf gleich hinter dem Graben) stehen Erdlöcher und Keller zur Verfügung. Aus den Kleidern kommt man nicht. Aber an alles dies gewöhnt man sich doch bald. Mannigfaltige Eindrücke bieten Stoff zum Nachdenken. Auch habe ich allerlei zu lesen da für stille Stunden, vom griechischen N.T. bis zu Kant und Fichte. Als ich neulich ein paar Tage an einer plötzlichen Erkrankung darniederlag, konnte ich sogar Zusammenhängendes lesen. – Oft sehnt man sich, auch hier vorwärts zu kommen und den Feind auf nähere Entfernung als 700 m zu fassen. Aber wenn dann die Granaten kommen und so furchtbare Verheerungen um sich verbreiten, so wird man doch bescheiden und lässt gern die Spur von Verantwortung, die in dem subjektiven Wunsche liegen mag, hinter sich. Indessen lebt man mit seinen Kameraden auf die beste Weise, die möglich ist, und die gemeinsamen Entbehrungen öffnen mehr und schließen enger, als man wohl gedacht. Wir selbst werden ja auch andere, Einfachere unter den Einfachen, Kleine in dem großen unmittelbaren Geschehen und überall, in aller Enge, hören wir ἀρχεὶ σοιη χἀριζ*.

Boiry den 17. Mai 1915

Seit acht Tagen bin ich wieder beim Regiment und das alte Leben geht seinen Gang weiter. Als ich kam, fand ich meine Gruppen hier im »Forsthaus«. Mitten in einem kleinen Forst, der sich zwischen Boiry und der anderen Reservestellung F. … ausdehnt, liegt es in idyllischer Einsamkeit. Oder vielmehr: es hat einmal das gelegen. In einer Mulde, die vielleicht von einem ausgetrockneten See herrührt, stehen noch seine kahlen Mauern. Davor breitet sich eine liebliche stille Wiese, die die ganze Tiefe der Mulde bedeckt und von einem Kranz dichten niedrigen Gehölzes eingerahmt ist. Vor dem westlichen Rande dieses stillen Tusculums läuft der Schützengraben. Auf dem östlichen Rande hausten wir in der befestigten Stellung, die mit zwei bombensicheren Unterständen für je 8 Mann ausgerüstet ist. Wenn es nicht zu viel zu tun gibt an Erd-, Schanz- und Gärtnerarbeit, und wenn es nicht regnet, lässt sich wohl ein schönes Leben dort führen. Aber das ist nur für Stunden oder halbe Tage einmal möglich: Da legt man sich auf die Wiesen unter die weißen Apfelbäume und lauscht dem Summen des kleinen Getiers. Bis dicht heran stoßen die großen Gärten und Baumwiesen des Dorfes.

Es muss ein reiches Dorf gewesen sein mit viel Geschmack für Gartenkultur. Hinter jedem Hause dehnt sich ein Zier- und Gemüsegarten, zuweilen von einer Mauer eingefasst. Durch ein einladendes Pförtchen gelangt man von dort auf die Baumwiese, die von mächtigen buschigen Hecken eingerahmt ist, zuweilen auch von hohen alten Bäumen, zwischen deren Stämmen man gern durchs knietiefe Gras oder frische Korn streift. Ungestört wuchert alles mit einer unglaublichen Wucht und Üppigkeit hervor und bedeckt die zerstörten Häuser und Mauern. Selbst in den durchlö-

* Es genügt die meine Gnade. Luther: Laß dir an meiner Gnade genügen. 2. Kor. 11, V. 9.

cherten Stuben, in die der lichte Maihimmel hineinleuchtet, sprosst der junge Weizen aus dem fußtiefen Schutt, der den Boden bedeckt. Aber auch viele Gärten sind zerpflügt von Granaten, vor allem die schöne Wiese im Talgrunde; und der Wasserträger, der aus dem Graben oder aus unserer Stellung hinabsteigt zum Brunnen des zerstörten Forsthauses, darf sich nicht zu sehr dem Circezauber des Tals, wo eine unerhörte Menge von Drosseln, Amseln, Finken und Kuckucks unverdrossen ihr fröhliches Wesen treiben, hingeben, sonst könnte doch unerwartet der Stab der Circe in Gestalt einer »Schwarzen« über ihn hereinbrechen. Entweder galten sie dem Graben und sind etwas zu weit gegangen oder sie wollten an unsern Hang eindringen, den der französische Flieger wahrscheinlich schon längst entdeckt hat, obgleich wir die Wälle und Deckungen mit unschuldigem Gewächs, wie ausgeschlagenen Zuckerrüben oder Rettich, der in hohen Sträuchern steht, bepflanzt haben.

Von dort gings abends in den Schützengraben. Es hatte schon den ganzen Tag gegossen, und so sah man bald aus wie eine Lehmpuppe. Die Nacht hindurch Wache gestanden. Man ist müde, aber die Zeit geht schließlich doch herum. Früh um 4 wird es allmählich hell. Das ist die Zeit, in der am besten beobachtet werden kann. Ungeniert kann man über den Graben schauen, sogar sich auf die Brustwehr setzen und in aller Ruhe mit dem Fernglas die feindlichen Stellungen studieren. So wird es bald sechs. Dann gibts Kaffee, das Gewehr wird gereinigt und man kriecht müde und fröstelnd mit seinen Lehmstiefeln ins Loch auf sein Stroh. Dort schläft man bis 12 Uhr, wenn nicht zwischendurch die Grabenwache fällt. Glücklicherweise hatte ich gerade frei, so dass ich 6 Stunden schlafen konnte, denn mir stand noch Unerwartetes bevor.

Ich hatte gerade meinen Kaffee und Brot verzehrt, da kommt der Feldwebel und heißt mich meine Sachen packen und nach B. herunter gehen. Die ganze Kompanie sollte am Abend fort auf Nimmerwiedersehen. Die Letztgekommenen hatten den Stamm der neuen ersten Kompanie für ein neu zu formierendes Regiment zu bilden. Also musste ich Abschied nehmen von meinen Kameraden. Ich wäre lieber mit ihnen gegangen. – Wohin? Das weiß niemand. Ich machte mich also auf den Heimweg. In B. begann dann die Aufstellung der neuen Kompanie. Da haben wir aber geseufzt. Stundenlang durfte man mit vollem Gepäck herumstehen. Abends gings dann wieder herauf in den Graben, die Nacht gewacht. Am folgenden Tag natürlich tüchtig geschlafen. –

Ich bin also jetzt wieder in ganz neuer Umgebung. Der Gruppenführer ist ein Kriegsfreiwilliger – Gefreiter, junger Bankbeamter – und gläubiger Katholik. Der Kompanieführer ein 19jähriger Leutnant, ein frischer Kerl, mit dem uns bekannten Namen Holleben.

Näheres über die Menschen meiner neuen Umgebung kann ich erst später bringen. Hier in B. hausen wir in Anklammerungspunkt 5, einem engen Lausenest. Sieben Mann in einem Raum von 1,50 m Höhe, 2 m Breite und 4 m Länge. Der achte schläft in einer Seitennische. Ich selbst muss meine Beine zur Tür hinausstrecken.

B. den 20. Mai 1915.

Wie ein schrecklicher Traum liegen die beiden letzten Tage hinter mir, und ich finde mich im schönsten Sonnenwetter im Garten unserer kleinen Festung wieder. Ich glaube, meine Nerven haben etwas gelitten. Am liebsten möchte man sich hinlegen und ausruhen, an nichts denken und alles vergessen, wie meine Kameraden es im Durchschnitt wohl tun. Die Tatsache ist die: Gestern und auch schon vorgestern wurde unsere Kompanie und vor allem unsere und die beiden Nachbargruppen unter ein Artilleriefeuer genommen, wie man es hier noch nicht erlebt hat. Seltsamerweise verloren wir nur zwei Tote und vier Verwundete. Aber was es an Nervenkraft gekostet haben mag, das lässt sich nicht ausmessen.

Die äußeren Vorgänge sind leicht geschildert, auch gar nichts besonderes. Eine Episode wie viele andere, von der man liest und sie wieder vergisst. Montag Abend um 10 Uhr kamen wir in den Graben. Es hatte schon den ganzen Tag geregnet und wir stapften, außer unserm Gepäcke noch mit Brettern beladen, im Gänsemarsch und großen Abständen den Weg in die Stellung. Diese seltsame, gänzlich aufgelöste Ordnung mag Wunder nehmen. Aber sie ist das Praktischste. Jede Gruppe (8 Mann) geht mit ihrem Gruppenführer immer selbständig zur Ablösung.

Der einzelne Mann ist überall durchaus selbständig und auf eigene Geschicklichkeit und Aufmerksamkeit angewiesen. Das ist ja überhaupt der Charakter der aufgelösten Ordnungen im Schützengraben und Felddienst. Durch Schmutz und Lehm durchdringend, kommt man dann schweißbedeckt an, wenn man sich nicht vorher noch in ein Granatenloch, das unsichtbar im Dunkeln liegt, hineinlegt. Jede Gruppe sucht ihre Stellung, kommt entweder von hinten über die Gräben, Deckungen usw. herangestiegen oder würgt sich durch die Laufgräben hindurch. Das ist natürlich nicht so einfach, denn der breite Tornister passt nicht überall und schabt die feuchten Lehmwände mit Mantel und Zeltbahn. Das Gewehr hängt vorn über dem Körper, und in den Händen trägt man Balken, Bretter und dgl. Die Sachen werden dann gleich in die Deckung gebracht, und umgeschnallt mit Mantel und Gewehr tritt jeder heraus an seinen Platz. Ich habe augenblicklich eine recht schöne Deckung, wo wir zu vier Mann hausen können. Eine kleine Holzbude: 2 m hoch, 2 m breit und 3 m lang. Darüber 2 Schichten Balkenlagen und Erdschichten. Also einigermaßen bombensicher gegen leichtes Artilleriefeuer.

Wir haben eine ziemlich lange Grabenstrecke zu besetzen: 7 Mann auf 60 m mit 19 Schießscharten und zwei splittersicheren Beobachtungsständen. Der Abschnitt ist in wenig gutem Zustande. Er liegt an einer Biegung der Linie und wir werden mit Vorliebe von einer franz. Batterie genau von der Flanke, sogar oft etwas von hinten befeuert.

Wir machten uns also gleich daran, Sandsäcke zu füllen und mit ihnen die Grabenwände und Schulterwehren zu erhöhen und zu befestigen. Das geht die Nacht hindurch, bis es hell wird. Wie man dann aber aussieht, von Kopf bis zu Fuß voller Lehm, das lässt sich nicht beschreiben. Um 7 Uhr legte ich mich schlafen, hatte dann Grabenwache von 12–2 Uhr in einem der Beobachtungsstände, wo man durch ein Schießlöchlein aufpasst, ob die Franzosen kommen, was sie zwar am Tage nie tun. Dann besuchte mich Vetter Ulrich Müller, der Fähnrich aus der 7. Kompanie, die in diesen Tagen gerade neben uns liegt. Von 4 Uhr bis zum Mittagessen um ½6 Uhr suchte ich noch etwas zu schlummern. Aber da kracht es plötzlich ununterbrochen, dass die Deckung zittert. Schon nach 10 Minuten ist der Schreck vorbei. Etwas 40 Schuss mögen in die Gegend unseres Zuges gefallen sein. Ein Volltreffer geht in eine Deckung und verwundet einen Gefreiten, an dessen Lebendigkeit ich kurz vorher meine Freude hatte, schwer und zwei andere leicht. Dann ist wieder Ruhe.

Abends bin ich bei Fähnrich Müller und diniere in seiner Deckung großartig. Spargeln gabs und Birnenkompot, dazu etwas Bier: Man wird Alkoholiker ebenso wie Raucher, um die langen Nächte zu verkürzen. Von ½1 Uhr Doppelposten vor dem Graben. Es regnet leise; recht ungemütlich in dem engen Lehmloche. Mein Feldstecher tut mir guten Dienst. Bis 7 Uhr wird wieder geschafft. Dann legen sich die Kameraden schlafen, während ich bis 9 Uhr noch Grabenwache habe in dem Holzhäuschen, das ein paar Meter vor dem Graben steht.

Um 8 Uhr beginnt es wieder zu schießen, aber unregelmäßig. Zuerst dachte ich mir nichts Schlimmes. Gewöhnlich ists mit 4 oder 5 Schüssen getan. Nun gehts aber doch weiter. Drüben hinter der Mühle, genau links von uns steht die Batterie und Schuss auf Schuss sitzt. Sie haben sich vorzüglich eingeschossen. Immer auf den Grabenbereich, dessen Breite 10–20 m beträgt. Man hört den Abschuss, das kurze Pfeifen und dann die wahnsinnige Explosion. Nun kommt sie näher und näher. Der Erdregen, der einige Sekunden später niedergeht, donnert schon auf mein Häuschen. Beim nächsten Schuss dringt der schwarze Qualm, der diesen Dingern den Namen gegeben hat, durch die offene Hinterseite ein. Das Häuschen blieb diesmal verschont. Die Granate hatte 2 m daneben die Brustwehr aufgewühlt, eine andere 3 m seitwärts unsere schöne Wand, die wir in der Nacht aus Erdsäcken aufgeschichtet hatten, zerrissen. Die obersten Säcke waren fortgeflogen, die nächsten verbrannt und die übrigen mit großen Rissen versehen. Ich machte mich schleunigst in die Deckung. Doch verzog sich das Feuer bald. Um 9 Uhr legte ich mich schlafen. Aber es war beinahe nur ein Stündchen. Dann begann das Feuer wieder. Alle 3–5 Minuten ein Schuss; immer in unsere Gegend, dass die Erdspritzer die Treppe zu unserer Deckung hinab kollerten. Unsere Grabenwache wusste sich nirgends zu halten. Sie lief vor in die Patrouillenlöcher. Aber auch dort bekam sie Feuer. Wir hielten sie schließlich in unserer Deckung, wo sie doch etwas größerer Sicherheit sich erfreuen konnte. Mittags um 1 Uhr hört es plötzlich auf. Es rast der See und will sein Opfer haben. Und mit den letzten Schüssen hatte er es. Wunderbarerweise nur ein einziges. Von unserer Nachbargruppe war einer, dem es in seiner Deckung zu unsicher wurde, in den Beobachtungsstand getreten und war dort von einem Volltreffer erschlagen. Als ich hörte, dass dort einer läge, ging ich hin, um zu sehen, ob noch etwas zu retten war. Aber nichts als Grauen.

Später erfuhr ich, dass es unser Winger aus Dessau war, der mit aus Halle ausgerückt ist. Er war ein kleiner Mensch, den der Krieg furchtbar ängstlich gemacht hatte. Und so hat ihn als Ersten das jähe Schicksal erreicht. Der zweite Tote war im andern Zuge. Später setzte das Feuer wieder ein und hörte vor 5 Uhr nicht auf. Als wir acht Mann uns dann um 10 Uhr in unserem engen Mauseloch hier in B. wieder fanden, da waren wir doch recht froh und schimpften nicht mehr über das enge Lausebest. Ich selbst hatte bis 12 Uhr Wache und genoss die tiefe Ruhe und heilige Stille wie ein erstes Geschenk und schlief nach ca. 30stündigem Wachsein einen ruhigen Schlaf mit den Lehmstiefeln an den Füßen, da jeden Augenblick alarmiert werden konnte.

Das war der ungefähre äußere Verlauf dieser Tage. Was aber in diesen Stunden im Inneren des Einzelnen vorgegangen ist, das lässt sich gar nicht schildern. Es verschwindet auch seltsam schnell im Unterbewusstsein, so dass man nur mit Mühe der Vorstellungen und Empfindungen sich erinnern kann, die in diesen Stunden und in den gefährlichsten Minuten durch die Seele jagten. Gute Gedanken können gewiss die Seele in Ruhe halten. Aber die Nerven sind durch die Abspannung schlafloser Nächte so empfindlich, dass jeder der fürchterlichen Detonationen rein physisch auf die Nerven einwirkt und vielfach Angstzustände hervorrufen kann. Man kann die entsetzten Gesichter nicht vergessen, mit denen manche in unsere Deckung stürzten, weil ihnen die eigene zu unsicher schien. Wo bleibt das individuelle Heldentum vergangener Kriege? Einer elenden Hasenjagd gleicht solch ein Artilleriekampf und stumm und passiv muss sie Seele stille halten der übermäßigen Naturgewalt, die über sie kommt. Man hat keine Waffe, um sich zu wehren. Wie der Vogel im Käfig, auf den der Jäger anlegt, so kommt sich mancher tapfere Soldat vor. Wer hier seelische Kräfte besitzt, der bleibt der Sieger. Es ist ja viel schwerer, während so langer Zeiten, Stunden und Tage, stetig bereit zu sein, als es sich das Gemüt in Augenblicken edler Begeisterung wohl vorstellt. Man spricht nicht gern von solchen Momenten, weil sie vor der Seele liegen wie eine dunkle Gewalt, der sie nicht gewachsen war, die über sie kam mit einer Wucht, die von der Begriffswelt unserer bisherigen Erfahrung überhaupt nicht erfasst werden kann. Darum verschwinden sie auch so rasch im Unterbewusstsein, und nur die Erinnerung an ein dunkles schreckhaftes Etwas bleibt zurück, die sich aber auch nur mühsam und schmerzhaft vollzieht. Ich glaube aber, dass es nicht richtig ist, solche Stunden nie geahnten Leidens und unsagbarer Qual gänzlich zu verheimlichen. Das scheint mir doch des größten Mutes würdig zu sein, sich solcher gänzlichen menschlichen Schwäche bewusst zu bleiben und sie einzufügen und einwirken zu lassen in die Lebenseinheit, so dass man vielleicht doch einmal mit Paulus sagen lernt: wenn ich schwach bin, dann bin ich stark. –

Wir müssen jetzt alle allein sein können. Ich weiß jetzt, wie wertvoll es ist, wenn man es kann. Sonst ist man innerlich rettungslos verloren. Die Beziehung mit Vergangenheit und Zukunft, mit lieben Menschen und Aufgaben muss derart sein, dass ihre sichtbare Seite jeden Moment ohne Schmerz gelöst werden kann. Sie kann nur bestehen **sub specie aeternitatis**. Das muss ich jetzt sagen unter dem Eindruck des gestrigen Tages. Aber ich habe nie gedacht, das der »Arsna« der Inder, der Lebenstrieb, so unbändig stark sein könnte. Oder sind das nur die geschwächten Nerven?

An die Marburger Freundin.

Am Pfingstsonntag 1915.

Oft wollte ich, wir könnten alles verschenken, was wir hätten, dann wären wir immer glücklich, denn dann hätten wir ein Gefäß, wo unsere Blumen ewig frisch blieben. Und wir lieben doch unsere Blumen, unser Leben so sehr, ja erschreckend stark. Das habe ich in den letzten Tagen erlebt. Da habe ich geschaudert vor dem Tode, der mir unmittelbar vor Augen stand, und ich habe zum erstenmal gezittert vor dem Schweigen und der Stille, die dann kommen würde. Wie hemmt und drückt da die Last des eigenen Lebens. Wäre es doch möglich, dass man es ganz verschenken könnte und, wenn dann doch der Tod kommt, man ihm leichten Fußes folgen kann, da keine Lebenskraft oder -lust mehr hemmt.

Die Sonne glänzt so warm über die weite Wiese und spielt mit dem Licht im Gezweig der grünen Pappelwand, die sich an ihrer Seite hinzieht. Der Wind summt darin ein Lied, bald leise und leiser, bald stark und stärker, eine ewige nie abbrechende Melodie. Es ist das uralte ewige Lied, das Gebet an die Schönheit, an das Leben, an das ewige übermenschliche Leben, dem ich kleiner Mensch lausche. Ist es nicht das Pfingstlied, das Lied des Geistes, der über Leben und Tod, über Schmerz und Seligkeit steht? Es wird jetzt ausgegossen in uns und wir wollen von ihm und durch es leben.

Am Pfingstmontag.

Gestern Abend um 8 Uhr, als ich schon marschbereit war, um in den Graben zu wandern, bekam ich plötzlich den Befehl, mich nach Boisleux zu verfügen. Ich wanderte durch den sinkenden Tag, die Wiese entlang, auf der ich den Nachmittag gelegen hatte, unter der langen Pappelallee hier in das Dörfchen.

Ein lieblicheres Fleckchen Erde kann man sich nicht denken. In dichtem Laubgrün, in alten buschigen Kastanien liegt das

Dörfchen. Heute morgen wurde exerziert draußen auf der Wiese, da lagen wir lange im Grün unter der blendenden Sonne, während eine Reihe feindlicher Flieger den Äther durchsummten. – – –

Was nun aus mir wird, das weiß niemand. Vielleicht gibt es für uns noch einen tüchtigen Sommerfeldzug. Wir werden ihn gehen mit all der frischen neuen Glut, die die Sonne wieder gebracht hat. Heute redet man hier von der Kriegserklärung Italiens. Ob wir dorthin kommen, ist wohl noch fraglich. Zunächst bilden wir das neue aktive Inf.-Reg. zur Korpsreserve. Vielleicht werden wir noch Wochen in den Dörfern liegen und einmal als Einsatz in gefährdete Punkte eingesetzt werden. Jetzt aber genießen wir mit vollen Zügen die Frische eines sonnigen, freudigen, ungestörten Soldatendaseins im Dorfe. Gotthold kann ich nun wohl öfter sehen, wenn er aus einem benachbarten Dorfe herüberkommt. –

Boisleux den 26. Mai 1915.

Es scheint, als ob die Tage in Frankreich bald ihr Ende nehmen: Heute Abend um 9 Uhr marschieren wir. Wohin? Ins Ungewisse. Wissen wird es jetzt wohl nur die Armeeleitung. Darum machen wir uns keine Sorgen. Vielleicht aber werden wir diesen Teil Frankreichs, sogar Frankreich selbst nicht wieder sehen. Und es ist beinah so, als ob es uns den Abschied schwer machen wollte, so herrliche Tage hat es uns seit Pfingsten geschenkt. Für solche Geschenke wird man sehr empfänglich, vielleicht empfänglicher, als es sich mit einem wohlgereimten Lebenssystem eines Geisteswissenschaftlers, der sich zwischen Menschen und Aufgaben im geruhsam-tätigen Friedensleben bewegt, wohl vertragen mag. Aber die geänderte Lebensweise, die anderen Aufgaben machen uns auch anders, wenn wir ohne Widerstand uns dem entgegenkommenden Leben hingeben. Als einfacher Musketier unter einfachen Menschen lebend, ohne viel verantwortungsvolle, den Geist in Bewegung setzende Aufgaben, wird man selbst einfach. Die alltäglichen Arbeiten werden mit gleicher Liebe, mit absoluter Wichtigkeit getan. So kommt es, dass man beinahe ängstlich und unsicher wird, wenn man mit Menschen, die relativ wichtigere Aufgaben leisten, zusammenkommt. Wie sich so das menschlich-sittliche Leben vereinfacht, weil eben kein Stoff der Betätigung vorhanden ist, so nimmt das Leben mit den äußeren Dingen einen um so größeren Raum ein. Unser Leben spielt sich ja immer ausschließlicher draußen im Freien ab. Und wenn man dann Muße hat, wohin soll sich der Geist anders wenden, als auf die äußeren Dinge der Natur? Wofür sonst das Interesse und das Auge fehlte, jetzt wird es sichtbar und alles belebt sich. Gern lässt man solches auf sich wirken, wenn noch ein Funken Leben in den eigenen Gliedern ist. Darum freuen wir uns mit den Gräsern und den Bäumen, mit dem unendlichen Blau über uns, mit der Sonne, die in Licht und Schatten spielt, mit dem Mond, der über die tauigen Wiesen schimmert, mit der Nachtigall, die im Parke in uralten ernsten Bäumen durch die schweigende Nacht singt. So offenbaren die Dinge uns gern ihre tiefere Bedeutung, und wir bedauern sehr, dass wir weder Maler noch Dichter sind, die sie aussprechen können.

Boisleux heißt der Ort, der mich seit einigen Tagen beherbergt; er sagt in seinem Namen schon seine besonderen Eigenschaften aus. Als wir neulich mit der Kompanie in Gruppenkolonne am frühen Morgen die Straße unter den taufrischen Bäumen zwischen alten Gärten entlang marschierten mit der ganzen Freude, die solche Gesamtbewegung leicht und frei mit angezogenem Gewehr hervorruft, da konnte es mein Unteroffizier, der gleich im ersten Gliede neben mir marschierte, doch nicht unterlassen, mir zuzuflüstern: Wie wundervoll! Etwas anders lässt sich auch gar nicht sagen bei dem Zauber, der über diesem friedlichen sonnigen Dörfchen unter den alten Bäumen liegt.

Neulich hatten wir Instruktionsstunde unter den Bäumen des Parkes. Da standen wir im Kreis um unseren famosen Feldwebel Mahnke, Zugführer des 1. Zuges; und während uns die kühle Waldesluft umgab, wurde ganz praktisch, fern von jeglicher Friedenstheoretik, über Infanterieangriff instruiert, so wie es eben nur jemand kann, der schon mehrere Male derartiges mitgemacht hat. Wir bekamen Verhaltensmaßregeln, als ob es im nächsten Augenblick los ginge, so dass es einem Unbeteiligten wohl ein wenig schwül zu Mute geworden wäre. Doch uns macht das Freude, wenn wir so ganz sachlich und nüchtern unsere Aufgaben besprechen.

Vielleicht werden solche Kenntnisse bald nötig sein, denn es ist ja nicht mehr das löbliche I.-R. 90, zu dem wir gehören. Unsere alte Kompanie, in die ich nun doch wieder gekommen bin, bildet nämlich die 7. Kompanie des neugegründeten I.-R., dessen Aufgabe und Zugehörigkeit uns noch nicht klar ist. Auf ganz seltsame Weise bin ich wieder zu meiner alten Kompanie gekommen. Am Sonnabend vor Pfingsten kam Gottlieb plötzlich nach B. und teilte mir mit, dass er sich mit seinem Kompanieführer ebenfalls in das neue Regiment habe versetzen lassen. Bald war unser Entschluss gefasst und nach Rücksprache mit meinem Feldwebel ließ sich die Sache anscheinend unter der Hand machen.

Der plötzliche Abschied fiel mir nicht ganz leicht, wenigstens im Augenblicke nicht. Unsere Gruppe und der Gruppenführer waren in den gemeinsam ertragenen schweren Tagen eng zusammengewachsen, und es herrschte ein kameradschaftliches Verhältnis, wie ich es wohl nicht so bald wieder finden werde. Ich hätte gern ein Bild von diesen anspruchslosen, verschiedenen jungen Menschen, unter denen ich der Älteste war, gezeichnet. So mussten wir denn rührenden Abschied nehmen, und ich verließ wohl für immer unser B. und wanderte durch den dämmernden Wald unter den Pappeln ins nächste Dorf. Am Ostermontag war ich im strömenden Regen angekommen. Am Pfingstmontag zog ich unter klarem Abendhimmel wieder ab.

Ich bin nun im gleichen Bataillon wie Gotthold unter dessen früherem Kompaniechef Hauptmann v. Gaza, so dass wir uns wohl jetzt öfters sehen können. Er liegt mit seiner Kompanie im benachbarten M. Wer weiß, wie sich nun unser Leben gestalten wird? –

Gestern Abend zog unsere Kompanie zum Schanzen nach F., wo wir einen Laufgraben auszuheben hatten. Es wurde im Akkord gearbeitet: jede Gruppe bekam ein Stück und durfte gehen, wenn sie fertig war. An mir haben sie leider nicht einen gleichwertigen Mitarbeiter. Wie anstrengend Erdarbeiten sind, das lernt man aber! In vollem Mondenschein schafften wir, was das Zeug hielt. Da kam plötzlich um ½12 Uhr ein Radfahrer und holte uns zurück. Natürlich dachte gleich die Mehrzahl an plötzlichen Abmarsch, und die Apfelsinen und Zitronen des schönen Italien beschäftigten die allgemeine Phantasie, während schneller und schneller die Gruppen heimwärts strebten. Ich habe mir jedoch in aller Ruhe eine Zigarre angezündet. Und es war tatsächlich auch nicht so eilig. Man wollte uns erst ausschlafen lassen und einen Tag völlige Ruhe geben. Dieser schöne Tag wird nun auch bald vorbei sein und seinesgleichen so bald nicht wiederkommen. Den ganzen Tag faul auf der Wiese gelegen, die hinter unserm Quartier, einer Lehmscheune, sich ausbreitet. Heute Abend um 9 Uhr wird abmarschiert.

Cambrai den 29. Mai 1915.

Vorgestern Abend sind wir hier angekommen. In zwei Abschnitten ging der Marsch vor sich. Ich kann nicht sagen, dass er mir gerade leicht geworden wäre. Man wundert sich schließlich, dass man es doch geschafft hat. In der ersten Nacht ging es über C. und B. nach Q. Es war genau 12 Uhr, als wir bei meinem alten Quartier vorbeikamen. Doch es regte sich keine Seele im Dörfchen, während der Marschgesang durch die Straße hallte. Um 2 Uhr waren wir im Bestimmungsort. Totmüde lagen wir auf der Straße zwischen den Gewehren und warteten aufs Quartier. Erst um ½4 Uhr konnte man sich niederlegen in den Hofgebäuden eines schlossartigen Guts. Am nächsten Morgen sah ich Gotthold. Das ganze Bataillon hatte sich eingefunden. Auch Hauptmann v. Gaza begrüßte mich. Am Nachmittag um 4 Uhr traten wir wieder an, und in strenger Marschordnung ging es in Bataillonskolonnen vor. Bei der Gelegenheit sah ich übrigens Gotthold zum erstenmal an der Spitze seines Zuges. Sehr stolz und tüchtig! Er hatte es allerdings bequemer als ich und konnte die schöne Gegend und die lachende Sonne genießen. Uns haben nur die Kilometerzahl und die Ruhepausen interessiert. Die letzten 10 km wurden auf der schnurgeraden Straße zurückgelegt; zwei Reihen links, zwei Reihen rechts, so dass das harte Pflaster in der Mitte blieb. Um 9 Uhr langten wir in der Stadt an und hausen seitdem in dem weitläufigen Gebäude des Seminars.

An die Marburger Freundin.

Cambrai den 1. Juni 1915.

Wir liegen hier in der schönen Stadt seit einigen Tagen und es wird zum Auswachsen exerziert und gedrillt. Dabei wird man so verschlossen und in sich gekehrt. Kein vernünftiges Wort hört oder spricht man. Man ist müde. Auch Gotthold klagt darüber und sehnt sich nach neuen Taten. Abends spreche ich ihn ein halbes Stündchen hier im erzbischöflichen Palais, seinem Quartier, wo ich dann das einzige ruhige Stündchen des Tages zubringe. Wie lange soll das dauern, das fragen wir oft, denn der bittere Kelch geht auch nicht an uns vorüber.

Cambrai den 3. Juni 1915.

Beinahe acht Tage beherbergt uns diese historisch so bedeutende Stadt, auf der jetzt die Sommerhitze Nordfrankreichs brütet. So haben wir denn auch einmal das immerhin eigentümliche Erlebnis, in einer größeren Stadt unseres Feindes als Einquartierung zu liegen. Aber leider vermag zunächst nur das Allerauffallendste Eindruck zu machen, da wir selbst allzusehr unter dem Druck eines energischen Exerzierdrills und Garnisonsdienstes stehen. Auch Gotthold seufzt erheblich. Auch ihm bleibt das Grau des preußischen Friedensdienstes nicht erspart. Bei mir äußert es sich allerdings nur in großem Mangel an Zeit zum Schreiben und geistiger Beschäftigung. Der Tag ist eben von morgens ¾5 Uhr stetig ausgefüllt, und die vorhandenen

Pausen ebenso wie das Lokal, das wir behausen, genügen nicht, um sich wirklich zu erholen oder zu besinnen. Doch bleibe ich persönlich unangefochten, zuweilen nur zu sehr, so dass die Einsamkeit recht drückend wird. Jedoch ist das wohl nur vorübergehend. Ich lebe mich mehr und mehr in die Kompanie ein, und finde auch schon die tüchtigen Menschen, mit denen man sich wenigstens nach einer Seite hin menschlich versteht.

Einen von diesen möchte ich jetzt schon nennen, meinen netten Unteroffizier, Lehrer Hobusch aus Mosigkau, mit dem ich noch eine glückliche Kriegskameradschaft, solange es nötig sein muss, erhoffe. Er steht auch schon von Anfang an draußen, immer unverwundet. Er ist sicherlich der Apoll der Kompanie und lässt auch seine Haare in wohltuender Länge stehen und nicht so gänzlich dieses schönen Schmuckes sich berauben, wie es wohl angebracht ist. Was aber wichtiger ist: er hat eine naive schwungvolle ideale Gesinnung und viel natürliche Lebendigkeit, die er trotz der vielen Leiden und Mühsalen des Krieges sich bewahrt hat. Außerdem ist er verlobt und schreibt seiner Braut täglich, was bei dem jetzigen Leben wirklich oft eine Kunst ist.

Wir liegen nämlich im großen Saale des alten Seminargebäudes, das zur Kaserne umgewandelt ist, zu ca. 80 Mann auf Strohsäcken, bei denen ein Uneingeweihter im Zweifel sein kann, ob sie Fußabtreter oder Schlafgelegenheiten bedeuten sollen. In Wahrheit ist das Leben dort gar nicht so übel: nicht aufregender Friedensbetrieb, keine Granaten, genügend Essen und Schlafen, vor allem Nervenruhe. Aber der Kasernen- und Massenbetrieb wirkt einfach störend. Dort im großen Saale ist man eben nicht in seiner stillen Deckung, wo man ungestört ein Stündchen den Bleistift führen konnte. Abends nach 7 Uhr kann man allerdings die Räumlichkeiten verlassen und sich auf einen Stadtbummel bis zum Zapfenstreich begeben.

Ich selbst freilich flüchte um diese Zeit in eine stille Klause, wo ich ein Stündchen Ruhe und Schreibgelegenheit habe. Es ist dies das Palais des Erzbischofs, wo Gotthold sein Quartier hat. Wenn ich zeitig komme, treffe ich Gotthold noch, bevor er zum Abendessen ins Kasino muss, so dass wir noch ein paar Minuten plaudern können. – Das Palais liegt in der Nähe des Seminars, ein einfaches langgestrecktes Barockgebäude in vornehmen Formen. Auf uns unkultivierte Barbaren macht das vornehme Treppenhaus mit den Gemälden der ehemaligen Erzbischöfe und die hohen ruhigen Räume mit ihren alten Tapeten und Holzverkleidungen einen merkwürdigen zauberhaften Eindruck. Den gleichen Eindruck hinterlässt eigentlich auch die ganze Stadt mit ihren stillen sonnigen Straßen und Plätzen. Die Soldaten schlendern mit einer gewissen Behutsamkeit und Verwunderung über das ungewohnte Pflaster in ihren schweren Benagelten oder stehen staunend und ratend vor den Plastiken, die in den an Baden-Baden erinnernden Parkanlagen und Alleen aufgestellt sind.

Des Morgens um 6 Uhr erdröhnt allerdings das Pflaster unter dem Gleichschritt unsrer Kompanien, wenn es zum Exerzieren geht. Das machen wir dann ganz ungeniert in einem neueren Teil dieser Anlagen, weil der anliegende Exerzierplatz zu klein ist. Dann gehts durch die feinen Ziersträucher und über den Rasen mit ›Sprung – auf, marsch, marsch‹ und ›Fällt das Gewehr – Hurra‹ dass den schlaftrunkenen Franzosen der Schlaf aus den Augen entweicht. Oder es geht im Parademarsch die Parkwege entlang, die ganz tüchtig stauben können, da die Baumanlagen noch jung sind und wenig Schatten geben. Bei dem Garnisonsbetrieb fehlt auch das Schwimmen nicht. Das ist etwas sehr Schönes und Langentbehrtes. Es gibt hier eine große offene Badeanstalt am Kanal, in der sichs ausgezeichnet baden lässt. –

Was die Stadt an Kunstwerken außer diesen schönen Straßen mit den geschmackvollen Häusern aus der ersten Hälfte des vorigen Jahrhunderts bietet, ist, soweit ich bisher bemerken konnte, – eine ganz einzigartige Kirche in dem reinen einfachen Stile aus der Übergangszeit von Renaissance zum Barock. Etwas derartiges gibt es bei uns gar nicht, und ich glaubte in Italien zu sein und, was uns jetzt dort versperrt ist, hier sehen zu dürfen, ein wenig von der klassischen Bauweise des überzeitlichen und übernationalen reinen Stils, der gleichsam aus der reinen Logik der Architektur geschöpft ist. Aber die modernen Franzosen verstanden diese Sprache nicht mehr, und sie bauten sich eine neue, nach ihrem Geschmacke großartige Kathedrale mit allem Pomp und Phrasenschwall, in dem allein sie sich ausdrücken können. –

An die Marburger Freundin.

Cambrai am Sonntag den 6. Juni 1915.

... Ich sitze wieder unter den weiten Kastanienbäumen in dem Garten unseres Erzbischofs, nachdem ein wunderbarer schöner stiller Sonntag vorübergegangen ist. Meine letzte Karte von hier hast Du hoffentlich nicht tragischer genommen, als sie genommen werden darf. Denn ich habe eigentlich gar keinen Grund zum Klagen. Das hat mir Dein Brief wieder gesagt und ich habe es seitdem auch wirklich wieder eingesehen und bin nach dem heutigen schönen Tage froher denn je. Wir haben wirklich das volle Leben hier, wir sind mitten drin als volltätige Menschen und freudig können wir unser ganzes Selbst einsetzen. Auch nicht ein Rest bleibt außerhalb. Aber zuweilen geht es mit solchem Schwung, dass wir nicht folgen können und uns der Atem vergeht, dass wir zurückbleiben und müde werden. Aber das liegt dann ja an uns und nicht an dem, was uns entgegentritt. Aber wir dürfen nicht unter die Räder kommen. Das wäre Versündigung, denn die Scheu, Zaghaftigkeit und Furcht, die der Müdigkeit zugrunde liegt, empfinden wir deutlich als Furcht vor dem Purgatorio, als Zurückschrecken vor dem Leben der Wahrheit, das dahinterliegt. Dass das Leben ein solch stetiges Auf und Ab und ein ewig tätiges Haben und Verlassen, Sterben und Werden ist, das wussten wir noch nicht und die leidige Trägheit lässt uns oft verzagen. –

In religiös-psychologischer Hinsicht mag man ein »Moratorium des Christentums« konstatieren und danach sich richten; für mich selbst kann ich es absolut nicht in Anspruch nehmen. Man kann doch nicht los von der Sonne, in deren Licht allein unser Dasein gelebt werden kann. Und wenn so uns so oft die Nacht »tatsächlich« uns umgibt, so werden wir doch nie dieser ein »Rechtsdasein« verstatten, sondern sie immer unter tiefem Schmerz und eigenem Schuldgefühl (sogar dies!) erleiden und durchkämpfen, wobei die Hoffnung auf den Tag der alleinige Leitstern ist. Ich kenne nur diesen Kampf, aber kein Moratorium; das wäre, als wollten wir uns die Luft abschneiden. Auch kennen wir kein liebe-res und vertrauteres Bild und Symbol in solchem Kampf als gerade den Gekreuzigten.

Cambrai den 11. Juni 1915.

Liebe Eltern!

Dein Brief, lieber Papa, war eine schöne Sonntagsüberraschung, für die ich Dir vielmals danke. Am Morgen waren wir in der schon beschriebenen feinen Kirche, wo uns ein süddeutscher Pfarrer eine schöne Predigt hielt über die Liebe, die den Hass besiegt. Hinterher war eine Abendmahlsfeier, an der sich an 150 Leute *freiwillig* beteiligten, die ergreifendste Feier, die ich bisher im Felde erlebte. Nie konnte das Abendmahl ehrlicher, innerlicher, schlichter und seine volle Tiefe sachlich erfassender gefeiert werden. Nichts störte. Die Freiheit und Selbständigkeit, mit der jeder Soldat und viele bekannte Kameraden daran teilnahmen, machte aus der Feier eine rechte Gemeinschaftsfeier an dem Hochaltar jener wunderbaren Kirche. – Am Nachmittag hatte ich dann einige ruhige Stunden im Garten von Gottholds Quartier, während dieser einen Ausflug nach Lille machte.

In dieser Woche hatte ich mit sieben anderen Einjährig-Freiwilligen angefangen, als sog. Offiziersaspirant besonderen Unterricht von einem Leutnant zu erhalten und zwar in der Zeit, in der die Kompanie exerziert. Dann exerzieren wir theoretisch und praktisch für uns. Infolgedessen habe ich nicht mehr viel Zeit zu privater Lektüre. Das Reglement erfordert gründliches Studium. Wir werden zunächst als Gruppenführer ausgebildet, um einmal Unteroffziere werden zu können. Heute hab ich nun den höchsten Grad der Gemeinheit erreicht und setze den Fuß auf die erste Stufe meiner ungeahnten militärischen Karriere, indem ich zum Gefreiten ernannt wurde.

Unser Schicksal ist noch immer dunkel. Unser Regiment ist ein aktives Regiment und in sofern eine Neugründung zu den bisherigen, die die Zahl 182 erreichten. Zunächst sind wir noch hier und haben sehr unter starker Hitze gelitten.

[Zensurlücke.]

Cambrai den 13. Juni 1915.

Liebe Eltern!

Es war am Freitagabend, als Gotthold mir die Nachricht mitteilte, dass Harald gefallen ist. Der 27. Mai ist jener Tag gewesen, an dem wir beide uns in dem neuen Regiment als eng verbundene Kameraden trafen. Es war in Q., von wo wir nachmittags den harten Marsch hierher antraten. In dem Augenblick, als der Krieg unser Schicksal eng vereinte, nahm er uns den Bruder und Kameraden.

Eure Gedanken gingen gleich zu uns und Ihr sagtet uns, was Euch dieser Tod geworden ist, dass er nicht mit toter Trauer erniedrigt zu werden braucht, sondern dass auch dieser Tod verschlungen ist in den Sieg. Auch wir glauben nichts Anderes, als ein Wort Gottes zu vernehmen, und soweit jenes Leben ein Teil des unsrigen war, soll uns sein Tod zu neuem starkem Leben wenden. …

Und wie der letzte Kampf gewesen ist, das wissen wir auch nicht. Gerade wir würden es wohl gerne wissen, die wir die letzten undenkbaren Grausamkeiten und Tiefen solcher Kämpfe aus der Anschauung ein wenig kennen. Aber das kann wirklich ein Trost sein, dass er mit voller geistiger und körperlicher Frische im ersten Schwung der Opfergesinnung in diesen Kampf ging und ihn so der Tod noch nicht mürbe und müde enttäuscht antraf, wie er wohl viele von der Länge des Krieges schwach gewordene Seelen antreffen muss. Aber auch die schmerzvollsten Tiefen dürfen Euch in der Erinnerung nicht schrecken. Das Gegenteil sollte der Fall sein! Nicht der Schmerz, sondern die Ehrfurcht sollte um so größer sein. Wir selbst können wohl mit unserem gefallenen Bruder Euch den Trost geben: Wenn das Fleisch auch noch so sehr schreit und die Seele erschreckt, im Grunde schwindet die Gewissheit nicht, dass wir doch die Sieger bleiben. So unendlich der subjektive Schreck und der Kampf sein kann, die Ehrfurcht muss größer sein. Wir wollen nur sie und nicht den fleischlichen Schmerz der mit uns Verbundenen.

Der Tod unseres Bruders wird uns alle noch enger zusammen schließen als es das Leid des Krieges, das bisher auf uns lag, es vermochte. Uns beide wird es aber noch im besonderen Maße nicht nur miteinander, sondern vor allem mit unserer Aufgabe verbinden. Nicht so, als ob wir glaubten, unseren Bruder rächen zu müssen. Vielmehr, was er hat leisten und geben können, dem dürfen wir in keiner Weise nachstehen. So muss alle Kriegsmüdigkeit schwinden. Wir sind in erster Linie Soldaten und sehen in unserem Bruder den gefallenen Kameraden und können darum seinen Tod noch sachlicher aufnehmen. Alle brüderlichen und Freundesempfindungen müssen schweigen, denn diese sind ja schon längst geopfert der Sache, oder besser der Idee der Sache. Und alles muss dieser Sache und ihrer Erfüllung auf diesem Stern dienen. Wir können darum so etwas wie Neid empfinden, wie Gotthold sagte. – –

S., am Sonntag den 20. Juni 1915.

Die Leser dieser Blätter haben das Glück, Berichte aus unserm Kriegsleben zu erhalten, die nur an sonnigen Tagen geschrieben sind. An sonnigen Tagen im weitesten Sinne, an Tagen, die ihren Glanz und ihre Wärme, ihre Ruhe und Sicherheit auch auf Momente und Situationen fallen lassen, die an sich vielleicht nicht so erlebt worden sind. Sie sind nur die Ruhepunkte in einem stetig sich bewegenden, unruhvollen Wirbel von Taten und Leiden. Darum bleibt der Gedanke auch am liebsten stehen bei solchen Sonnentagen und spricht in Worten, die ihre Färbung tragen. Ich muss mich der schönsten Tage meines Kriegslebens erinnern, wenn ich von dem heutigen erzählen soll und von Stunden, die wir jetzt hier oft erleben.

S. liegt in einem glücklichen, märchenhaften Winkel des von uns besetzten Gebiets. Wir befinden uns in der erreichbarsten Nähe von Paris, gar nicht weit von Compiègne. Viel Sonne liegt über dem Dorfe und den waldigen Höhen, die hinabblicken. Duft von Rosen, reifen Kirschen und Erdbeeren trägt ein erfrischender leiser Wind durch die Gärten und Häuser. Ein Sommer-Sonntag-Idyll, so lieblich und voll gesättigter Ruhe, wie man es sich überhaupt nur denken kann. Nicht das Geringste merkt man von Kriege. Die Einwohner sind friedlich und tätig in ihren Häusern, Gärten und Feldern. Ich sitze in Gottholds Zimmer, in das die warme Gartenluft hineinströmt. Wir haben zusammen gespeist, schon gestern Mittag und Abend und dabei Erdbeeren und Kirschen geschlemmt. Es wird bald ein stiller leuchtender Abend heraufziehen, in dem man über das Oisetal südwärts in weiter Ferne durch die klare Luft dunkelgrüne Höhen schimmern sieht, um die wahrscheinlich der Kampf steht.

Dort im Süden oder im Westen werden wir vielleicht einmal bei Gefahr als Sturmkolonne eingesetzt. Dafür üben wir uns seit einigen Wochen schon eifrig. In C. hatten wir ein Übungswerk dafür, und hier haben wir uns gleich nach unserer Ankunft in einem wunderschönen Park auf einer Wiese eins angelegt. Es ist ein Grabensystem, bei dem man sich bis auf 50–30 m, ja sogar, wenn beide Parteien im gleichen Graben liegen und durch eine Barrikade getrennt sind, auf 2 m gegenüber liegt. Dieser Grabenkampf, der jetzt im Sommer ja an vielen Stellen heftig ausgebrochen ist, wird immer furchtbarer, primitiver und unmenschlicher. Das Gewehr ist dazu eine viel zu fein gearbeitete, im groben Kampf zu leicht versagende Waffe. Man kommt zu den Waffen der Urvölker zurück und bewirft sich als Höhlenbewohner gegenseitig mit Steinen, d. h. Sprengkörpern. So machen wir es auch im Übungswerk. Kritisch wird die Sache allerdings, wenn noch Artilleriefeuer dazu kommt und keine bombensicheren Unterstände vorhanden sind. Man ahnt nicht, was in den letzten Wochen, während der heißesten Tage, an den Lorettohöhen vor sich gegangen ist. Rechtmäßiger Weise wäre ich auch dabei gewesen. Denn die 90er sind auch dort eingesetzt worden. Ich sprach einen Kameraden in C. aus der 1. Kompanie, in der ich ja auch 14 Tage gewesen war. Da hörte ich dann von den mir gleich so lieb gewordenen Kameraden, mit denen ich die Kanonade vom 19. Mai miterlebt hatte. Da waren viele tot und verwundet. Mein Gruppenführer Max Krömer schwer verwundet; der Lehrer, von dem ich wohl auch schrieb, hatte einen Nervenschock davon bekommen. Alle waren mehrmals verschüttet gewesen. Der Geruch der unbeerdigten Leichen, die zwischen beiden Parteien liegen, unerträglich. Schon deswegen muss oft ein Graben aufgegeben oder der feindliche unbedingt gestürmt werden. Wir haben außerdem alle Schutzmasken. Die Wut der Leute ist groß, besonders den Schwarzen gegenüber. Der Kompanieführer der 7. Komp., der Bruder meines damaligen Kompanieführers v. H., war von den Schwarzen in der Zuckerfabrik sichtbar aufgehängt worden, nachdem er bei einem Sturm dort verwundet liegen geblieben war!

Ich verstehe oft nicht, wie ruhig und sicher wir sein können, wie gelassen wir an unsere Aufgaben gehen und in die Zukunft blicken, wie fröhlich und sonnig uns eine Welt tiefster Schönheit umgibt – während doch der Teufel regiert! –

In C. sind wir beinahe drei Wochen gewesen. Die Tage gingen gleichmäßig mit Dienst und Hitze zu Ende. Am letzten Tage – wir wussten zwar nicht, dass es der letzte war – aß ich mit Gotthold im Kasino. Herr von Gaza begrüßte mich, ebenso Gottholds früherer Mentor Hauptmann Weiße. Dann gingen wir beide zum Schwimmen. Da Gotthold Schwimmoffizier war, hatte ich die Freiheit.

Übrigens las ich dabei einen feinen Aufsatz über »das Ideal deutscher Geselligkeit« von unserm Dr. Nohl-Jena, den dieser zum Andenken unseres Freundes Brügmann aus dem Serakreis geschrieben hatte. Vor einem Jahr hatte ich in der A. V. das gleiche Thema bearbeitet und freute mich nun, gerade diesen vorzüglichen Aufsatz lesen zu können. – Jetzt werden die Mädchen auf dem Hohen-Leden bei Jena die Sonnenwende wohl allein feiern, und mancher von denen, die dort so fröhlich durchs Feuer sprangen, musste jetzt durch das schwerste Feuer, wie Brügmann.

Dort beim Baden in C. kam die Alarmnachricht. Um 6 Uhr marschierte das Bataillon ab, und es begann eine lange Verladerei, bis wir im Viehwagen saßen und um 10 Uhr losfuhren. Die Spannung auf das Bekanntwerden des Zieles stieg aufs höchste. Ich aber merkte bald, dass es in der Richtung nach St. ging. Um 2 Uhr waren wir schon am Ziel. Ein kurzer Marsch im dämmernden Morgen, der ein Land entschleierte, das märchenhaft aus dem Nebel stieg. Das an Ackerland überreiche Pas-de-Calais war nichts dagegen. Das konnten selbst die müdesten Augen sehen. Um 4 Uhr bezogen wir zu 30 Mann eine kleine Scheune mit wenig Stroh und viel Ungeziefer, das die kalten Nächte auch nicht erträglicher machte. Dazu ist man stets alarmbereit, so dass in 1–2 Minuten jeder Mann abmarschfertig dastehen kann. –

Wie lange dieses Idyll von S. dauern wird, ist uns ein großes Rätsel, das uns jedoch nicht beschwert. –

An die Marburger Freundin.

S. den 24. Juni 1915.

... Der Dienst geht von Morgens früh bis abends, und auch, wenn er nicht so anstrengend ist, er lässt keine Zeit weder zum Briefeschreiben noch zum eigenen Ausruhen. Für heute habe ich mir eine Quartierwache erwirkt, so dass ich vor unserer Stalltür sitzen kann, während meine Kameraden ein ausgebranntes Schloss reinigen dürfen. – Ende voriger Woche kamen wir hierher in das entzückendste Örtchen der Welt im Oisetal unweit Noyon. Zwischen Wald und Wiesen, Gärten und Heckenwegen in hügeligem Gelände von Waldhöhen umgeben zieht es sich hin. Ganz plötzlich geschah der Aufbruch von

Cambrai. Abends um 10 Uhr fuhren wir ab und um 4 Uhr lagen wir schon in unseren Quartieren. Dann hatten wir stetig herrliche Sommertage. Kirschen und Erdbeeren gibts in Fülle. Oben auf der Höhe liegt ein wunderbarer Park, der sich in Wald und Wiesen verliert. Dort auf heimlichen Waldwiesen treiben wir unser Wesen. Bei all der stetigen Tätigkeit und dem Nie-zur-Ruhe-Kommen, bei all der Ungewissheit, in der die Seele schwebt, kann man sich doch nicht der tiefen Schönheit des Parkes und der Wiesen dort oben entziehen. Wie von ferne schaut man sie am frühen Morgen und am späten Abend, wenn die einsamen Bäume höher und heiliger in den Äther sich breiten. Wir haben nicht viel an solcher Ruhe und ewigen Schönheit. Dagegen haben wir dort oben ein Übungswerk angelegt, ein Grabensystem, in dem wir all die Schikanen des Nahkampfs um Gräben, die bis auf 10 m und weniger sich nähern, einüben. Die größte Rolle spielt dabei das Werfen von Handgranaten. Es gehört ein gewisser Mut und Kaltblütigkeit dazu, diese Dinger an den richtigen Platz zu setzen, und das macht uns wirklich Freude. – Übrigens wären hier famose Motive für Kriegszeichner zu holen. Hier könnte man moderne Diskuswerfer sehen. Nie konzentriert sich die volle seelische und körperliche Anspannung auf einen kurzen Bewegungsmoment in der Weise wie beim Entzünden und Abwerfen dieser Granate; besonders bei Anfängern, wo noch die ganze Angst vor diesen fürchterlichen Mordwerkzeugen mit dem Ehrgeiz, sie möglichst gut zu werfen, miteinander kämpft. Ich sehe noch einen netten kleinen Wandervogel, jetzt schon Unteroffizier, mit welchem Eifer er warf, und dann, als die gewaltige Explosion, die uns umgeworfen hätte, wären wir nicht selbst in einem Graben, mit ihrer schwarzen Rauchwolke vorüber war, vor Freude strahlte und gleich nach mehr verlangte. So wird unser Kriegsdasein das einzige Dasein, in dem wir leben, das uns interessiert und unsere Gedanken fesselt. Diese Entwicklung ist ein Prozess, der sich bei jedem abspielt. Bei Gotthold ist er schon weiter fortgeschritten, als bei mir. Die Heimat mit ihren lieben Menschen und Aufgaben tritt mehr und mehr zurück. In der Ferne schaut man sie, beinah wunschlos. Denn die Unmöglichkeit hat sich dazwischengelegt. Das Wort Friede kennen wir kaum mehr. Dazu hat sich ja ein eigener Daseinskreis entwickelt, in den wir gehören, in dem die sich jetzt noch regenden Kräfte vollauf Beschäftigung finden, die andern vielen sind eingeschlafen. – – –

Wir leben augenblicklich ganz im Ungewissen. Ein seltsames Leben: So leben wir, als ob keine Tod sein könnte, und doch den Tod so ansehen, als ob das Leben nicht wäre.

Man kann sein Leben gar nicht abschließen, denn es ist ja alles andere, nur kein toter Bau, oder eine Rechnung, die man irgendwo beenden könnte. Sondern es quillt, lebt, bildet und gestaltet in einem fort, und nie spürt man dies deutlicher als in unmittelbarer Todesgefahr, wenn man den Tod kommen sieht wie einen Räuber, gegen den man sich nicht wehren kann. Unsere ganze Logik, mit der wir leben, kennt den Begriff Tod überhaupt nicht. Und so können wir nur das Leben lieben, seine Aktivität und seine Schaffenslust. Der Tod kann dann nur ein Teil der Schmerzen und Leiden sein, die mithelfen, das Leben zu bauen.

Du wirst sagen, da kommt wieder der Dualist zu Tage, der heimlich doch wieder verschiedene Stufen des sogen. Lebens trennt, denen nicht in gleichem Maße Wertschätzung zusteht. Nein, ich habe wenig Lust, Weltanschauung zu treiben. Denn es ist doch Tatsache, dass wir nicht alles, was wir wohl Leben nennen, mit gleicher Liebe umfassen und genau wissen, dass jene Liebe reiner, stetiger und sicherer ist, die auf dem Glauben beruht, als die andere, die auch vorhanden ist, die wir aber mit jedem Lebewesen teilen und die wir bei einiger Besinnung auch nicht für produktiv und wertvoll halten. Darum können wir nur die Tat lieben und den Willen für das Ewig-Lebendige halten, der das Nächste tut, um das Letzte zu gewinnen.

So spinnen wir uns ruhig in unser Dasein ein. – Der Aufsatz von Natorp über den Beruf des Deutschen in der »Tat« sagt das alles ja viel besser.

Den Tod meines Bruders Harald können wir auch nicht anders auffassen. Er kann uns nur ruhiger und sicherer machen. – Wir erfuhren übrigens, dass er einen leichten Tod gehabt hat.

Bei einem Sturmangriff erhielt er zuerst eine leichte Verwundung am Fuß, ging aber doch weiter mit und wurde durch Granatsplitter am Hinterkopf offenbar gleich getötet.

V., Sonntag den 27. Juni 1915.

Unsere Brigade ist eine fliegende Brigade geworden, und wir machen ihre abwechslungsreichen und interessanten Ausflüge mit. Am Donnerstag, den 24. Juni, verließ unser Bataillon S., und wir schleppten den brav gefüllten Affen die 5 km bis zur Station, an der wir acht Tage vorher in der Nacht angekommen waren. Um 10 Uhr abends fuhren wir ab. Die Fahrt ging durch das Oisetal durch nebelgefüllte Wiesen, über denen der Mond stand, nach C. Von dort durch viel Wald nach unserm Bestimmungsort A., den wir um ½1 Uhr schon erreichten.

Eine ganz neue Gegend Frankreichs umgab uns. S. war nicht weit und V., um das im Dezember sehr heftig gekämpft wurde, lag genau im Süden. Die Straße stieg durch hohen Wald stetig langsam bergan und als wir auf der Höhe waren, dachten wir wohl, in vertrauten Gegenden der Heimat zu wandern. Thüringen oder Hessen stand vor unsern Augen: tiefe monderfüllte Waldtäler und weite Höhen. Von der hochgelegenen Hauptstraße geht ein Sträßlein links ab, das zu dem dicht darunter im Grunde liegenden kleinen Dörfchen führt. In der Schlucht warten die beiden Kompanien bis Quartier gemacht ist. Bald liegt alles neben den zusammengestellten Gewehren auf der feuchten Straße oder auch in der Wasserrinne. Man kann sie nämlich nicht erkennen, denn der Hohlweg ist ganz von Laub bedacht. Obgleich der Marsch nur eine Stunde gedauert hatte, war doch schon alles in Schweiß gebadet und müde wie Fliegen um die Abendzeit.

So gehts jetzt immer mit den Märschen, die wir ja häufiger antreten. Da sie nicht allzu lang sind, nimmt jeder ruhig seinen ganzen Krims-Krams mit, samt der Zeltbahn, dem schweren Wintermantel und der Decke, von der wir uns immer noch nicht trennen. Auf diese Weise kommt ein ganz hübsches Gewicht heraus, so dass man sich genötigt sieht, über den Fichteschen Satz »das vernünftige Wesen ist nicht zum Lastträger bestimmt« (Bestimmung des Menschen, Reclam S. 107) ein wenig zu philosophieren und zu dem Resultate kommt, dass sein Recht doch in Zweifel gesetzt werden könnte.

Gegen ½4 Uhr konnten wir die Quartiere beziehen und unsere Nachtruhe auf dem spärlich oder gar nicht vorhandenen Stroh nachholen. V. ist ein kleines, scheinbar ärmliches Dorf und kann abgesehen von einem Feldlazarett nur zwei Kompanien beherbergen. Wir wunderten uns daher nicht, als wir die noch vorhandenen Türen unserer Behausungen mit verheißungsvollen Aufschriften, wie »zoologischer Garten«, »Insektenkammer«, »große Dressur« schon bedeckt sahen. Greulich sehen solche Quartiere für einen unbefangenen Zuschauer zunächst aus. Aber wir gewinnen sie bald lieb, wenn sie uns einigermaßen Schutz und Ruhe gewähren. Hier haben die Quartiere allerdings eine ganz besondere Eigentümlichkeit. Es gibt nämlich Fliegen in einer Fülle, die sich ein kultiviertes Gemüt gar nicht vorstellen kann. Schlafen kann man nur unter vollständiger Bedeckung des Gesichts und der Hände. Dafür ist aber das andere Ungeziefer nicht so aufdringlich. – Das sind aber alles Unannehmlichkeiten, die mit einigem Humor gut zu ertragen sind. Wie liegen ja immer noch in Reserve und haben das Geräusch vergessen, mit dem die »Schwarzen« krepieren.

Wir befinden uns hier unweit der Aisne, in dem Sandsteingebiet, in dem die bekannten große Höhlen vortreffliche Unterkunft gewähren. Oberhalb des Dorfes, dicht unter der Landstraße liegen solche natürlichen flachen Höhlen, in denen ein ganzer Zug Unterkunft finden kann. Von alters her sind sie als menschliche Wohnungen benutzt worden. Lange werden wir hier nicht bleiben, obgleich der General und Kommandeur der … Division, der wir in diesen Tagen zugeteilt waren, ein Herr v. Kleist – also ein echter Brandenburger – eine Besichtigung und Parade unseres Bataillons abnahm. Ein prachtvoller Herr übrigens, klein und gedrungen, wie seine Vorfahren, ein strenges, gemeißeltes Gesicht mit goldenem Monokel, durch das er jeden Einzelnen bis in die tiefste Seele seines Anzuges und seiner militärischen Haltung musterte. –

S. den 2. Juli 1915.

Liebe Luise!

Hier will ich Dir eine besondere Freude machen, indem ich Dir einen Brief der Tochter unseres Quartierwirtes schicke. Dieser ist ein Bauer in dem reichen, entzückenden Dorf. Die Bevölkerung hat es nicht gut und muss sehr leiden und sich einschränken. So brauchen wir zu neun Mann die Wohnstube unseres Wirtes, während dieser mit seiner Frau die Schlafstube und kleine Küche bewohnen kann. Die Einwohner müssen Arbeit leisten für den Kommandanten. Dafür empfangen sie täglich ihre Ration Brot. Fleisch können sie nur durch Schlachten ihrer Kaninchen bekommen. Solche Okkupierung bringt eben viele Härten mit sich, auch in der Bewegungsfreiheit der einzelnen Bewohner. Dazu kommt die gänzliche Unkenntnis über das Ergehen der Ihrigen und die Gewissheit, dass Frankreich in dem Kriege der Besiegte bleiben wird. –

Dass aber trotz alledem auch hier Menschen sind, die auch dem Feinde, wenn er sie persönlich schont und sie nicht herabwürdigt, freundlich und liebenswürdig begegnen können, ohne zu heucheln, das soll Dir dieser reizende Brief der kleinen Marcelle zeigen.

Mit herzlichem Gruß Dein Bruder Heinz.

S. 1. Juillet 1915.

Mademoiselle!

Votre frère loge chez-nous. Jl ne se plaint pas de notre logement, il dit qu'il a déjà trouvé plus mal que cela. Jl m'a montré votre portrait et celui de vos neveux ainsi que celui de votre père et mère. Je vous trouve très bien. Nous sommes satisfaits de le loger car il est très aimable envers nous. Nous avons déjà logé beaucoup de soldats et on n'a pas à se plaindre d'eux. Votre frère m'a dit que vous vous appeliez Louise et moi je m'appelle Marcelle et j'ai treize ans. Je vais à l'école. Aujourd'hui j'ai congé, je m'occupe à apprendre mes leçons et à vous écrire ainsi qu'à une soeur d'un des camarades de votre frère.

J'ai aussi trois Oncles de partes à la guerre. Nous sommes sans nouvelle d'eux depuis le moi d'août. Je pense que votre frère rentrera dans vos foyers en bonne santé.

Recevez Mademoiselle mes meilleurs sentiments et de mes parents qui se joignent à moi. Marcelle.

An die Jenaer Freunde.

S. den 3. Juli 1915.

Ein seltsames Geschick führte uns damals in dies neue Regiment und bewahrte uns vor der Lorettohöhe, wo sich wohl mit die schauderhaftesten Kämpfe des ganzen bisherigen Krieges abgespielt haben. Wir konnten mancherlei durch Augenzeugen erfahren. Nun sind wir wohl für andere Kämpfe hier im Westen aufgespart worden, die wohl bald heftig entbrennen werden. Hoffentlich eine große deutsche Offensive! –

Mit meinem Bruder bin ich täglich zusammen. Das ist ein schönes stilles Leben, für das wir gewiss sehr dankbar sein müssen. Währenddessen umgibt uns der herrlichste Sommer.

So leben wir jeden Tag, das ganze Glück der herrlichsten Natur in einigermaßen harmonischem Kreise bewusst oder unbewusst, und sind gefasst, dass uns der nächste Tag wieder ins Granatfeuer bringen wird.

S. am 4. Juli 1915

Eins der besten »Eisernen Blätter« Traubs ist das von »Unserer Kompanie«. Kaum eins wurde mit solchem Interesse und Verständnis gelesen als gerade dieses. Am liebsten hätten wir es an die Kompanieschreibstube, die im Felde immer vorhanden ist und mit der Feldküche als Ausgangspunkt des ganzen Kompanielebens gelten kann, angenagelt, denn hier war wirklich die Kompanie geschildert, wie sie – sein sollte. Dieser Widerspruch von Ideal und Wirklichkeit, der offenbar vorhanden war, hinderte uns, unser Vorhaben auszuführen, denn unser Kompaniefeldwebel hätte gleich die Spitze gemerkt und sich mächtig daran gestoßen. [Zensurlücke]

Glücklicherweise sind all die Feldwebel-Schikanen, die ein solcher Mann dem Einjährigen bereiten kann, im Felde sehr gemildert oder gar nicht vorhanden, so dass man seine Ruhe und seinen guten Humor nicht zu verlieren braucht. Das wäre allerdings auch sehr schade. Denn wenn man im Felde auch noch in dieser Beziehung Ärger erdulden müsste, so wäre das furchtbar; denn die Kompanie ist ja die einzig vorhandene Gemeinschaft, mit der und für die man noch lebt und stirbt. Früher war man gewohnt, in solchen Fällen sich stolz von der blöden Umgebung auf sein Eigenteil zurückzuziehen oder eine andere Gemeinschaft zu suchen, in der man verstanden wurde. Aber jetzt heißt es: Hic Rodus, hic salta! Zu einem »Eigenleben« lässt die Gemeinschaft weder Zeit noch Ruhe. Sie zwingt uns in ihren Kreis, denn es geht ja diesmal ums Leben. Dass dann Kompromisse geschlossen, Ansprüche aufgegeben werden, ist klar; denn hier kommt es ja nicht mehr auf die Reinheit des Willens an, – die wird in einer anderen Welt gewogen – sondern auf die tatsächlich erreichte Leistung. So ist man zufrieden, wenn die Bedingungen zu einem einigermaßen harmonischen Leben auch nur im geringen Maße vorhanden sind.

Die Gemeinschaft der Kompanie umfängt uns eben vom frühen Morgen, wenn der Unteroffizier oder Gefreite »vom Dienst« den Schläfer mit lautem Ruf unsanft weckt, bis zum späten Abend, wenn man wieder totmüde auf sein Strohlager sinkt und »abgefragt« wird. Beim Marsche ist man ein Glied des Ganzen, und man singt die liebgewordenen Lieder mit, auch wenns einem selbst nicht so zu Mute ist. Noch enger ist die Gemeinschaft, wenn die Kompanie in Stellung liegt, im Graben oder Gefecht. Sie ersetzt eben alles, Verkehr, Unterhaltung und Geselligkeit, Familie, Freundeskreis und Vaterland.

Daher ist z. B. der Gedanke vom Kämpfen, Leben und Sterben fürs Vaterland, für die geistigen Güter des Vaterlandes, ein verhältnismäßig ferner Gedanke, wenigstens spielt er keine große Rolle unter den praktischen Motiven der Einzelnen. Er ist zu abstrakt und unanschaulich, und es würde ein ganz anderes geistiges Niveau und vor allem geistiger Austausch dazu gehören, um ihn lebendig zu machen. Das kann man nie und nimmer verlangen. Wir sind ja so sehr des scharfen reflektierenden Denkens entwöhnt. Heimat und Vaterland spielen gewiss eine große Rolle, jedoch als Objekte der Sehnsucht. Meistens wohl als Stätte der Freiheit von Unruhe, Kampf und Not. Aber mit dieser Sehnsucht verbindet sich für uns sie Hoffnung, das Zerstörte einmal mit aufbauen zu dürfen, das Vaterland zu schönerer reinerer Größe führen zu helfen, damit all die herrlichen Ansätze, all das was wir im Kriege selbst erlebt haben, in positiven Taten zur Reife gelangt. Was für eine herrliche Fülle wissenschaftlichen, praktischen und persönlichen neufortschreitenden Lebens mag uns dann bevorstehen! Das ist wohl der Liebste Gedanke, den wir überhaupt denken können, denn es ergreift uns dabei die ganze Lust und Sehnsucht nach einem lebendig schaffenden Weiterleben, dessen Wert uns hier so unermesslich groß aufgegangen ist. Darum aber denkt man an ihn, je länger man draußen steht, wie an eine unglückliche Liebe – scherzhaft ausgedrückt –, auf jeden Fall aber nicht ohne ein schlechtes Gewissen, denn dieser Gedanke ist ohne Zweifel eine Hemmung und passt nicht hinein in unser Kriegsleben. Kämpfen und siegen wollen bedeutet für den Infanteristen nichts anderes, als ständig auf das Ende und Nichtwiedersehen der Heimat gefasst sein und gänzlich aufgehen im Kriegsleben. Daher kommt es, dass Friedensprobleme wenig diskutiert werden. Da mag der Krieg erst zu Ende sein und uns selbst ein zweites Leben geschenkt sein. Nicht als ob uns die Zukunft des Vaterlandes überhaupt gleich wäre. Ich kann mich stetig auf dem Laufenden halten durch die Lektüre der »Hilfe«. Doch bringt man sich selbst nicht gern damit in Verbindung.

Neulich sprach ich z. B. mit einem kleinen netten ehemaligen Wandervogel, der schon Unteroffizier ist, über die Probleme der Freideutschen Jugend, über das Fest auf dem hohen Meißner, an dem auch er teilgenommen hatte, und ähnliche Zukunftsfragen, die uns persönlich besonders nahe lagen. Das ging so eine Weile munter fort, bis wir schwiegen und uns lachend ansahen, als hätten wir von einem fernen Märchen gesprochen.

Dererlei Fragen schweigt also jeder am liebsten in sich hinein oder hat sich überhaupt entwöhnt, daran zu denken. Die Gemeinschaft, um die sich alles dreht, ist eben die Kompanie. In ihr haben wir Heimat und Vaterland anschaulich, und das genügt.

[Zensurlücke.]

An ihn schließen sich dann die Herren Zugführer an. Da sind zunächst von meinem Zuge Ltnt. Niewald und Offizierstellvertreter Mahnke. Ersterer ist ehemaliger Wandervogel, angehender Oberlehrer von ca. 26 Jahren, zuerst Unteroffizier, im Winter Leutnant geworden. Er ist geschickt und hat gute Kenntnisse, so dass er sich als Lehrer der Offiziersaspiranten ganz gut eignet. Persönlich bin ich ihm noch wenig näher getreten, weil es ja nicht in meiner Hand liegt. Mahnke ist ein älterer aktiver Feldwebel, dem man das aber nicht ansieht. Er exerziert den Zug gewöhnlich und vermag ihn auch tüchtig zu schleifen. Aber er hat eine echt soldatische, kameradschaftliche Gesinnung und ist nicht unbeliebt bei den Leuten. Niemandem würde man wohl lieber ins Gefecht folgen, da man eben weiß, dass er etwas kann.

An die Marburger Freundin.

S. den 14. Juli 1915.

… Mein Leben ist ein Leben in einem andern Kreise als dem gewohnten. Aber es ist nicht so, dass wir immer seinen höhern Wert empfänden. Im Gegenteil! Freude, die der alltäglichen Tätigkeit Schwung gibt, die jede Bewegung belebt, ist nicht viel da. Dazu ist das stetig uns entgegentretende Leiden zu groß, das immer wieder vor uns tritt mit dem Anspruch, mit ausschließlich darauf gerichteter Seele und nicht im Vorbeigehen, überwunden zu werden. Wenn die körperliche Anstrengung nicht anspannt, dann ist der seelische Kampf sicher da. Mag objektiv unsere Tätigkeit irgendwo einen großen ihr entsprechenden Wert erzeugen – das ist ja unsere Hoffnung, an die wir uns immer wieder klammern müssen – subjektiv haben wir wenig Empfindung davon. Wir gehen wohl auf in unserem alltäglichen Tun, oft so, dass wir uns in all den Kleinigkeiten hinterher wie verloren vorkommen. Unser altes Leben ist weit weg, wie haben ihm entsagt. Und nun fühlen wir uns oft so arm, so furchtbar einsam. Ich glaube jedoch, ich bin zu anspruchsvoll; ich habe zuviel Freude, Freundschaft und dadurch subjektives Leben erlebt, dass ich das alles so ohne Schmerz entbehren könnte. Das muss ich alles noch lernen.

Wir haben in den letzten Tagen so viel zu schaffen gehabt. Eine Stunde weit entfernt haben wir ein großes Übungswerk gebaut und dabei sicher ein paar 1000 Kubikmeter Erde ausgeschachtet. Tagelang ist gearbeitet worden und heute Abend gehts wieder los. Dort haben wir also eifrig den Spaten gerührt und das macht müde. Einmal konnte ich es mir bequem machen. Da wurde ich ausgeschickt, um mit anderen Draht zu suchen. Den ganzen Tag haben wir, nachdem einige Drahtzäune geplündert waren, uns in den Wiesen, unter den Weiden und Pappeln des Oisetals herumgetrieben. Stundenlang lag ich unter den hohen rauschenden Bäumen und sah den ziehenden Wolken zu. Das waren solche Augenblicke, in denen man aus der Verlorenheit in die täglichen Kleinigkeiten plötzlich erwacht und merkt, wie arm und einsam man in dem Eigenleben ist. ... Dann schwamm ich die Oise hinab, in dem stillen dunklen Fluss, dessen Ufer ganz verdeckt sind durch Weiden und Büsche, die sich über seinen Spiegel beugen. Dort hätte ich mich treiben lassen mögen immer weiter und weiter.

Den 18. Juli 1915.

Liebe Eltern!

Von einem neuen Ausflug senden wir herzliche Grüße. Und zwar gings diesmal in die Argonnen. Gestern fuhren wir in zehnstündiger Fahrt durchs schöne Frankreich und haben die Nacht und den heutigen Sonntag in A. verlebt. Für acht Tage sind wir der … Armee geliehen worden und werden die kürzlich hier eroberten Stellungen besetzen. Von unserm Bataillon geht die 5. Kompanie (Gotthold) morgen in die vorderste Linie (Höhe 285), wir andern sind im Walde in Biwak. Hoffentlich regnet es nicht allzusehr – sowohl Wasser wie Eisen!

Es grüßen herzlichst Euer Heinz und Gotthold.

Den 23. Juli 1915.

Gestern hat Dein Päckchen seinen Weg zu uns gefunden und Gotthold und mich wohlbehalten angetroffen. Es waren heiße Tage, auch äußerlich, besonders für Gotthold. Unsere Kompanie ist seither nur am Tage auf der tille morte gewesen, um die Stellungen auszubauen. Von 4 Uhr morgens bis 10 Uhr abends bin ich gewöhnlich auf den Beinen, da der Weg unseres Lagers im Walde zu den neuesten Stellungen 6–7 km beträgt: Das ist immer eine schöne Lauferei durch den grünen bzw. zerschossenen Wald.

Mörchingen (Lothringen) den 28. Juli 1915.

Das hätte wohl keiner von uns gedacht, dass unsere »fliegende Brigade« das ganz besonders große Vergnügen uns machen würde, sich einmal in einem Städtchen der deutschen Heimat niederzulassen. Jetzt ist es aber Tatsache geworden, und wir atmen wieder deutsche Luft in dankbaren Zügen. Von dem obersten Stockwerk der Artilleriekaserne schweift der Blick weit über Felder, Wiesen und Dörfer bis zum Höhensaum im Osten. Alles dies ist deutsches

Land und ruht in tiefem fruchtbarem Frieden. Und darüber der blaue Himmel mit den ziehenden Wolken der Heimat. Wir hatten ja nicht geglaubt, diesen Himmel und dieses Land wiederzusehen und stehen jetzt da wie die Träumer mit einem Gefühl der Beruhigung und des Geborgenseins, das keine Worte finden kann. Selbst der verhärtetste Krieger kann sich ihm nicht entziehen, und alles ist so still vergnügt, als ob nichts mehr zum vollsten Glück fehlte. Sie Abgestumpftheit der Empfindung beginnt zu weichen, und unter der starren Kruste von Entsagung und Härte muss das Herz das Unsagbare fühlen, was das Wort »deutsche Heimat« für uns jetzt bedeutet. Den ersten deutschen Ort, den wir sahen, werden wir nicht so leicht vergessen. Er hieß Fentsch und dann kam Kneutingen, Hayingen, Diedenhofen und Metz mit seinem Dom. Überall deutsche Arbeit in einer Selbstverständlichkeit, Ruhe und Sicherheit, die uns gänzlich fremd geworden war in dem unruhigen, untätigen, zerstörten Frankreich. Jetzt sahen wir das Land, für das wir kämpften, mit anderen Augen an, als wir es je gesehen. Aber das alles so natürlich und ohne jeden Pathos. Am liebsten gibt sich jeder dem Allen so unbewusst und reflektionslos hin, wie er all die Entbehrung, Leiden und Anstrengungen wortlos ertragen und geschafft hat. Für beides finden sich eben keine adäquaten Begriffe. Darum spricht der Soldat nicht gern darüber, auch der des Denkens und Sprechens gewohnte genießt vielmehr diese Ruhe der Umgebung mit Intensität und innigem Behagen und schläft zuerst einmal gründlich aus.

Den 1. August 1915.

Sehr geehrter Herr Professor!

An diesem bedeutungsvollen Tage möchte ich nicht unterlassen, einen Gruß und ein Lebenszeichen zu senden. Unsere »fliegende Brigade« war zuletzt bei der … Armee tätig, wo es allerdings viel zu tun gab. Nun sind wir doch froh, dass wir jenem Todeswald entronnen sind und unsre liebe Heimat wiedersehen durften. In einem lothringischen Grenzstädtchen sind wir augenblicklich stationiert und warten auf weitere Verwendung. Meinem Bruder und mir geht es recht gut. Ich bin jetzt zum Unteroffizier aufgestiegen, was mir recht angenehm ist, da die geistige Arbeit größer und die körperliche etwas geringer wird, denn Musketier sein heißt jetzt: graben können!

Mit bestem Gruß auch an Ihre verehrte Frau Mutter
Ihr ergebener H. von Rohden.

Mörchingen den 10. August 1915.

... Von den Argonnentagen wäre noch mancherlei erwähnenswert. Man spürte dort überall, trotzdem man nicht zur Besinnung kam, die aufreizende Luft des Krieges, dem wir uns nun einmal ergeben haben. Wenn sie fehlt, dann sinkt unser Leben zu einem marklosen Traum zusammen, aus dem man zuweilen mit einem Kater erwacht. Anderseits ist es der natürlichen Empfindung doch immer wieder eine Erlösung, dieser Teufelsfratze von Krieg für einige Zeit den Rücken kehren zu dürfen. Und dass dies öfters geschieht, ist ja bisher der Vorzug unserer fliegenden Brigade, wogegen sie uns allerdings auch immer wieder in die oben erwähnte Antinomie versetzt, in der wir wie zwischen Skylla und Charybdis stetig hin und her gerissen werden. C'est la guerre!

An dem Sonntag, an dem die großartige Feier unter Anwesenheit des Höchstkommandierenden der ... Armee stattfand, waren wir noch in ..., durften aber leider nicht dabei sein. Wir waren ja auch nicht die »Kinder« der Armee, sondern nur Aushilfmädchen. Ich habe an diesem Tag Holz gefällt, die herrlichsten Eichen und Buchen, dass die Hände hart wurden. Es war der Sonntag, an dem vor einem Jahr wir Marburger uns zu einem wundervollen Feste zum letzten Male vereinigt hatten auf Waldeshöhen. Die uns die Liebsten waren, deren Wesen und Leben uns zuerst vor Augen steht, wenn wir an die Marburger Freunde denken, die hat dies eine Jahr verschlungen. Es sind nun schon sieben. Und nun stand ich allein noch in dem lichten sonnigen Wald und hieb mit einer schweren Axt auf die schönsten Eichen und Buchen ein, die sich aus dem Unterholz ins Freie reckten, immer die gleiche Kerbe treffend, so wie der bekannte Holzfäller von Hodler, 50, 100, 200 Schläge. Da klangen die Bäume, von den vielen Äxten geschlagen in gleichem Rhythmus, und sangen eine seltsame Melodie durch den Todeswald, bis dann mit einem herrlichen Rauschen die mächtigen Kronen zur Erde herabkommen.

Drei tage war ich nach meiner Erinnerung in dieser Weise tätig. Des morgens ging die Holzfäller-Abteilung durch den feuchten Wald, indem sie der Feldbahnspur folgte, die ihn durchzieht. Die Feldbahn ist dort eine überaus praktische Einrichtung und erinnert mit ihren Bahnhöfen »Hanauer Platz«, »Wilmersdorf« usw. sehr an Berlin. Von Pferden werden dort die Material- und Verwundetenzüge gefahren. Den ganzen Tag blieb die Abteilung draußen und jede Gruppe schnitt ihre 30–40 Stämme. Diese konnten von Wagen bis zum Römerlager geschafft werden. –

Den letzten Tag werde ich nicht so leicht vergessen, an dem wir am Vormittag zweimal hinausgepilgert sind. Einmal mit Bohlen zur Versteifung der Minengänge. Das ging ohne Absetzen. Eine Trägerkolonne aus dem Inneren Afrikas war sicher nichts dagegen. Beim zweiten Mal haben wir die Baumstämme hingeschleppt. Je vier Mann einen. Das war wirklich nicht so ohne. Nur mit vielen Pausen konnte es bewerkstelligt werden. Da es immer später wurde, als der Dienst angesetzt war, haben vermutlich verschiedene Balken nicht mehr den Weg gefunden. Mit der liebenswürdigsten Miene von der Welt wurden sie den Soldaten angeboten, die in der Schlucht ihre Deckungen bauten und die Balken natürlich mit Vergnügen verschwinden ließen. Der letzte Teil des Weges war allerdings auch der schwierigste. Enge Hohlwege und natürliche Gräben, steile Aufstiege und Abhänge mussten überwunden werden. Auch mit den Balken an den Rändern der unzähligen deutschen Granatlöcher zu balancieren, war keine Kleinigkeit. Übrigens waren diese Granatlöcher das Schlimmste, was ich von deutscher Artilleriewirkung gesehen habe. Dort war tatsächlich der ganze Talgrund mit seinen Abhängen besät mit 1–2 m tiefen Trichtern, einer neben dem anderen, sodass sie überhaupt nicht mehr gezählt werden konnten. Dieser Talabschnitt bildete den

Zugang zu den alten französischen Stellungen, der also kurz vor dem deutschen Angriff gänzlich unpassierbar war. Was sich in diesen Stunden dort abgespielt hat, muss furchtbar gewesen sein.

Zufälligerweise fand ich nicht weit davon einen Brief eines französischen Artillerie-Offiziers oder gebildeten Unteroffiziers, der eine Stunde vor dem Angriff mit einer bewunderungswürdigen Ruhe und Selbstbeherrschung geschrieben ist. Er ist vermutlich dem Toten abgenommen, wie die Blutspuren beweisen. Ich lege ihn als ein Zeugnis des furchtbaren Ernstes solcher Momente und zur Charakterisierung unserer Feinde bei, ebenso wie einige andere Privatbriefe, die ich dort fand. Wir sehen mit einer gewissen Rührung, wie es da drüben genau so hergeht wie bei uns. Dass bei dem heftigen Artillerie-Feuer am Morgen keiner in dem großen französischen Gruppenkochgeschirr die dünne Suppe (bei uns Kaffee) holen will und lieber hungert, das ist bei uns genau so. Wie reizend das Vögelgezwitscher mitten im Feuer beobachtet wird usw. –

Der Abschied wurde uns nicht schwer, und bald lag der zerfetzte Wald und seine Hitze hinter uns. Ein unbegründeter Eilmarsch brachte uns nach Ch. zurück, wo wir in der Abendkühle eintrafen. Man wusste nicht, wohin es ging; aber jeder dachte bestimmt an Rußland, zumal wir feudale Personenwagen besteigen durften. Die Nacht schlief ich in meiner ausgespannten Zeltbahn wie in einer Hängematte. Als es hell wurde, fuhren wir durch ein weites saftgrünes Tal, in dem das freundliche Städtchen Sedan lag. Eine Station weiter Bazeilles. Also dies sahen wir auch! Friedlich lag das große Dorf da, als ob es nie etwas vom Kriege gehört hätte. Ob wohl unsere zerstörten Dörfer später wieder ebenso lebendig werden, all die tausend Dörfer gleich hinter der Schützenlinie wie Blaireville, Hendecourt, Ronsart? Ich glaube kaum.

Den 15. August 1915.

Seit drei Wochen sind wir in Mörchingen, dem Garnisonsdorf südöstlich von Metz. Das ruhige Kasernenleben war uns sehr willkommen – es gab ja Betten mit sauberen Matratzen und Strohsäcken, es gab Spinde, Schemel und Tische in den Stuben – trotz des nun wieder einsetzenden täglichen Garnisonsdienstes. Außerdem war in der Stadt fast alles zu kaufen, zu essen und zu trinken. Auch konnte man in den Läden wieder deutsch sprechen! Überhaupt, man war ja wieder in einer deutschen Stadt, trotz seiner französischen Bevölkerung.

Am 31. Juli wurde ich hier zum Unteroffizier befördert, und seitdem gestaltet sich mein Dienst auch wesentlich leichter, wenngleich die Zeit zum Schreiben und Lesen nicht gerade günstiger geworden ist. Dazu muss man erst Feldwebel sein. Auch umgibt mich ein ganz neuer Kreis von Kameraden, da ich den Kameraden vom ersten Zuge, mit denen ich auf Du und Du stand, nun entzogen bin und als Gruppenführer im 3. Zuge doch eine etwas andere Stellung einnehme.

Eine weitere Eigentümlichkeit des hiesigen Aufenthalts ist die Musik, die hier für einige Stunden auferstehen konnte. Ich bekam wieder einmal eine Geige bzw. eine Bratsche in die Hand, die zu traktieren ich tatsächlich nicht verlernt habe. Es wurde auch gleich eine Art Musikvereinigung gegründet, zu der ich als einziger Unteroffizier von Hauptmann v. Gaza gebeten wurde. Gestern fand dann nach einigen Proben ein sehr vornehmes Konzert-Essen und -Trinken im Kasino statt, zu der außer den mitwirkenden acht Herren nur der hohe Brigade- und Regimentsstab, sowie die drei Bataillonskommandeure geladen waren. Hpt. v. Gaza hatte mit seinem Adjudanten Lt. von Rohden die Sache inszeniert. Die Tatsache, dass dabei sein älterer Bruder, der allerdings nur Unteroffizier war, mitwirkte und die Romanze F-Dur von Beethoven zum Besten gab, fand bei den Herrn General wie bei dem Herrn Major und Regimentsführer ermutigende Beachtung. …

Das bemerkenswerteste Ereignis war schließlich unsre Urlaubsreise nach Straßburg und Hagenau, die vor acht Tagen stattfand. Samstag Mittag fuhr ich mit Gotthold ab. Gemeinsam benutzten wir den D-Zug, der über die Vogesen, Zabern um 1 Uhr in Straßburg ist. Dort empfingen uns die Verwandten, Tante

Else und Base Liesch, mit denen wir den Nachmittag in Straßburg verbrachten. Das Münster studierten wir allein und ich wunderte mich, wie gut ich noch den Führer durch dies architektonische Gewächs von Jahrhunderten spielen konnte. Die wunderbaren Plastiken sah ich zum ersten Male mit wirklichem Verständnis. – Des Abends nach Hagenau, jeder für sich. Dort empfängt uns Onkel Hermann. Etwas später kam Schwester Agnes aus Traben an. Wir fanden sie so wie früher. Nichts schien verändert zu sein. Wir haben uns die paar Stunden unendlich wohl gefühlt. Nicht weil uns wieder zivilisierter Komfort umgab, sondern – was uns dies alles beinah übersehen ließ –, weil wir wieder in einem Kreise von Menschen waren, von wirklichen Menschen, bei denen nicht der gleiche kahle, gedankenleere und liebearme Geist herrschte, von dem wir für gewöhnlich umgeben sind. Jedoch kam uns dies nur ganz allmählich zu Bewusstsein, als das anfängliche Gefühl der Fremdheit, das zwar nicht ganz schwindet, ein wenig überwunden war. Denn nie haben wir den Gegensatz zwischen Menschen, die als ihre Heimat den Schützengraben und den nüchternen Kreis der Kameraden ansehen und solchen, die sich von den Reichtümern, den großen und kleinen Aufgaben und Sorgen des Lebens nicht zu trennen brauchten – so sehr empfunden als gerade in dem Moment, wo wir die Liebe und Sorge, die Sicherheit und Lebhaftigkeit dieses alten Kreises wieder spürten. Hätten wir sie aber noch länger spüren dürfen, dann wäre der Abschied doch etwas schwer geworden. Heimaturlaub hat eben seine zwei Seiten, bevor nicht Waffenstillstand oder Friede erklärt ist. –

An die Base in Hagenau.

Mörchingen den 10. August 1915.

... Wie man es einem Erblindeten, der für einen Moment die alte schöne Welt wiedersehen darf, nicht verdenkt, wenn er seiner Freude vor Unbekannten Ausdruck gibt und vielleicht mehr davon sagt, als es sonst in den Grenzen persönlichen Verkehrs möglich ist, so wirst Du es auch nicht missverstehen noch verdenken, wenn ich ähnliches tue. Die wenigen Stunden mit Euch haben mir eine seltsame tiefe Freude gemacht, dass ich Euch ganz besonders danken muss. Und nicht zum wenigsten Deiner Freundin Lisbet. In Eurem Kreis sah ich etwas, was schon längst bei mir schlafen gegangen war, was ich sogar mit Gewalt habe einlullen müssen. Alles dies herrliche, lachende, immer sich verschenkende und schöpferisch lebendige, liebende Leben stand wieder vor mir. Ich hatte es so intensiv gelebt und empfunden und dann aufgegeben, um das eine Einzige und Allgemeine, das alles Persönliche verschlingende Leben mit zu erfassen. Aber dies bedeutet für uns immer nur das Eine: Sterben können. Und so starb dann das alte Leben immer mehr dahin. Das war ja auch nicht so schwer. Die Freunde fielen, und für die Stimmen der zu Hause Gebliebenen macht uns der heulende und singende und grässlich auflachende Tod taub. Schon ganz von selbst verblasste so das alte wundervolle Leben mit wirklichen lebendigen Menschen, so dass es nicht schwer wurde, auch die Erinnerung und Sehnsucht danach gänzlich zu töten, wenn sie einmal in wachen Stunden die Seele beirren wollte. Was mir mein Soldatenleben *positiv* ist, kann ich Dir nicht so schnell sagen, doch halte ich es für notwendig und damit für objektiv wertvoller als alles andere für mich jetzt mögliche Dasein und würde es mir trotz allem Elend und aller Enttäuschung doch wieder wählen.

Und doch, Du kannst Dir kaum vorstellen, was es heißt, aus unserm Traumleben – denn das ist unser unpersönliches, so furchtbar einsames Leben – so ganz allmählich aufzuwachen und wieder Menschen zu sehen, wirkliche Menschen, durch deren eigenes inneres Leben selbst das gänzlich Entschwundene und mit Schmerzen Dahintengelassene aufgeweckt wird. All die Menschen, zwischen denen wir waren, dachten, sprachen, – hofften und erwarteten von den Ereignissen und von einander so ganz Anderes, als wir gewohnt waren, viel Interessantes, Lebendiges und Liebevolles. Deine Freundin hat mir einen so wunderbaren Eindruck gemacht, dass ich ihr gern eine bescheidene Huldigung darbrächte, wenn ich es könnte, bevor dieser

Lichtblick wieder von unserm Traumdunkel verschlungen ist. Das tritt, wie ich schon merke, nur allzubald ein. Aber ich möchte ihr doch gedankt haben, dass sie mit ihrem reinen und reifen Wesen, so voller Teilnahme und Liebe aus einem ganz ureigenen, selbständigen Leben heraus mir erschien wie das Bild und Symbol eines Lebens, das ich mit allen seinen tausend Beziehungen, Reichtümern und schaffenden Werten immer als das Köstlichste empfunden hatte, das in der Welt ist.

Vielleicht war es aber doch ganz gut, dass ich nur so kurz in Eurem Kreise war, sonst wäre der Abschied zu schwer geworden. So aber war es ein wundervoller Blick in die herrliche Welt, für die wir kämpfen, wenn wir auch keinen Teil an ihr haben: das gemeinsame, in Liebe schaffende Leben innerlich sich eins fühlender Menschen, die deutsche Heimat und sein Himmel.

Das Straßburger Münster ist dann noch ein Kapitel für sich! – Das wäre ungefähr, was ich Dir noch sagen wollte. Ich denke, Du wirst es mit klugem Blick verstehen und deuten.

Es grüßt Dich und Deine Freundin in herzlicher Erinnerung

Dein Vetter Heinz

An die Marburger Freundin.

Mörchingen den 17. August 1915.

Die Tage sind mit ihrem gleichmäßigen Dienst so einförmig vorübergegangen, dass man mehr und mehr leise eingelullt wird. – – Solange der Krieg ist, atmet die Seele nur schwer, sie lebt nicht in Tätigkeit und Liebe an Menschen und Dingen. Sie sieht wie gebannt starr auf das Eine, immer Eine. … Wir warten darauf mit ruhigem Blut, und wenn es uns ruft, dann soll es uns bereit finden. Aber dann alles noch einmal zusammengefasst, alle Lust und Leidenschaft für das Eine! Wir denken an unsere Brüder im Osten mit Stolz, aber furchtbar krampfen sich die Gedanken zusammen, denn wir wissen, was sie durchmachen müssen, während wir ruhig liegen und warten und warten. …

Beinahe wäre ich neulich aufgewacht und hätte mich verliebt in das herrliche Leben, als ich sah, wie turmhoch über das vergängliche, zufällige Einzelschicksal ewige Werte, unvergängliche Schönheit in ihm geschaffen werden. Ich sah nämlich das Münster in Straßburg, vor dem die Seele in Andacht versinken muss. Ich dachte aber, wenn Deutschland ein solcher Bau wird, dann brauche ich mich gar nicht erst in das Leben verlieben, denn dann lebe und schaffe ich doch an seinem Grunde, ohne dass ich davon ein Gefühl habe. Aber in Menschen hätte ich mich verlieben können, als ich wieder deren Nähe spürte. Ich hatte es ganz vergessen, wie bedeutungsvoll und unendlich auch jeder Moment werden kann, den man mit ihnen zusammen lebt und dass der Einsame eigentlich garnicht von eigenem Leben sprechen darf. Das war in Hagenau in einem Kreise lieber Verwandten, wohin auch unsere älteste Schwester gekommen war.

Aber die Stunden waren zu kurz, um das ganz empfinden und sich wieder davon berauschen zu lassen. Außerdem wurden wir das Gefühl der Fremdheit und des Gegensatzes zu diesen ganz in Frieden lebenden und webenden, tätigen Menschen doch nicht ganz los: wir gehören doch in den Schützengraben und in die einsam dünne Luft des Kreises unserer nüchternen Kameraden.

Kennst du übrigens das kleine Gedicht von Eichendorff vom Soldaten:

Und wenn es einst dunkelt,
der Erd' bin ich satt,
durch's Abendrot funkelt
eine prächtige Stadt,
von den goldnen Türmen
singet der Chor,
wir aber stürmen
das himmlische Tor.

An dieselbe. Den 21. August 1915.

Rückfahrt nach Deutschland!

Und nun die selige Heimat! Der Tragödie I. Akt wäre vorüber.

Quedlinburg den 21. August 1915.

Lieber Papa!

Du hast wohl schon erfahren, dass die engere Heimat mich nun wieder umfängt. Gestern Morgen bekam ich in M. den Befehl, mich hier beim Ersatz-Bataillon zu melden, um an einem Offiziersausbildungskursus teilzunehmen. Mit zwei andern meiner Kompanie, Friese und Specht, waren wir die Einzigen des Regiments. Gotthold konnte ich in V. nur durchs Telefon sprechen. Um 10 Uhr fuhren wir dort ab in Regenwetter über Zabern, Straßburg, Karlsruhe, Frankfurt. Dort fünf Stunden Aufenthalt, Besichtigung der Stadt. Feier im Rathauskeller. 6 Uhr früh in Halle, wo ich zu meiner großen Enttäuschung niemand am Bahnhof fand. Dann weiter über Ballenstädt – Gernrode hierher. Um 11 Uhr in der sonnigen Stadt. Feldmarschmäßig und abgerissen durch den Ort. Überall Staunen. Dann gemeldet. Jetzt sitze ich schon in eleganter neuer Kluft im Bunten Lamm und lasse mir ein gutes deutsches Beefsteak trefflich schmecken …

Auf frohes Wiedersehen Euer Heinz.

Munster-Lager den 8. September 1915.

Liebe Mutter!

Über acht Tage bin ich jetzt hier, habe aber noch nichts wieder von Euch gehört. Ich vermute daher, dass Gotthold da sein wird, der rechtmäßiger Weise jetzt das ganze Interesse beanspruchen kann. Mir geht es recht gut, doch ist die Kost nicht so reichlich und gut wie im Felde. Obst gibt es gar nicht. Ein Pfund schäbiger Birnen kostet 30 Pfg. Und Ihr könnt jetzt im schönsten Obst schwelgen.

Munster den 20. September 1915

Lieber Papa!

Gestern war ich in Bremen, um ein Cello und Noten zu besorgen, da man wünscht, dass wir gesellige Künste und Musik pflegen. So habe ich mich denn um die Sache bemüht. Ich fürchte aber, dass die Spieler nur Mangelhaftes leisten. In Bremen habe ich König gehört und persönlich kennen gelernt. Eine ganz großartige, geistig-fundamentale Predigt. Aber er verlangt viel Denken von seinen Zuhörern. Für die zugesandte Bratsche und das Obst vielen Dank.

Von der Bremer Fahrt berichtete uns noch eine dortige Jenaer Studiengenossin:

Am 19. September war ich in Bremen und traf Heinz bei Wenhold. Wir hatten einen schönen Tag zusammen. Es war ein Sonntag. Früh waren wir zusammen in der Kirche bei Pastor König in Horn. Drinnen in der Kirche erzählte er leise von einem Gottesdienst im Felde in einer französischen Kirche, der ihn sehr gepackt hatte. Nach der Predigt gingen wir langsam auf Wiesenwegen und durch Eichenalleen in die Stadt zurück. Durch die Predigt wurden Kant und Fichte unsere Weggenossen. Dann waren wir in der Kunsthalle, und hier war Heinz uns ein feiner Führer. In der Stadt wurde ein Cello für das Quartett in Munster-Lager besorgt, und den Nachmittag verbrachten wir in Nebelsieks schattigem Obstgarten, schüttelten Birnen und Eierpflaumen und dachten an unsere Freunde. Vom Krieg haben wir den Tag kaum gesprochen. Der Abschied am Abend war ernst, denn hinter dem Munsterlager stand doch aufs neue der Krieg. Heinz war derselbe wie früher und doch nicht ganz derselbe. Es war eine ruhige Sicherheit in ihm.

An die Marburger Freundin.

Munsterlager den 8./23. September 1915.

... Über mein jetziges Leben darf ich nicht klagen, obgleich es ja nicht viel anders ist als zuletzt bei den 184ern. Der Dienst ist nicht besonders anstrengend. Angenehme Vorgesetzte, Unterrichtsstunden, die nicht uninteressant sind, und Kameraden, die wie ich, im Ganzen recht schweigsam und in sich gekehrt sind. Nicht umsonst haben die meisten 8–10 Monate Krieg hinter sich. Doch fühlt man sich unter ihnen ganz wohl, trotzdem man ja nicht mehr »Unteroffizier« spielen kann. – Oft gehe ich abends durch die stille Heide; komme mir aber so leer und unnütz vor. Das macht wohl das Soldatenleben. Wie gerne würde ich einmal einen Freund wiedersehen und mit ihm reden. Nach Hannover oder Bremen kann ich Samstags Nachmittag oder Sonntags mit Leichtigkeit kommen.

Sobald mir hier in Munster die schwerste Last für ein paar Wochen abgenommen ist, bin ich wieder nicht zufrieden und leide unter der Tat-, Kraft- und Gedankenlosigkeit dieses Daseins und sinne über das nach, was ich nicht habe. Wenn wir morgens in der schönsten Sonne in die Heide ziehen, muss ich mich immer etwas schämen, dass nicht mehr aus diesen Wochen wird. Die Leute sind tatsächlich auch oft zu stumpfsinnig, besonders auf den Bierabenden, von denen wir im kleinen Kreise schon mehrere veranstaltet haben. Ein schlechter Abklatsch des Studenten-Kommerses, von dem ich mich immer schon mit Grauen abgewandt habe. Aber jetzt macht man mit! Das ist auch eine Seite des Kriegssozialismus. –

Munster-Lager den 25. September 1915.

Die Heide ist sehr schön, besonders bei dem guten Wetter. Aber man muss auch selber in der Lage und Stimmung sein, das zu sehen. Und die ist leider selten da, der Dienst ist zu eintönig dazu. Wenn man morgens ganz früh, noch nicht ausgeschlafen, sich dort herumtummeln muss, so freut man sich immer auf das Ende der Woche und sieht dann die Schönheit der Heide um so mehr, wenn man einmal nicht zu Übungszwecken sie besuchen kann.

An die Jenaer Freunde. Vom Tode des Bruders.

Den 3. Oktober 1915.

Wir hatten uns immer darauf gefreut, dass wir gemeinsam das Allerschwerste ertragen würden. Und nun ist er mir ganz allein vorausgegangen, während ich in unverdienter Sicherheit fern von ihm bin. Das ist bitter.

Munster den 3. Oktober 1915.

Mein lieber Papa!

Wie soll ich Euch trösten, da ich mich selbst noch nicht fassen kann. Wartet noch ein wenig, bis ich komme. Eine Woche scharfer Dienst soll erst dazwischen sein. Dass mein einziger Besitz, den ich noch ganz mein Eigen nennen konnte und der mir so viel Freude und Halt bot, mir genommen sein soll, das kam zu plötzlich. Ich hatte mich zwar die ganze Woche, seitdem ich seine Karte aus der Champagne bekam, etwas um ihn gesorgt, soweit ein stumpf gewordener Geist dazu fähig ist, aber ich hatte mich immer damit getröstet, dass er zuletzt als Bataillons-Adjudant schrieb und darum nicht der schlimmsten Gefahr ausgesetzt war. Ich lege diese Karte, die vielleicht das Letzte gewesen ist, was er geschrieben hat, mit dem Brief an Dich bei. Das, was er über seinen Urlaub sagt, wirst Du wohl nicht missverstehen. Es war tatsächlich das Pflichtgefühl, das ihn in den entscheidenden Momenten seinen Urlaub zu verschieben zwang. Nicht *er* verschob. In diesem Ganz-Soldat-Sein haben wir uns so sehr eins gefühlt, dass wir in Eurem Drängen ein gewisses Nichtverstehen sehen mussten. Und dann kam dazu die Scheu vor der so fremd gewordenen und doch so lockenden Heimat, wie Du schon schriebst.

Wir beide hatten ja immer gewusst, dass es einmal so oder ähnlich kommen würde und uns beide in dem Gedanken gestärkt, dass wir zusammen durch das dunkle Tor gehen dürften oder wenigstens einer den andern in die Erde legen könnte. Nun ist es doch anders gekommen und diese unverdiente Sicherheit und das Fernsein-Müssen macht mir den Augenblick so furchtbar bitter.

Wir werden sehr tapfer sein müssen wie der einsam gepanzerte *Ritter;* der *Tod* ist nicht so schlimm, aber der *Teufel* ist entsetzlich! Ich hoffe aber noch einiges Nähere erfahren zu können von den letzten Tagen und Stunden, wenn nicht die, an die ich gleich schreiben werde, auch gefallen sind, sein Bursche und einige Regimentskameraden. Lasst mich bitte diese Nachforschungen unternehmen. Mit Herrn v. Gaza willst Du wohl lieber selbst in Verbindung treten.

Ich selbst möchte, so bald es mir möglich ist, versuchen, dem lieben Bruder einen kleinen Gedenkstein zu setzen, der seiner würdig ist.

Es umarmt Euch innigst Euer Heinz.

An die Nürnberger Freundin.

Munster (Lager) den 6. Oktober 1915.

Die Bäume stehen mit gelben Blättern in der weißen nebligen Herbstluft. Die lichten Farben verblassen, das Leben stirbt und die Blätter fallen langsam – langsam.

Nie habe ich das so gespürt wie jetzt, obgleich ich innerlich so wenig Verbindung mit der freundlichen Naturwelt habe. Man nimmt sonst ihr Sterben doch nicht so ernst, da man immer weiß, dass der Frühling kommen muss. Doch jetzt kommt es mir so vor, als ob wirklich alles stürbe, langsam, langsam mit tiefer Sicherheit und Stille, und alles Leben hört auf, hört wirklich auf, so wie wirs kennen. Das können wir uns zwar nicht vorstellen, aber es kommt doch; und ein langer Winter folgt und kein Frühling. – – Ich wollte, ich wäre beim Regiment geblieben, denn jetzt ist mein lieber Bruder gefallen, während ich nicht da war. In den fürchterlichen Kämpfen in der Champagne am 26. September. Viele Verluste hat das Bataillon gehabt. Kameraden aus meiner Kompanie haben ihn bestattet auf dem Friedhof von St. Etienne, nachdem sein treuer Bursche lange nach seiner Leiche gesucht und sie zurückgebracht hatte.

Wir beide waren uns ja ganz klar darüber, dass einmal ein solcher Fall eintreten würde, und wir hatten uns getröstet, dass wir nicht fern voneinander durch das dunkle Tor gehen würden. Aber nun ist mein lieber Bruder und Kriegskamerad so ganz plötzlich und still davon gegangen. Er hat nie Urlaub genommen, obgleich er in der letzten Zeit gut Gelegenheit hatte. Immer wieder band ihn das Pflichtgefühl. So ganz war er Soldat. Dann kam auch die Scheu vor den alten bekannten und doch so fremd gewordenen Dingen hinzu. So blieb er im Felde, bis er den großen Urlaub antreten durfte. – – – –

Munster den 26. Oktober 1915.

Lieber Papa!

Ich sende Dir hier den zweiten Brief des Burschen, durch den wieder manche Deiner Fragen beantwortet werden. ... Eigentlich sollten diese letzten nüchternen und doch grausigen Ereignisse und Einzelheiten besser unter uns, die wir solches kennen, bleiben. Zwar ist es für Euch eine gewisse Beruhigung, etwas über das Helden-Ende zu wissen. Aber das Zuviel und zu Genau bewirkt vielleicht gerade das Gegenteil, denn solcher Soldatentod, so wie er sich uns draußen darstellt, ist grausam und furchtbar, um wie vielmehr Euch, wenn er Euch in seiner Isoliertheit mit seinen Einzelheiten immer vor Augen stehen soll.

Munster (Lager) den 2. Nov. 1915.

Es kann bei Gottholds Tode keine Rede von Tollkühnheit sein. Ein Uneingeweihter mag es vielleicht aus dem Bericht herauslesen; deswegen gab ich den Bericht des Burschen, der an *mich* gerichtet war, nur mit Sorge aus den Händen. Zu schade, dass er, wenn auch hoffentlich nur für Augenblicke, Zweifel an dem richtigen Handeln Gottholds hat aufkommen lassen, das hat mir sehr weh getan. Gotthold hat gehandelt, wie er handeln *musste,* und ist dabei gefallen. Tollkühn ist im Grunde jeder, der überhaupt da vorne hingeht.

Ich möchte Euch darum noch einmal dringend bitten, bis ich mit Euch selbst sprechen kann, Euch keine Gedanken über die letzten Vorgänge bei Gottholds Tode zu machen.

Mein Besuch in Berlin und Potsdam war sehr erfreulich. Samstag Abend war ich in Potsdam [bei der Schwester Hedwig]. Sonntag Mittag haben wir mit Dr. Wegener zusammen in Berlin gespeist. Nachmittags waren wir im Deutschen Theater und sahen Hamlet. Abends bei Lahusens. Leider traf ich ihn nicht an.

An die Marburger Freundin.

Munsterlager den 30. Oktober 1915.

Verzeih, dass ich Dir erst jetzt auf deinen lieben Brief antworte und danke. Es war mir der Liebste von denen, die ich bekam. Aber weißt Du, mir fehlen jetzt oft die Worte und die Gedanken, die mich sonst mit dem Leben verbinden. Gewiss, ich verzweifle nicht; da kenne ich meinen Gotthold zu gut, als dass ich ihm das antun könnte. Aber ich sehne mich doch bald ins Feld. Es ist so eine Leere um mich und in mir, dass ich nicht recht weiß, was ich hier soll. Nur der Herbst ergreift mich öfters sehr stark. Wie jetzt die Birkenwege in der dunklen Heide und im Kiefernwald leuchten. Langsam senkt sich eine weiche dichte Luft herab, es ist so seltsam still, wenn ein Blättchen nach dem anderen herabgleitet. Zu Hause fand ich viel Trauer und zerstörende Reflexionen. Die Armen! Die trüben Gedanken müssen immer kreisen und kreisen um die Gefallenen, obgleich sich Gottvertrauen und Opferfreudigkeit dagegen stemmt. O, die zu Hause haben es darin doch schwerer als wir. Ich wundere mich, wie frohgemut ich in ihrem Kreise sein konnte. Ach, wenn ich das Haus sehe und die Stuben und darin die lieben Menschen, dann fühle ich mich so wohlgeborgen, dass ich von Herzen froh sein muss. Aber sie haben nun so viel Sorge meinetwegen. Das liegt mir oft schwer auf dem Herzen.

Von Gottholds letzten Tagen wirst Du noch erfahren. Ich schreibe ein wenig über sein letztes Jahr im Felde, was ich von ihm weiß. Hätte ich nur mehr Zeit und Sammlung! Er verdient ein würdiges Denkmal. Er ist mit einem Gleichmut in die letzte fürchterliche Schlacht gezogen, den ich von ihm wohl erwartet hatte. In den Tod ist er mit einer solchen Kühnheit gegangen, obgleich er ihm so sicher, wie nur etwas, vor Augen stand, dass ich still bin in Staunen. Wie etwas Unwirkliches, Übermenschliches erscheint es, wenn man hört, dass er im Angriff auf einen besetzten Graben *ganz allein* in diesen hineingesprungen ist, dem Tod in die Arme. Sich gefangen nehmen lassen wollte er wohl nicht.

Blankenburg 7. November.

Die Munsterzeit ist nun auch vorübergegangen, und ich stehe jetzt wieder vor einem neuen Abschnitt meines Soldat-Seins, einem sehr ersehnten, denn die letzte Zeit in Munster schlich wirklich recht nichtssagend dahin.

Neulich bekam ich die Verlustliste des Regiments. Nur noch ganz wenige sind übrig geblieben, von meiner Kompanie vielleicht 30–40.

Kassel den 15. November 1915.
In der Bahn.

Es sollte nicht sein. Ich bin grade auf der Fahrt nach Marburg. In Kassel wollte ich bei meinen Verwandten die Nacht bleiben und

Dienstag und Mittwoch bei Euch in Marburg sein. In Eichenberg um 6 Uhr bekam ich die Nachricht, dass ich sofort nach Blankenburg zurückkommen muss. Also geht es wieder los! Aber ich war doch ein paar Stunden noch in Kassel bei meinen Verwandten. … Ade du schönes Leben! Ade mein Marburg!

Blankenburg am Harz den 16. November 1915.

Liebe Eltern!

Der erste Tag meiner Leutnantslaufbahn wäre vorüber. Ich wurde dem 2. Rekrutendepot zugeteilt, das ein ehemaliger 26er führt, der Gotthold gut kannte; das wäre also sehr nett geworden. Nun kam es aber doch anders. Ich erhielt plötzlich vom Bataillon den Befehl, morgen früh mit dem ersten Zug nach Magdeburg zu fahren und mich dort beim Garnisonskommando vorzustellen. Ich war als einziger dazu ausersehen. Scheinbar ein besonderer Vorzug. Ich bin gespannt, was daraus wird. … Ich fühle mich wieder in meinem Element, d. h. so wohl wie lange nicht! Es grüßt Euch herzlich

Euer Heinz.

An die Marburger Freundin.

Magdeburg den 19. November 1915.

Ich bin wieder ganz eingetaucht in die wundervolle Spannung und Erwartung des Soldatenlebens. Mit vier anderen jungen Offizieren warte ich hier auf unser scheinbar ganz besonderes Schicksal. Unterdessen leben wir hier im elegantesten Hotel der Stadt und führen ein Freiherrnleben. – –

Budapest den 24. November 1915.

Liebe Eltern!

Herzlichen Gruß aus dem k. k. Bundesstaate! Gestern Abend bei Frau Oberforstmeister Roth in Breslau zugebracht. Sie lässt vielmals grüßen. Heute morgen mit 40 Kameraden ab Breslau, bestimmt für Gallwitz nach Pirot über Orsova – Lom-Palanka.

Szegedin den 25. November 1915.

Sehr geehrter Herr Professor!

Von Ihrem alten Breslau möchte ich Ihnen noch nachträglich herzliche Grüße senden. Von dort bin ich gestern mit 40 Offizieren abgereist. Wir werden alle gewürdigt, einen Bewegungskrieg mitzumachen. Das ist offenbar ein besonderer Vorzug. Die Donau befahren wir vom Eisernen Tor bis Lom-Palanka.

An die Marburger Freundin.

Auf der Donau den 27. November 1915.

Wir sind keine Heldenfanatiker, die den Tod um jeden Preis wollen, wir geben uns ihm nur, wenn er uns unbedingt fordert. Ich freue mich, dass B. jetzt eine größere Aussicht hat, verschont zu bleiben, als bisher. Jetzt kommt es darauf an, dass noch einige durch die rote Flut hindurch gelangen werden, die später Führer und Helfer sein können. Es ist ja auch keineswegs aus Ausweichen oder Sichzurückziehen. Wir können ja Gottes Willen nie ganz erkennen, aber wir können ihm folgen, wo wir ihn erkennen. Als ich im Lazarett war und die Tätigkeit eines Pfarrers und zugleich Sanitäters beobachtete, hätte ich damals auch gern getauscht, wenn es möglich gewesen wäre. Da es aber nicht ging, ließ ich den Wunsch ruhen und ging wieder in den Graben. Wir sollen unserm Schicksal so wenig wie möglich vorgreifen, wenn es das Gewissen nicht gebietet. Das lernt man draußen sehr, da man sieht, dass man die Folgen für gewöhnlich nicht verantworten kann. Das wusste ich damals noch nicht, als ich Sanitäter war und aktiv wurde. Aber das sollte ich offenbar lernen. – –

Also sieh in mir nichts Besonderes, wenn ich alles kommen und gehen sehe mit gleichem Interesse; und in den Krieg mich hinein versenke, als ob er meiner Seele im Grunde nie schaden könne. – Ich wäre sehr gern ins alte Regiment zurückgekommen, und Herr von Gaza wollte sein Möglichstes tun, da er mich auch gern gehabt hätte im Bataillon. Aber nun kam es plötzlich so anders. Auch v. Gaza wollte es nun nicht mehr durchsetzen. Ich traf ihn nämlich noch, als ich am letzten Abend, am Totensonntag, in Magdeburg das Requiem von Mozart in einer Kirche hörte. Das war ein seltsames überraschendes Wiedersehn. Leider konnte ich ihn nur kurz sprechen. Er hatte auch von meinem Auftrag gehört und meinte auch, ich sollte lieber nicht meinem Schicksal vorgreifen. Das war mir aber lieb, dass ich mich von ihm veranschieden konnte. Wie seltsam sich die Wege kreuzen.

Offizier in Bulgarien und Galizien

Pirot (Serbien) den 30. November 1915.

Heute vor acht Tagen, am 23. Nov., kam ich morgens um 6 Uhr von Magdeburg aus an meinem Bestimmungsort Breslau an. Um 12 Uhr versammelte man sich bei der Linienkommandantur, und es stellten sich 40 Herren ein, immer 5 Auserwählte von einem Korps. Dazu 3 Majore, darunter der Führer des Transportes Freiherr v. Hammerstein, einige Hauptleute und Oberleutnants, so dass 66 Offiziere beisammen waren. Es wurde uns der Bestimmungsort mitgeteilt: Pirot in Serbien und der Weg dorthin. Alles Weitere blieb dunkel. Jeder hoffte noch eine besondere Verwendung auf Grund seiner »guten militärischen Begabung«, so wie es in dem ersten Befehl geheißen hatte. Aber davon war nicht die Rede. Doch konnte man sich mit guten Grund zufrieden geben und der Aussicht auf eine interessante Balkanreise auf Staatskosten. Vielleicht lagen in der Ferne schwere Ereignisse und Aufgaben, harte Russenkämpfe oder Engländerschlachten; wer weiß das? Der Abschied aus der Heimat fiel nicht schwer. Wir waren ja endlich wieder das, was wir sein sollten: Soldaten. –

Den Tag über schlief ich nach einer unruhigen Nachtfahrt, machte Besorgungen und sah mir die Stadt ein wenig an. Abends war ich zu Roths eingeladen und wurde dort von einem größeren Kreise von Menschen herzlich aufgenommen.

Am nächsten Morgen um 6,20 Uhr fuhren wir über Oderberg nach Österreich hinein. Durch Alpen, die tief im Schnee lagen, ging die Fahrt. Dazu war sie so bequem wie möglich. Welch ein Unterschied zu den Fahrten in Frankreich im offenen Viehwagen tage- und nächtelang! Im durchgehenden Zuge mit Speisewagen konnte man sich die bequemsten Plätze 1. und 2. Klasse aussuchen, sie häufig wechseln und die mitfahrenden Ungarn studieren, wenn man wollte. An nichts gewöhnt man sich ja schneller als an Bequemlichkeit. Im Dunkeln kamen wir in Budapest an. Im Bahnhofrestaurant aß ich mit einigen Kameraden und einem jungen österreichischen Offizier zu Abend. Ein sehr liebenswürdiger Herr, der uns über österreichische Rangverhältnisse und Fronten unterhielt! Hinterher noch ein Bummel durch die Stadt. Ganz prachtvolle Straßen, breit und schnurgrade. Erquickend war jeder deutsche Soldat. Das Straßenleben sehr ungeniert und offenherzig – um nicht einen schlimmeren Ausdruck zu gebrauchen. Lebensmittelpreise unverschämt hoch! Aber freundlich die Leute: bitt' schön! Übrigens nur wenig deutsche Laute.

Um 11 Uhr Weiterfahrt im Bummelzug. Ich habe aber in irgend einem Abteil redlich geschlafen, bis mich die Kälte aus dem Wagen trieb in unsere beiden eigenen deutschen Ratterwagen. Am nächsten Morgen ist man um 8 Uhr in Szegedin und darf gleich Parade von 1000 gefangenen Serben abnehmen, die zerlumpt, schmutzig und frierend verladen werden! Nach einem süßen Kaffee mit viel Weißbrot, das nicht rar zu sein scheint, folgt ein Bummel an die breite Theiß und manche hübsche Denkmäler. – Nach gemeinsamer Mittagstafel fährt man weiter und kommt ½5 Uhr in Temesvar an. Dort wieder Aufenthalt bis 8 Uhr. In der Zwischenzeit wird die Stadt besichtigt. Zuerst lange dunkle, schmutzige, leere Straßen. Endlich kommt man in die eigentliche Stadt. Große Häuser; hellerleuchtete Geschäfte. Kaffees mit eleganten Offizieren. ... [Zensurlücke]

Am nächsten Morgen um 8 Uhr soll das Schiff gehen. Doch es dauert ein Stündchen länger, bevor die »Drau« abdampft. Es ist ein schönes Passagierschiff, ähnlich wie die großen Rheindampfer. Es geht in rascher Fahrt durch die Gebirgsenge, oft dicht am Ufer entlang. Die Strecke ist nicht so lang wie von Bingen nach Koblenz. Auch nicht so mannigfaltig und reich romantisch wie dort. Die Donau bleibt immer recht breit, die Berge sind wuchtig und kahl. Bald ist das Ufer wieder flach. Man sieht rückwärts den weiß leuchtenden Kamm der Transsilvanischen Alpen. Allmählich werden die Ufer noch eintöniger. Die Donau aber wird immer breiter. Mächtig rauschen die ungeheuren Wassermassen hinab. Ein seltsamer Strom! Wenn man in der Dunkelheit durch die Bullaugen der Kajüte auf die weite flutende Fläche sieht, glaubt man auf dem Meere zu sein. –

Um 7 Uhr Abends kamen wir in Lom Palanka an. Unser Gepäck war auch da. Ein stundenlanges Warten im Schnee. Endlich kam der Zug an die Anlegestelle. Zwei bequeme Wagen standen zu unserer Verfügung. Ich fand Platz mit den fünf Herren vom Gardekorps. Wir verstanden uns bald recht gut. An Schlaf war nicht zu denken. Erst sehr kalt, dann immer heißer und stickiger. Endlich verließ ich das Lokal und ging hinaus. Wir hielten an einer Station, die tief im Schnee lag, hoch im Gebirge. Es war die Paßhöhe. Dann gings bergab. Im Mondschein glitt der Zug durch den Schnee. Ein merkwürdiges Land, dieses Bulgarien! Das Gebirge so zerklüftet und unregelmäßig. Schroffe, gespenstische Berge zu beiden Seiten des Tales. Glatt wie ein weißer See liegt der Talboden, durchschnitten von einem dunklen Flusse. Oft treten die Felsen schroff aneinander heran, so dass keine Straße Platz findet. Nur der Fluss braust hindurch. Nichts Einheitliches in den Formen. Immer neue bizarre Gebirgssilhouetten gleiten durch die Mondnacht. –

Um 4 Uhr sind wir in Sofia. Durch den Schnee waten wir zu dem Stationsgebäude, das einen sehr bescheidenen Eindruck macht. Uns gegenüber steht der deutsche Lazarettzug ganz verschlafen und vereist. Deutsche Eisenbahnersoldaten empfangen uns und versorgen uns mit Kaffee. Ich schlafe im Zuge noch zwei Stunden bis zur Weiterfahrt. Als es hell wird, sind wir wieder im Gebirge. Es ist eisiger Wind draußen trotz der hellen Sonne, bis wir gegen Mittag in ein weites Tal hinabfahren und die serbische Grenze passieren. Auch hier liegt tiefer Schnee. Aber es scheint milde zu sein wie in Davos. Auf der Landstraße fahren endlose bulgarische Fuhrparkkolonnen lustig in der Sonne gegen Süden.

Mittags kommen wir nach *Pirot,* einem Landstädtchen, dessen Schmutz noch durch den Schnee verhüllt wird. Die Häuser sind alle niedrig, einstöckig, meistens Bauernkaten; wenigstens nach der Straße hin. Auf der einen Hauptstraße, die von Norden kommt und sich dann teilt, herrscht immer der lebhafteste Verkehr. Alles voll bulgarischer Soldaten und Trains. Erstere sind ganz ordentlich gekleidet. Aber man sieht nur wenige Linientruppen. Das andere sind Bauern in phantastischen Lumpen und Sandalen gehüllt. Die Straße ist voll von den kleinen Wagen, die mit einem Joch Zugochsen bespannt sind. Im besten Gasthof des Ortes, einem kahlen, zugigen Lokal, werden wir von einem gut aussehenden bulgarischen Rittmeister sehr liebenswürdig empfangen und speisen dort täglich mit ihm zu Mittag. Eine Reihe sehr höflicher Dolmetscher stehen dort dauernd zu unserer Verfügung. Es sind bulgarische Studenten, die in Deutschland studiert haben. Von ihnen werden wir in unsere Quartiere gebracht. Wir gehn wieder durch den Ort zurück. Ich schließe mich den Gardeleuten wieder an und werde mit drei von ihnen in einer hübsche Wohnung geführt, zu der man von der Straße aus durch einen Pferdestall hindurch gelangt. Ein sauberes niedliches Häuschen, gelb angestrichen mit zwei Holzveranden und Holztreppen, die zu den Eingängen hinaufführen. Die vier blitzblank gescheuerten Zimmer stehen alle leer. Der Hausrat scheint weggeschafft zu sein. Die Frau (Gospodio) empfängt uns nicht unfreundlich. In eins der Zimmer werden drei Betten gestellt. In einem Gitterbettchen schläft der Kleinste, Leutnant Führer, in dem mittelsten der Größte, Leutnant Breitenstein, und in dem breiten Ehebett schlafe ich mit Herrn Vaas. Ein stetig warmer Ofen sorgt für Wärme und Gemütlichkeit und ein diensteifriger junger Bursche für die weiteren Bedürfnisse. Die Verständigung ist zwar schwierig. Aber wir lernen schon eifrig serbisch an Hand eines Sprachführers. Wir haben ja auch sonst wenig zu tun, außer Lesen und Schreiben, Essen und viel Schlafen. Wir warten nämlich zuerst auf unsere Division, die noch nicht da ist. Sie hat sich verspätet da unten in Serbien und kommt erst in acht Tagen oder später, man weiß noch nicht, wann. Von der weiteren Verwendung heißt es, die Division würde nach Burgas oder Varna am Schwarzen Meer verladen, um das Eindringen der Russen durch Rumänien oder Landungsversuche zu verhindern. Es sollen ja starke russische Kräfte nördlich Rumänien versammelt sein. Möge er nur kommen, der Russe! Überall wird er Deutsche finden. –

Varna den 13. Dezember 1915.

Die vergangene Woche ist äußerst ereignisreich gewesen.

Am 1. Dezember waren wir noch in Pirot. Die Kälte hatte nachgelassen, und der Schnee, der die ganze Umgebung zu der schönsten Alpenlandschaft machte, verschwand zusehends vor der warmen Sonne. Doch unternahm ich an diesem Tage mit Leutnant Führer einen Ausflug in die Berge, die sich in der Höhe von 1300 m rings um Pirot erheben. Wir machten uns, sobald wir uns aus den Federn erheben konnten und unser serbischer kleiner Kuli den Kaffee in den winzig kleinen Tässchen gebracht hatte, auf den Weg. Wir wanderten durch die warm werdende serbische Sonne bis zu einem Dörfchen, das am Fuß des Gebirgsstock lag. Ein wundervoller Schäferhund hatte sich uns angeschlossen, vielleicht mehr aus Liebhaberei für unsern vollen Brotbeutel als aus Freundschaft für uns. Doch folgte er uns treu und brav, obgleich ihm das Bergsteigen schließlich sauerer wurde als uns. An den kahlen Höhen ging es empor.

Mein Begleiter ist ein ehemaliger überlebender Kriegsfreiwilliger aus dem bekannten Berliner Regiment … Selten habe ich einen Soldaten getroffen, der durch so viel Schlachten hindurch gekommen ist. Mit Dixmuiden fing es an, dann Westende, Neuve-Chapelle und Ypern. Er kennt die lieblichen Gasangriffe. Dann kam er nach dem Osten bei Beginn der Offensive: Von Rawa-Ruska bis Brest-Litowsk, Tag für Tag Gefechte mit der kleinen Kompanie. Ich bin einmal gespannt auf die »Erlebnisse eines Kriegsfreiwilligen«, die er schreiben will. Er ist ein junger Kaufmann, sehr reif für seine 20 Jahre; einer der wenigen mir sympathischen Herren, die ich traf.

Die Höhe war erklommen. Herr Führer keuchte langsam hinterher mit seinen kurzen Beinen, um dann seine riesigen Augen in die Gegend zu werfen. Und das war wirklich lohnend. Ein imposantes Gewirr von Höhenzügen, Felsen und Gipfeln, die in die Wolken tauchten, bauten sich übereinander auf. Unten lag Pirot wie ein ausgelaufener Tintenklecks oder wie eine Spinne. – Wir ließen uns Brot und Speck wohl schmecken. Auch der Hund bekam sein Teil. Auf dem steilsten Wege ging es wieder bergab. Die Straße war schon ganz aufgeweicht. Pirot war nicht wiederzuerkennen in seinem Dreck, der mit der Zeit über die Knöchel ging. Gegen 3 Uhr kamen wir glücklich zu Hause an. Der Hund aber war weg. Er hatte sich, wohlgesättigt, ohne ein Wort gesagt zu haben, kurz vorher davongemacht.

Am gleichen Abend unternahm ich mit Führer einen Ausflug nach Sofia. Einen Tag und zwei Nächte hatten wir Urlaub. Die Hinfahrt gestaltete sich zu einem sehr interessanten Erlebnis. Wir hatten gegen 8 Uhr abends glücklich durch den vielen Schmutz hindurch den Bahnhof erreicht. Der Zug sollte 8,05 Uhr gehen. Wir eilten an dem einzigen Zuge, der da in der Dunkelheit stand, entlang. Er hatte nur 4–5 Wagen. Schließlich wollten wir in den letzten steigen, da alles besetzt schien. Führer fragte noch zum Überfluss einen älteren Offizier, der am Fenster stand, ob der Zug nach Sofia führe. Ja, er führe nach Sofia, wir müssten aber vorne einsteigen. Ärgerlich über dies Hin und Her meinte Führer ganz laut: »Ja, aber das können wir doch nicht wissen!« Ich konnte ihn leider nicht mehr hindern, was ich gern getan hätte, da ich bereits ahnte, dass dieser Herr der Zar von Bulgarien war. Wir wurden also schleunigst in den vordersten Wagen gepackt, denn schon fuhr der Zug ab. Eine Reihe anderer Herren, die ebenfalls zu früh gekommen waren, fanden wir dort vor. Sie waren vom König aufgefordert worden, mitzufahren. Ein eleganter junger Adjutant wies uns Plätze an in einigen luxuriösen Abteilen. Auf diese Weise kamen wir schon um ½12 Uhr in Sofia an, statt um ½4 Uhr mit dem etwas später gehenden, fahrplanmäßigen Zuge. Außerdem wurde uns ein sehr reichliches Abendessen vorgesetzt. In Zaribrod hielt der Zug 40 Min. Der König speiste. Für uns war bereits mitgekocht in der königl. Küche. Es gab zuerst eine Eierspeise, darauf Huhn mit Reis, und schließlich Backwerk, dazu reichlich Wein aus den königlichen Gärten. Wie ließen uns das Essen gut schmecken und versanken nach dem guten Wein in den Polstern zu einem kleinen Schlummer.

Kurz vor Sofia kam der junge Adjutant und unterhielt sich längere Zeit mit uns über den König, bulgarische Politik und die neuesten Ereignisse. Seine Ansichten über die brennenden Balkanfragen zu hören, war uns natürlich sehr interessant. Danach kam der König selbst in unser Abteil. Wir dankten ihm für die Bewirtung. Er fragte, woher wir wären, wohin wir wollten und begrüßte uns darauf als Gäste, die in seinem Lande längere Zeit sich aufhalten würden in enger Fühlung mit der bulgarischen Militär- und Zivilbevölkerung. Er verriet uns auch, dass unser Regiment wohl nach Varna käme. Wir sollten jedoch vorsichtig sein, der Bulgare sei sehr zuvorkommend, aber auch sehr empfindlich; er habe das in seiner 30jährigen Praxis lernen müssen. Darauf gab er jedem die Hand und fragte nach seiner Heimat. Der König sah übrigens ausgezeichnet aus. Gütiges, väterliches Gesicht mit schon beinah weißem Bart. Die Nase fällt gar nicht auf. Hinter einem Zwicker sehr kluge Augen, die mit einem Kranz feiner Fältchen umgeben sind. Eine königliche Gestalt. Deutsch spricht er sehr gut, wenn auch langsam, jedes Wort wohl überlegt. – In *Sofia* empfing uns der Vertreter des Militärattachés, der vom König telefonisch schon mobil gemacht war. Wie stiegen aus, der König fuhr noch etwas weiter zu seiner Privatstation. Auf dem Trittbrett stehend grüßte er freundlich, während wir unsere Ehrenbezeugung machten. Draußen standen bereits Autos bereit, die uns in rasender Fahrt in die etwas abgelegene Stadt brachten. Zimmer waren in verschiedenen Hotels auch schon für uns bereit.

Am nächsten Tag bummelten wir in der Stadt umher und machten eine Menge Besorgungen. Es war trübes, nebliges Wetter, und viel Schnee lag auf den Straßen. Sehenswürdig war vor allem eine neue, noch nicht eingeweihte, prachtvolle Kathedrale. Außen ist sie etwas eintönig und einfach. Innen aber wird eine um so größere Pracht entfaltet. Eine mächtige Kuppel, die sich über dem Kreuz des Grundrisses wölbt, glitzert in dem Glanz des polierten Marmors, der Fußboden und Wände bedeckt. Zum Teil sind die Wandflächen bemalt mit Bildern aus der biblischen Geschichte, die in ihrem Stil gar nicht so kirchlich-orientalisch anmuten, sondern z. T. sehr moderne Züge tragen, sogar naturalistisch, wenngleich doch immer monumental und dekorativ – etwas an *Gebhardt* erinnernd. Prachtstücke romanischer Architektur sind Thron, Altar und Kanzel. –

Mittags genoss ich ein Bad in einer riesigen Badeanstalt, die natürliche heiße Quellen besitzt. Nachmittags zum Tee und zum Abend bei Dörkens. Ich hatte dort Besuch gemacht, da ich ja den Otto gut kenne, und wurde aufs Wärmste aufgenommen. Ich traf nur die Eltern daheim in ihrem wundervollen großen neuen Haus gegenüber dem Garten des königlichen Schlosses. Der alte Herr Dörken bemühte sich selbst, mich in eine Reihe Geschäfte zu führen, wo ich Besorgungen machen konnte.

Am nächsten Morgen fuhren wir wieder nach Pirot zurück. Ich habe bei diesen und anderen Gelegenheiten manche sehr gebildete Bulgaren kennen gelernt, die durchweg in Deutschland studiert haben. Ein älterer Herr sprach voller Enthusiasmus von Jena, wo er vor 30 Jahren war und Häckel, Eucken und Rein in ihren ersten Zeiten hörte. Er war Pädagoge und erzählte mir, dass die ganze Pädagogik Bulgariens von Deutschland beeinflusst und geleitet würde. Wir haben große Achtung vor den Bulgaren gewonnen, auch vor ihrem Militär. …

Als wir die Stadt betraten, sahen wir deutsche Truppen in Marschkolonne durch die Straßen ziehen, ihre prächtigen Lieder singend. Ein erhebender und zugleich rührender Anblick für uns. Heimat, Kraft und Sicherheit spürte man endlich wieder. Dahin gehören wir! Es waren Soldaten des Regiments 21 aus Thorn, die den Feldzug in Serbien mitgemacht hatten. Unsere Kameraden waren schon unterdessen verteilt worden. Leutnant Führer und ich sollten auch ins Regiment 21 kommen. Es galt also eilen, um einen guten Platz zu erwischen. Am nächsten Morgen rückten wir beide als die ersten vors Regimentsgeschäftszimmer, zum Adjutanten und zum Oberstleutnant und erreichten, dass wir zusammen in die 8. Kompanie kamen, ins II. Bataillon, das unser gut bekannter und vom Transport sehr beliebter Major Wagner führte. Unsern Chef trafen wir mittags gemütlich beim Tee. Er ist ein aktiver Hauptmann und heißt Stockmann, ein sehr gemütlicher Herr und äußerst angenehm im Dienst.

Varna den 16. Dezember 1915.

Liebe Eltern!

Ich wünsche Euch ein schönes stilles Weihnachtsfest. Still wird es ja sein, denn unsere Gedanken weilen mehr in der Ewigkeit, als in der Zeit, die uns umfließt. Ich selbst empfinde den Verlust Gottholds immer schwerer; gerade jetzt, wo ich das Gleiche durchmache, was er durchgemacht hat. Die Worte, die ich ihm widmete, scheinen mir jetzt äußerst dürftig. Ich kann es nicht recht sagen, was es ist. Und es wäre doch so nötig. Denn sein Andenken darf nie verloren gehen bei seinem jüngeren Bruder und den kommenden Söhnen. In dem Auf und Ab der allzu jämmerlichen Welt und ihrer schwächlichen Geschöpfe sind solche Menschen, die ein Licht in sich tragen und es nie beflecken, so selten, furchtbar selten. Das habe ich jetzt erst gelernt. Ich freue mich, wenn ich als Weihnachtsgeschenk das Gedenkbüchlein mit Auszügen aus seinen Briefen und seinem Tagebuch bekommen kann.

Ich selbst bin ja hier von einem großen Kreis jüngerer Offiziere umgeben, die alle nicht sehr viel älter sind als ich. Man muss zuweilen mit den Wölfen heulen. Das Gefühl, das Gotthold in Cambrai hatte, ist mir nicht fremd. Er hatte damals wenigstens einige ältere Herren, an die er sich halten konnte. Überhaupt war das Offizierskorps im Durchschnitt älter und kleiner. Hier haben wir drei Majore, eine Reihe Hauptleute und unendlich viele Leutnants. Alle Stellen sind beinahe doppelt besetzt. Man hat uns hierher geschickt, damit wir »repräsentieren« und zeigen, was deutsche Soldaten sind. Das ist die »höhere Aufgabe«, die uns zugedacht war.

Trotzdem gibt es noch genug Dienst. Jeden Morgen unterrichte ich meinen 1. Zug von 7–8 Uhr. Dann wird stramm exerziert. Nachmittags meistens auch. Die Leute müssen noch viel lernen. Der serbische Feldzug hat sie etwas verwildert. Des Nachmittags reite ich gewöhnlich aus. Das ist dann die schönste Stunde des Tages, wenn ich auf der prächtigen Straße, die hoch über dem glänzenden blauen Meere dahinführt, mit meinem Burschen oder einigen Kameraden traben kann. Abends von 7 Uhr ab ist wieder Dienst, nämlich Kasino. Mit der Zeit gewöhnt man sich daran; man findet sich mit einigen Kameraden, so dass es zuweilen ganz gemütlich werden kann.

An die Marburger Freundin.

Varna den 16. Dezember 1915.

... Voriges Jahr ging es mit ja sehr ähnlich, als ich auch wochenlang keine Post sah und Weihnachten ganz still feierte in Rothenburg. Wenn ich daran zurückdenke, dann muss ich mich sehr wundern. Damals feierte ich das Fest voller Andacht und Weihnachtsfreude in dem lieblichen deutschen Städtchen. Nichts war um mich, in mir verändert (oder doch nur wenig), nichts störte mich als vielleicht die zu große Sehnsucht nach dem vergangenen wundervollen gemeinsamen Leben. Ganz in der schönen eigenen Selbst- und Lebensgewißheit lebte ich. Wie finde ich mich jetzt? Ich muss mich lange besinnen ... Das Eine fühle ich vor allem. Eine tiefe geheimnisvolle Macht hat mein kleines, ganz kleines Schicksal hindurchgeführt durch einen dunklen nächtigen Wald. Alles Liebe und Schöne, das mir so vertraut war, liegt hinter dem Walde oder blieb darin. Ich schwanke und tappe in der neuen Einsamkeit. Sie würde mir unerträglich sein, wenn ich nicht den Halt an den täglichen Pflichten hätte. Jetzt wo ich mich ein wenig eingelebt habe, gelingt es mir etwa, meinen Pulsschlag zu fühlen und auch zu regieren. Es gibt Stunden, wo ich diese Unsicherheit und den Mangel demjenigen gegenüber, was ich das produktive persönliche Leben nenne, das da gibt und empfängt in der Fülle der Lebensbeziehungen, besonders stark fühle. Den Verlust Gottholds empfinde ich immer bitterer und härter. Ich bemühe mich aber, dass der Beruf nicht darunter leidet. Und Euch, den Freunden, kann ich ja auch kaum noch etwas sein ...

Varna den 24./25. Dezember 1915.

Das Weihnachtsfest habe ich hier in Varna verlebt. Eine eigentümliche Gunst des Schicksals. Wie viele müssen es wieder in ihren traurigen nassen Dreckklöchern verbringen! Abends um 6 Uhr war die Feier der Kompanie angesetzt. Eine schöne Behausung haben wir mit der 7. Kompanie. Es ist ein Pensionat, in dem kleine Mädchen nach französisch-katholisch enger Art erzogen wurden. Es sind große helle Räume vorhanden, die zwar ganz ausgeräumt sind, aber um so mehr Platz bieten. Von der Stube, in der mein 1. Zug liegt, hat man aus den sieben Fenstern, die nach Osten gehen, eine wunderbare Aussicht auf das Schwarze Meer. Dort unterrichte ich meine Leute täglich und kann dabei für mich den Sonnenaufgang aus dem Meer betrachten. In dem gleichen Raum war auch die Kompanie aufgestellt, wohl gewaschen und neugekleidet, kaum wieder zu erkennen. In der Mitte ein brennender Lichterbaum, – es war eine Kiefer, die die Königin geschenkt hatte – und ringsum einige Tische mit Feldpostpaketen und Briefen. Die Mannschaften sangen die gut eingeübten Weihnachtslieder, und der Hauptmann hielt eine kurze kräftige Ansprache, in der er des vorigen Weihnachtsfestes gedachte, das man so elend unter den heftigsten Kämpfen, um den Bzura- und Rawkaabschnitt, verlebt hatte. – Ich hätte gern die Weihnachtsgeschichte gelesen, doch wollte das der Hauptmann nicht, da er fürchtete, die Leute würden dann zu sehr durch die Erinnerung an die Heimat niedergedrückt. – Etwas später kam der Oberstleutnant Lüdecke mit dem bulgarischen General von Varna, Jankow, und sah sich die Weihnachtsfeier seiner bevorzugten 8. Kompanie an. Es schloss sich daran die Feier des Offizierskorps des II. Bataillons, dessen Kasino im Hause ist, an. Der Regimentskommandeur, ebenso wie der bulgarische General nahmen mit ihren Stäben an der Feier und dem Festessen teil. Man begann mit Chor und Sologesängen, die von den Mannschaften ausgeführt wurden, mit Rezitationen und Klavier- und Geigenvorträgen, welch letztere ich natürlich bestreiten musste. Dann schritt man zu dem opulenten Abendessen. Opulent für unsere Verhältnisse; denn wir essen gewöhnlich im Kasino verhältnismäßig einfach und billig. Diesmal aber gab es zwei Hauptgänge. Das Essen interessiert uns insofern immer, als wir ja selbst dafür aufkommen müssen und gewissermaßen unsre eigene Aktiengesellschaft bilden. – Die Feier verlief recht würdig und nicht lärmend, sogar gemütlich, nachdem der lästige Zwang der Tischordnung aufgehoben war und man sich zu seinen näheren Bekannten setzen konnte, mit denen man Brüderschaft trinken mochte.

Am Weihnachtsmorgen machte ich dann zur Stärkung des Geistes und des Gemütes einen langen Ritt, die schöne Straße nach Norden am Meere entlang nach Euxinograd. Es ist dies ein Weg, den ich nun schon des öfteren geritten, gefahren und auch einmal mit der Kompanie gegangen bin. Durch Friedhöfe und Villengärten führt die Straße auf der hohen Küste des Meeres entlang, steigt immer höher und erreicht an einer scharfen Kurve ihren höchsten Punkt, wo die Küste steil abfällt zum Meer, das unten in der Tiefe gegen den schmalen Strand schlägt.

Als ich am Weihnachtstage dort hinausritt, lag tiefblauer Himmel und strahlende Frühlingssonne über dem Meer. Die Bucht von Varna, die Spitze von Galata und im Norden hinter der vorspringenden Zunge von Euxinograd die rumänische Küste der Dobrutscha mit der Stadt Baltschik, alles dies liegt wunderbar ausgebreitet vor dem schweifenden Blick. Euxinograd ist ein Landhaus des Königs am Meere in einem wohlgepflegten Parke, dem die grünen Ligusterhecken und Bambusstauden auch im Winter ein freundliches Aussehen geben. Stille Wege führen hinab zum Meere zu einer weit ins Wasser gebauten Mole, an der im Frieden vermutlich die königlichen Lustfahrzeuge schaukeln. Jetzt liegt an der Innenseite der Mole, geschützt vor dem wütenden Hass der an die Außenwand donnernden, schäumenden, hellgrünen Wogen, ein deutsches U-Boot und ein bulgarisches Torpedoboot. Das U-Boot stammt aus Konstantinopel und ist hier zum Schutz gegen russische Kriegsfahrzeuge. Ich bin selbst darin gewesen und habe diesen kleinen komplizierten Mechanismus angestaunt. Wir haben großen Gefallen an den liebenswürdigen frischen Offizieren, die auch in unserm Kasino verkehren. Ist es nicht eigentümlich, dass man, um deutsche U-Boote zu sehen, erst ans Schwarze Meer fahren muss?

3. Januar 1916.

In der vergangenen Woche war viel los. Besichtigung, Feiern usw. Ich hatte mir schließlich eine tüchtige Erkältung zugezogen, die mich auch etwas ins Bett zwang.

Endlich kann ich meinen Reisebericht fortsetzen. Ich habe noch von jener denkwürdigen Fahrt von *Pirot* nach *Varna* zu erzählen, vom Morgen des 6. Dezember bis zum Morgen des 8. Dezember. Unser II. Bataillon fuhr nach dem I. Bataillon und zwar nur zwei Kompanien in je einem Zuge. Hier hat nämlich beinahe jede Kompanie eine Bagage- und Pferdemenge wie im Westen ein Bataillon. Außerdem können die Züge nicht so lang sein in dem gebirgigen Gelände Bulgariens. Die Herren der 7. und 8. Kompanie hatten also einen gemeinsamen Wagen 3. Klasse. Etwas Besseres durften wir nicht beanspruchen, außerdem fuhren wir ohne Heizung. Die Fahrt durch den Balkan im Iskertal war hochinteressant. Das Tal ist so steinig und schmal, dass nicht einmal eine Straße hindurchführt. Die eingeleisige Bahn vermag nur mit vielen Kunstbauten die Schwierigkeiten zu bewältigen. Die Alpenstrecken z. B. der Albula- und Rhätischen Bahn sind nichts dagegen. Morgens um ½5 kam der Zug in der größeren Stadt Plewna an, wo wir verpflegt werden sollten. Ich hatte gerade »Zugdienst« und befand mich auf der Lokomotive, wo ich mich gern aufhielt, weil es dort warm war. Eine große Anzahl bulgarischer Offiziere war am Bahnhof versammelt zu unserem Empfang. Sie wunderten sich sehr, als ich als Einziger der Lokomotive, die langsam nach vorn fuhr, entstieg und mich feierlich empfangen ließ. Es dauerte einige Zeit, bis auch die andern Herren aus dem Schlaf gerüttelt waren und sich etwas gesellschaftsfähig gemacht hatten. Dann wurden wir in das Bahnhofsgebäude gebracht und mit einem reichlichen Frühstück bewirtet und dazu aufmerksam unterhalten. Es waren immer Herren darunter, die Deutsch konnten, meistens solche, die früher in Deutschland studiert hatten. Allgemein war das Erstaunen, dass unsere sämtlichen Offiziere von so jugendlichem Alter waren, während die Bulgaren alle sich schon etwas angejahrt ausnahmen. Wir ließen uns aber durchaus nicht in unserer Sicherheit als Vertreter des deutschen Offizierskorps noch in unserer Munterkeit, das, was uns geboten wurde, zu genießen, irgendwie stören.

Ein gleicher großartiger Empfang wurde uns am Mittage zu Teil in Orachowitza bei Tirnowo. Der Bahnhof war geschmückt und geflaggt, Ehrenposten standen den Bahnsteig entlang. Wiederum reichliches Dinieren, kameradschaftliche Unterhaltung, feierlicher Abschied mit Hurra. An anderen Stationen gestaltete sich der Empfang weniger formell. Dafür war aber die ganze Bevölkerung der Umgegend zusammengeströmt in ihren bunten Trachten und stand stumm und ehrfürchtig die »deutschen Helden« betrachtend vor den Wagen.

Um 4 Uhr morgens waren wir in Varna. Ein kurzer Schlaf in dem großen Hotel London, um 8 Uhr zurück zum Bahnhof. Denn jetzt sollte erst die offizielle Ankunft, Paradeaufstellung und Durchmarsch durch die Stadt beginnen. Ich stand zum erstenmal vor der Kompanie. Der Zufall wollte es, dass gerade ich die Kompanie zur Parade aufzustellen und dem Bataillons-Kommandeur zu melden hatte, da der Hauptmann nicht mit unserem Transport gekommen war und ich als Zugführer des 1. Zuges den stellvertretenden Kompanieführer zu vertreten, also zum ersten Male zu kommandieren hatte. Das machte mir selbst natürlich als die erste Offiziershandlung großen Eindruck. Wichtig war, dass die Mannschaften mich gleich kennen lernten und wussten, was sie von mir zu halten hatten, denn eine Paradeaufstellung in Kompaniefront geht nicht ohne erheblichen Stimmaufwand vor sich. Bald erschien der Regimentskommandeur mit dem bulgarischen General Jankow und begrüßte das II. Bataillon in Varna. Dann begann der Einmarsch in die Stadt mit der deutschen und bulgarischen Musik. An den Straßen standen die bulgarischen Matrosen Spalier. Ganz Varna war auf den Beinen und begrüßte die Truppen mit lautem Zuruf. Der schönste Sonnenschein lag über der Stadt, so dass sich der Einzug zu einem strahlenden Siegeszug gestaltete. Grüne Zweige wurden geworfen. Kleine Mädchen liefen zu den Führern und überreichten Blumensträuße. Die Gymnasiasten brachten ein besonderes Hoch aus. Etwas gänzlich Neues war den Bulgaren natürlich der Vorbeimarsch vor dem bulgarischen General im Paradeschritt. So etwas kannten sie doch noch nicht. – –

Auch die Gottesdienste werden auf unserm großen Exerzierplatz vor der Stadt abgehalten. Sonntag, den 4. Advent war ich selbst dazu kommandiert worden. Der Regimentskommandeur gab mir einfach den Befehl, und dann musste es eben gehen. Ich teilte mir den Gottesdienst mit einem Rektor, der die erste Hälfte des Regiments nahm, während ich vor der zweiten Hälfte zu predigen hatte. Mitten auf dem weiten Exerzierplatz war ein kleiner Altar aufgestellt. Die Regimentskapelle war zugegen, und wir sangen als erstes Lied im fernen Lande »Eine feste Burg« und zum Schluss auf Wunsch des Oberstleutnants »Harre meine Seele«. Ich las den 90. Psalm vor zum Gedächtnis der Gefallenen und predigte über den Hauptmann von Kapernaum. Ich sah das weite Meer vor mir und erinnerte mich an den ersten Feldgottesdienst, den ich hörte. Ich fühlte, dass die Leute mir folgten und ich sie fassen konnte. Doch behauptete mein Freund Salomon, ich hätte zu viel Gedanken hineingepresst.

Die Predigt, deren Niederschrift uns erst nach Heinzens Tode bekannt wurde, hatte folgenden Wortlaut:

Liebe Kameraden!

Aus alter Zeit dringt zu uns diese merkwürdige Geschichte von dem Hauptmann von Kapernaum. Ein Hauptmann, der war wie unsere Hauptleute, der Knechte hatte, die auch Soldaten waren wie ihr seid. Er lag mit seiner Kompanie in Kapernaum an den Ufern des weiten, blauen Sees Genezareth, der sich so weit und herrlich vor der Stadt ausbreitete wie das Schwarze Meer, in dessen unendliche Fernen wir jetzt sehen. Es war sicherlich ein guter Hauptmann, ein Hauptmann, der für seine Kompanie sorgte, dem das Wohl jedes Einzelnen seiner Leute am Herzen lag. Denn die Geschichte erzählt, dass einer seiner Soldaten krank geworden war; vielleicht hatte ihn das heftige Fieber, das in jenen Gegenden herrscht, befallen. Der Hauptmann geht hin und sorgt selbst für seinen kranken Soldaten. Er lässt zu Jesus schicken, von dem er gehört hatte, dass er schon manchen Kranken durch seine heilende Hand gerettet hatte. Er lässt ihn holen, obgleich er ein Römer ist, ein Heide. Und der Heide lässt dem Juden Jesus sagen: Ich bin nicht wert, dass du unter mein Dach trittst. Ein seltsamer Heide, dieser Hauptmann. Ein Heide, der Ehrfurcht hat vor den großen, geistigen Gewalten, die hinter den Ereignissen stehen, die er als Soldat nicht kennt, aber die er ahnt. Das Soldatenhandwerk ist hart, furchtbar hart; wir wissen das alle und leiden darunter. Unter der Fülle der schaurigen Eindrücke, der großen körperlichen Anstrengungen wird unser Gemüt unempfindlich, unser inneres Ohr vernimmt nicht mehr die Stimme des Geistes, die zu uns spricht aus den Blumen des Feldes, aus dem Astgewirr der Bäume, aus der unendlichen Weite des Meeres, und dem gleichmäßigen Schlag seiner brandenden Wellen; wir spüren nicht mehr den Pulsschlag des tieferen schaffenden Lebens, den wir vernahmen in der Hingabe an einen aufbauenden Beruf, in den feinen Beziehungen von Mensch zu Mensch, in der Liebe zu unsern Eltern, Geschwistern und Freunden. Denn es ist ja alles zerstört. Unser Werk zerschlagen, unsern Beruf haben wir verlernt. Unsere Eltern, die Menschen, die wir lieben, sind fern, unsere Brüder sind tot, unsere Freunde sind gefallen. Wir selbst haben gesehen, wie sie dahinschwanden, die besten und tüchtigsten Soldaten der Kompanie, massenweise die besten und tüchtigsten der Offiziere. Uns steht vor Augen immer der furchtbare Eindruck all der zerstörten Menschenleiber, all des vernichteten Menschengutes und Wertes. Wir sind im Kriege ganz Soldaten geworden: *nur* Soldaten, für die jedes andere ausgelöscht ist. Wir folgen dem Beruf, zu dem man uns berufen hat; wir führen die Befehle aus, die uns gegeben werden. Das tat jener Hauptmann auch, denn er sagt: auch ich bin ein Mensch, der Obrigkeit untertan, für den es nichts anderes gibt, als den Befehl auszuführen, den er erhält. Und trotzdem hat er seine Ehrfurcht nicht verloren; all die Erlebnisse haben die Ahnung nicht ausrotten können, dass hinter allen Ereignissen, hinter allem Furchtbaren und Schrecklichen, eine tiefere, wesentlichere geistige Macht ist, die schließlich doch siegen wird, eine Macht, die im Grunde wirklicher und wesentlicher ist als alle Zerstörung, alle Öde, in die uns unser Beruf hineinzwingt.

Der heidnische Hauptmann hat die Ehrfurcht vor dem Göttlichen, er hat Glauben an den Sieg über alle Vernichtung und Tod. Dieser Glaube zwingt ihn, so liebevoll wie ein Vater für seine Leute zu sorgen; er zwingt ihn, zu Jesus zu gehen, um von ihm die Heilung seines kranken Soldaten zu erwarten.

Sein Glaube ist so stark, dass Jesus von ihm sagen muss: solchen Glauben habe ich in Israel nicht gefunden.

Wie kommt dieser heidnische Hauptmann zu solch einem Glauben?

Er sagt es uns selbst: Ich habe Soldaten unter mir und wenn ich zu dem einen sage: gehe, so geht er, und zu dem anderen: komme, so kommt er, und zu meinem Knechte: tue das, so tut ers; aber auch ich selbst bin ein Mensch, der seinen Obern gehorcht.

Der Soldat horcht auf das, was sein Hauptmann ihm aufträgt; er geht hin und führt den Auftrag aus, ohne danach zu fragen, ob dies für ihn selbst nützlich oder gefährlich ist. Er tut es einfach, weil ihm sein Hauptmann das aufgetragen hat. Und er weiß, dass sein Hauptmann für ihn sorgt; darum tut er es gern, mag auch kommen, was da kommen will, mag er selbst auch sein Leben verlieren. Sein Herr gibt keinen sinnlosen Befehl; er hat vielleicht einen tieferen Sinn im Auge, als der Soldat ahnt. Wie der Soldat seinem Hauptmann gehorcht und ihm vertraut, so gehorcht der Hauptmann auch seiner Obrigkeit.

Doch nicht nur dem Befehl seiner menschlichen Vorgesetzten, sondern auch der Macht, die über uns herrscht in all den Dingen, von denen wir abhängig sind. Dieser Macht können wir nicht entrinnen. Sie regiert in unserem kleinen Einzelschicksal und in dem großen gewaltigen Weltgeschehen, in dem dieses verhaftet ist. Hat ein Einzelner von uns den Krieg gewollt? Kein einziger! Er ist dazu gezwungen worden, einfach weil er ein Sohn Deutschlands war. Hat Deutschland den Krieg gewollt? Nein. Es ist dazu gezwungen worden, weil seine Feinde es zu vernichten drohten. Haben unsere Feinde den Krieg gewollt? Einzelne von ihnen sicher! Ihnen passte ein Krieg gegen Deutschland in ihren Kram. Aber hätte es zum Kriege kommen können, wenn nicht der Charakter ihrer Völker, die Geschichte ihrer Entwicklung und die Beziehungen der Völker untereinander in eine solche Richtung gezwungen wäre, dass es schließlich zum Kriege kommen musste? Wir sind nicht verantwortlich für das Weltgeschehen, in dem wir verhaftet sind. Für uns kommt es nur darauf an, wie wir uns dieser Gewalt gegenüber, die über uns herrscht, stellen. Ob wir uns innerlich gegen sie sträuben, oder ob wir ihr gehorchen, auch wenn wir nicht wissen, was sie will, auch wenn sie wie eine dunkle Todeswolke über uns hängt. Der Hauptmann von Kapernaum und seine Soldaten hatten gehorchen gelernt: wenn ich zu einem sage: gehe hin! So geht er und zu dem andern: komme her! So kommt er und zum dritten: tue das! So tut ers. An diesem Gehorsam hatten sie auch das weit Schwerere gelernt, den Glauben und die Hingabe an Gott, der die Macht ist in allem Weltgeschehen, das jeden Einzelnen umschließt. Wenn wir uns unserm Schicksal hingeben freien Herzens, wenn wir nichts von ihm fürchten, wenn wir festen Mutes stolz unserem Beruf leben, zu dem wir berufen sind und ihn mit *ganzer Seele* ausfüllen, dann haben wir Glauben; einen Glauben, der die tiefsten Wurzeln unserer Seele erfasst und ein Leben erweckt, das über alle Vernichtung, alles Elend, allen Tod siegen wird.

Amen.

An die Marburger Freundin.

Varna den 27. Dezember 1915.

Das alte Jahr schließt für uns hier mit viel Sonne, viel Schönheit und Ruhe. Wann wird der Kampf wieder beginnen? – Ich habe hier

Menschen getroffen, die Freunde werden können. Seltsam, aber wundervoll! Ich fühle mich sehr beschämt, wenn ich dies schöne, ruhige Leben hier deutlich spüre. – –

Varna den 3. Januar 1916.

Liebe Eltern!

Einen herzlichen Neujahrsgruß zuvor! Nach bulgarischem Kalender wird er noch rechtzeitig eintreffen. Ich schicke Euch wieder einen Bericht und eine Reihe zum größten Teil von mir aufgenommener Bilder, die Euch sicher Freude machen werden. Noch leben wir hier in tiefem Frieden. Der Russe verhält sich ruhig und auch der Rumäne schweigt. Zwar die Bulgaren möchten gern, dass wir ihnen die Dobrutscha holen. Doch sind wir vorsichtig. – An Post habe ich bis jetzt nur einen Brief von Papa erhalten, der mich als einziges schriftliches Weihnachtszeichen ganz besonders gefreut hat. Außerdem habt Ihr auch durch den Spörener Frauenverein meiner gedacht! Ich sage ihm meinen herzlichen Dank. Für Soldatenlektüre im größten Umfang bin ich äußerst dankbar, Zeitungen, Schriften, unterhaltende Lektüre usw. Die Leute langweilen sich sehr, da sie nicht heraus dürfen. Ich selbst brauche keine Eßwaren, so lange ich hier in Varna bin. Etwas von Euch zu hören, ist mit immer das Liebste. Wie geht es den Verwandten, den Vettern Rudi Carnap, Rugard, Konrad und Hermann von Rohden, Fritz Dörpfeld usw. – Hier treffe ich häufig den Fähnrich Crisolli, der mit Gotthold konfirmiert wurde.

Varna den 4. Januar 1916.

Liebe Elfriede!

... Das Wort ist ein feines silbernes Band, das sichtbar hin- und hergehen kann, das tiefe Quellen eröffnen und weite Welten umspannen kann. Etwas Anderes haben wir ja nicht, womit wir zeigen, was wir sind, wie die Seele sich in uns regt, in welchen Farben sich die Welt in ihr spiegelt, die große Welt und die kleine, die wir ganz allein für uns haben, die ganz umschlossen wird von dem Du und dem Ich, zwischen denen beiden sie in der Mitte liegt. In dieser kleinen Welt quillt es empor an viel lieben Gedanken, die nicht tot bleiben, die sich dehnen wollen und unser ganzes Leben durchdringen wollen, dass es tätig wird und schaffend, dass es Tiefe gewinnt und Festigkeit. – – –

Varna den 8. Januar 1916.

Lieber Papa!

Die Nachricht vom Tode Günther Trosts hat mich sehr getroffen. Er ist der letzte meiner Freunde, an dem ich in den letzten Monaten mit besonderer Hoffnung noch hing. Es ist fürchterlich. Man kann doch nicht allein übrig bleiben!

Ich habe gestern gleich seiner Mutter einen langen Brief geschrieben: ich war sein einziger Freund, der ihn ganz kannte, der seine rasche mächtige Entwicklung in allen Einzelheiten miterlebt hat. Zuerst nahm ich ihn mit nach Tübingen, dann nach Mainberg – wofür er mir immer besonders dankbar gewesen ist – und schließlich nach Marburg, wo er im Studium und in der Akad. Vereinigung zur vollen Selbständigkeit sich entwickelte.

Ich habe hier jemand gefunden, der mir vielleicht manches ersetzten kann. Das ist Leutnant Salomon. Auf seinen Wunsch schenkte ich ihm Gottholds Büchlein. Ich habe keinen Menschen getroffen, der so genau aus den Bildern die Seele des Jungen erkannt hatte. Du wirst noch von ihm hören. –

An die Marburger Freundin.

18. Januar 1916.

– – Ich beginne jetzt wieder zu gewinnen, was mir fehlt.

Ich fühle mich immer unglücklich, wenn ich merke, dass ich nicht nach irgend einer Seite hin produktiv sein kann. Und nie habe ich so darunter gelitten als wie im letzten halben Jahr. Die Kriegstätigkeit macht ja überhaupt schon unproduktiv. Aber im ersten halben Jahr war das Maß der äußeren Erlebnisse, Anforderungen, körperlichen Anstrengungen und Leiden so groß, dass alle Kraft verzehrt wurde und die ruhigen Stunden nur Anlass gaben, sich ein wenig zu sammeln und mitzuteilen.

Dass das letztere infolge »geschwächter Denktätigkeit« oft Schwierigkeiten machte, ist eine Sache für sich. Man fühlte sich ganz auf seinem Platz, nichts blieb leer und eine große innere Sicherheit erfüllte uns. Dann wurden aber die »ruhigen und halbtätigen Stunden« zu Stunden der Qual und Leere. Da rächte sich der Krieg, demzuliebe wir alles, was wir an Tätigkeiten besaßen, geopfert hatten. Damals in Munster und auch vorher in den Ruhestellungen war es unmöglich, sich von der Soldatentätigkeit allein ausfüllen zu lassen. *Das* Tun befriedigt nie ganz. Und wenn solche Zeiten lange dauern, dann fühle ich mich immer so klein, nichtig und wertlos. Ich kann nicht einsam sein; verstehe mich recht. Ganz allein ohne Stoff und ohne Menschen. Wie soll ich schwimmen, wenn mir das Element fehlt, in dem allein es möglich ist zu schwimmen. Dann allein zeigt es sich, ob wir *richtig* schwimmen können, wenn uns eben der betreffende »Gegenstand« gegeben wird, den wir bewältigen sollen. Gotthold fühlte übrigens ähnlich. Sobald die Ruhetage zu Wochen wurden, wurde er immer schweigsamer und sprach und schrieb nur das Allernotwendigste. Es ist vielleicht nicht richtig, zu viel von dem, was einem fehlt, zu reden. Mit Schacht allerdings hat er sich doch ehrlich nach einer frischen, füllenden Tätigkeit gesehnt.

Ist der Mensch nicht seltsam, dass er sich unsicher und unfähig fühlt vor den großen Lebensproben und diese herbeisehnt, um die Macht der Gnade auf sich herabströmen zu lassen? Und liegt nicht doch auch im Gefühl der Leere und in der Sehnsucht nach ausfüllenden Aufgaben eine ganz untrügliche Gewissheit, dass nichts von allen Dingen uns anhaben wird, wenn es kommt?

Ich vermute, dass ich noch einmal auf die Varnaer Zeit zurückblicken werde, wie auf eine seltsam-unwirkliche, glückliche Zeit, wo die Menschen uns ganz nahe waren und mit ihnen der Friede.

Jetzt allerdings sehen wir unsern Aufenthalt nicht als befriedigend an, und man sucht sich von Tag zu Tag über die elende Wartezeit hinwegzutäuschen. Die Spannung ist noch nicht gelöst, noch immer herrschen die Übergänge, Kampf und Disharmonien. In ihnen fehlt noch die Ruhe des Erfolges. Die wird erst der große Schlussakkord bringen.

Varna den 22. Januar 1916.

Jetzt sind wir schon 6 Wochen hier in Varna und je länger die Ruhe- und Friedenszeit dauert, um so weniger erlebt man an äußeren Ereignissen. Meine Leute habe ich recht gut kennen lernen können und weiß, was ich von jedem einzelnen erwarten kann. In der Leitung des 1. Zuges teile ich mich mit Leutnant Petrowsky, einem Lehrer, der es sehr genau nimmt, aber ein verträglicher Mensch ist. Die Leute haben tatsächlich in den sechs Wochen recht viel gelernt, was schließlich kein Wunder ist, wenn zwei Herren unermüdlich bemüht sind, sie auf den Schwung zu bringen. Wir sind seinerzeit wesentlich zahmer behandelt worden. Sobald man vor der Front steht, wandeln sich manche Begriffe; das hat mir schon Gotthold prophezeit. Man darf im Dienst nie mit der Freiwilligkeit des Einzelnen rechnen. Der Wille des Einzelnen ist vielfach zu schwach, um in jedem Augenblick im Rahmen des Ganzen eine genügende Leistung zu vollbringen. Man muss daher wie ein Luchs hinterher sein, dass das, was man will, bis in die letzten Kleinigkeiten ausgeführt wird, und sich dabei nicht scheuen, die schärfsten Mittel zu benutzen, denn sonst ist man der wirklichen Ausführung nie gewiss bei einer so großen Anzahl Menschen, wo immer wieder Hemmungen durch körperliche und geistige Müdigkeit eintreten. Es ist nicht leicht im Dienst keinen Augenblick die Stränge ein wenig lockerer zu lassen. [Zensurlücke.]

Ich habe aus dem Vorfall mancherlei gelernt, lasse aber meine Leute außer Dienst und besonders im Unterricht um so deutlicher merken, wie ich es mit ihnen meine. Sie sind auch wirklich folgsam und willig und haben eine treue anhängliche Gesinnung. Es sind meistens Leute aus Ost- und Westpreußen und Pommern, auch eine Reihe Polen. Die Hälfte ist vielleicht seit Mai vor. J. im Feld, die andere von Anfang des Krieges. Täglich ist Unterricht, den ich meistens selbst übernommen habe, um die Leute kennen zu lernen. Wir unterhalten uns über alle möglichen militärischen praktischen Dinge und haben oft Gelegenheit, auch über persönliche zu sprechen. …

Vor acht Tagen hatten wir Gelegenheit, an einem bulgarischen Volksfest teilzunehmen. Es war das Epiphaniasfest. Nach einer feierlichen Messe versammelte sich ganz Varna, die Spitzen der Gesellschaft bis zum Straßenpöbel, am Hafen. Eine bulgarische und deutsche Kompanie zog mit großer Musik auf. Dann nahte eine großartige Prozession, voran der Bischof, ganz in Gold. Von einem Tempelchen aus warf dieser ein Holzkreuz ins Wasser, worauf sich sechs Kerle von den Booten ins Meer warfen und darnach angelten. Der glückliche Besitzer durfte den ganzen Tag betteln gehen, die Hälfte des Erlöses aber musste er der Kirche geben. Es war aber auch kein Vergnügen, ins eiskalte Wasser zu springen. Die ganze Prozedur dauerte natürlich nur wenige Sekunden und wurde nur von wenigen gesehen.

Neulich konnten wir auch hier die hiesige Gesellschaft etwas kennen lernen. Zwar sind wir mit einer Reihe von Offizieren, besonders den deutschsprechenden schon recht gut bekannt. Von den Zivilisten kenne ich recht gut den Musikprofessor, Dr. Todoroff, der in Würzburg studiert hat, bei dem ich einmal mit Leutnant Salomon und dem österreichischen Konsul, einem Grafen Kielmannsegge, einen gemütlichen Abend zubrachte. Auf einem sog. Wohltätigkeitsfest waren neben den Spitzen des Militärs und Zivils auch die Damen vertreten. Da wurde musiziert, Volkstänze und Volksmusik vorgeführt. Schließlich wagte man sogar ein Tänzchen, und munter tanzten die Majore und Leutnants mit den hübschen bulgarischen jungen Damen um die Wette. Schwierig war die Unterhaltung. Es ist nicht immer angenehm, im Kreise junger Damen, die man unterhalten soll, verzweiflungsvoll nach vergessenen französischen Brocken zu angeln. Ich treibe übrigens jetzt mit einem jungen bulgarischen Gymnasiasten aus sehr sympathischer Familie Bulgarisch. Doch wird daraus wohl nicht mehr viel werden.

11. Februar 1916.

Liebe Elfriede!

... Der *Alltag* ist ein endliches Ding, das einmal anfängt und auch wieder aufhört, und hat seinen Wert nur darin, dass es das notwendige Element ist, in dem unsre Tage verlaufen. Wir sind in seine Bahn gezwungen wie ein Eisenbahnzug in sein Geleise. Ich weiß, dass Du den Alltag als wertlos empfindest, er quält Dich, beengt Dich, ist voller Widersprüche, ja Feindseligkeiten und Bösewichter. Du hast darin recht und trotzdem ist der Alltag das einzige Element, in dem wir unsrer menschlichen Existenz nach leben können. Wir können versuchen es einfach zu leugnen und sagen, es ist nicht da. Das haben viele getan, die strengen Dualisten und Asketen, die sich vom Alltag trennten und ein Leben in eignen Gedanken, in selbstischer Einsamkeit führten. Sie haben sich ein Wohnhaus gebaut, das aus Illusionen besteht, und das Einzige, was wirklich vorhanden ist, sind sie selbst, nur sie selbst – ausgeschlossen von jeglicher Verbindung mit dem wahren Quellstrom des Lebens. – Das hast Du auch gefühlt und darum bist Du oft so traurig, weil Du so einsam bist und nicht die warmen Hände der Menschen spürst, in deren Kette allein zwar nicht ohne weiteres das Glück ist, aber doch das Glück erreicht werden kann. Sobald wir im Kreise stehen und uns fassen, so kommt der Segen und je inniger und treuer wir uns halten, um so stärker wird er. Er stammt nicht vom Alltag und seinen endlichen Grenzen. Auch unsre Hände werden einmal müde und kalt und lassen den Ring los. Aber der Segen ist wertvoller und bleibender als aller Anfang und jedes Ende, denn er stammt nicht von ihm, sondern aus jener anderen Welt, in der das vollkommene Licht lebt. – ... Die Liebe kennt nicht solche Schranken der Endlichkeit, die im Tod, in den Ereignissen, in unsern eigenen Nerven liegen, sondern schwingt sich auch über die Person hinaus in alle Tiefen und Weiten des Lebens. ---

Varna den 17. Februar 1916.

Im Kompanieleben hat sich seit der wohlgelungenen Kaiserparade nichts wesentliches ereignet. Die vielen »Zugsführer« führen ein faules Leben. Um wenigstens der Faulheit meiner Leute, die glücklicherweise jetzt ausgehen dürfen, zu steuern, habe ich eine Bibliothek des 1. Zuges eingerichtet, indem ich hier in einem Laden ein paar Dutzend Reclamhefte ergattern konnte. Die werden nun eifrig gelesen. Neulich traf ich einen Landsturmmann und Bauarbeiter, der mir versicherte, er habe schon alle Bücher durch bis auf den zweibändigen Roman Viktor Hugos, und am besten habe ihm Plaions Phaidrus, der sich zufällig in die Bibliothek verirrt hatte, gefallen. In Anbetracht solch eifriger Leser wäre ich für Zusendung weiteren Lesestoffs, der in Gewicht nicht zu schwer sein darf, sehr dankbar.

Was mich selber angeht, so ist mein erster Flug im Flugzeug am 6. Februar mir unvergesslich. Seit vier Wochen haben wir nämlich deutsche Wasserflugzeuge hier, und deren Führer nimmt bereitwilligst deutsche und bulgarische Offiziere auf kurze Spazierflüge mit. So machte ich mich auch eines Sonntags recht früh auf und fuhr zur Fliegerhalle und hatte das Glück, als erster mitgenommen zu werden. Das Flugzeug liegt mit seinen Kufen im Wasser und man wird durch einen Mann in einer Art Taucheruniform sanft hinübergetragen. Dann klettert man von der Kufe auf die untere Tragfläche und von da durch verschiedene Drähte hindurch in den Vogelleib. Dort sitzt man in dem vorderen Loch auf einem gepolsterten Sitz so behaglich wie im Auto und streckt seine Nase beruhigt und neugierig über den Rand der Schutzwand. Sobald alles in Ordnung ist, setzt der Motor, der vor mir mit seinen 6 Zylindern eingebaut ist, mit seinem ruhigen Brummen ein, das immer stärker wird, so dass den am Ufer Stehenden die Mützen wegfliegen und das Wasser heftige Wellen und Regenschauer ans Ufer schlagen. Unterdessen saust unser Vogel davon. In ein paar Sekunden sind wir schon Hunderte von Metern vom Lande entfernt, der Apparat stößt noch mehrmals mit seinen Kufen heftig an die herankommende Dünung. Plötzlich hat das Schwanken aufgehört und man steigt ruhig und sicher in die Luft. Immer höher zieht die Bahn; man hält den Atem an und blickt in die Tiefe. Man glaubt Böcklinsche Wassermärchen zu sehn, so entzückend spielen die klaren dunkelblauen und grünen Flächen mit weißem Schaum umkränzt um die winzige Mole des Hafens. Wir steigen immer höher, so dass schließlich das Kap Galata von zwei Seiten vom Meer umspült, wie von einer Künstlerhand geformt und in einen blinkenden Spiegel eingesetzt, unter uns liegt. Man fühlt sich durchaus sicher trotz der Böen, die das Fahrzeug zuweilen emporreißen. Der Apparat scheint in der Luft zu stehen, man merkt seine Geschwindigkeit gar nicht. Nun biegt der Führer um und bald liegt die Stadt wie ein Spielzeug unter uns. Die geraden Straßenzüge, die die Stadt regelmäßig einteilen und die viereckigen braunen Dächer der alten Häuser erwecken diesen Eindruck. Dann geht der Blick noch einmal in das breite Tal, das sich ins Land hineinzieht, bis uns ein kühner Gleitflug wieder in den Hafen bringt.

Schön aber kurz ist ein solches Vergnügen. Beinahe ebenso schön ist es aber auch, auf einem guten Pferde – dem Erdboden zwar etwas näher – dahinzufliegen. Anfang der Woche konnte ich diesen Sport eifrig betreiben. Am Sonntag früh wurde ich als sog. Verbindungsoffizier nach Jaila kommandiert, ein Dorf 20 km südlich Varna. Meinen Burschen, der Kavallerist und herrschaftlicher Kutscher ist, konnte ich als Pferdepfleger mitnehmen, und so trabten wir mit den beiden Meldereitern, die mir mitgegeben wurden, los. In Jaila habe ich dann vier wundervolle Tage verbracht, fern von dem lauten Verkehr der Kameraden in Varna. Ich wohnte in einem freundlichen Stübchen, an dessen Wand eine Bank entlang lief mit bunten Decken und 18 bunten Kissen. Gespeist wurde mit den vier Offizieren der dortigen bulgarischen Kompanie. Es war dies ein aktiver Hauptmann, der kein deutsch oder französisch sprach, der mir aber sehr artig und andauernd zutrank und überhaupt sehr zuvorkommend war. Der zweite war ein Oberleutnant und Lehrer, der mit dem Messer aß, aber trotzdem ein fanatischer Hegelianer war und seinen Hegel, Goethe und Shakespeare auf Bulgarisch sehr eifrig gelesen zu haben schien, soweit ich aus den Diskussionen entnehmen konnte. Als Dolmetscher war hierbei tätig ein Leutnant Dafinow, der in Frankreich Jura studiert hatte und dann ein halbes Jahr in Deutschland gewesen war. Mit ihm habe ich mich ausgezeichnet unterhalten und viel von den Verhältnissen und der Politik Bulgariens erfahren.

Morgens und nachmittags bin ich ausgeritten mit Dafinow, dem Hauptmann oder meinen Leuten. Das Land ist hügelig und ganz mit Eichenwäldern, die z. T. dicht und niedrig stehen, bedeckt. Da war es oft schwierig, mit unseren hohen deutschen Pferden auf den steilen schmalen, oft von Gestrüpp überdeckten Fußpfaden dem kleinen flinken Tier des Hauptmanns nachzukommen. Für gewöhnlich waren aber wundervolle Reitwege in Gestalt ausgetrockneter Bachbette vorhanden. Auf solchen konnte man in 15 Min. das 5 km entfernt liegende Meer erreichen. Dort erhob sich die Küste z. T. bis zu 100 m über den Strand. Es gab wundervolle Partien. Bis zur Flussmündung des Kamtschija zieht sich am Strande eine alte Römerstellung entlang, die auch jetzt wieder von den Bulgaren befestigt ist. Auch an dem milchiggrünen Fluss, der so breit ist wie die Saale, sind wir entlang geritten und haben mit Staunen in den geheimnisvollen Urwald geblickt, der sich auf der anderen Seite in dem sumpfigen Gelände kilometerweit ausdehnt. Sobald man aber aus dem Flusstal emporstieg, gleich fand das Auge die strahlend blaue Fläche des gastlichen Meeres und im Süden die blaßblauen Züge des Balkangebirges.

Varna den 24. Februar 1916.

Liebe Elfriede!

Ein seltsames Neujahr ist der Beginn dieses Jahres für mich geworden. In einer so wundervollen Weise, dass ich vielleicht in kommenden Monaten mit ganz besonderer Liebe an meine

Varnaer Zeit zurückdenken werde. Sie scheint dem zweiten Satze von Beethovens sog. Mondscheinsonate zu gleichen: einer Rose zwischen zwei Abgründen. Das vorige Jahr hat mich mit all den äußeren und inneren schweren Erlebnissen sehr gepackt und daniedergedrückt und was die kommende Zeit bringt, ist so dunkel ... Jetzt aber ist Licht, viel Licht; es hängt mit meinem ganzen inneren Leben zusammen. ...

So hast Du immer den warmen Kreis der Menschen, in dem Du ganz Du selber sein darfst und kannst. Denn das ist die Hauptsache, hier kannst Du ganz frei in Dir selber ruhen und tätig und fröhlich »sein«. Auf dieses Sein kommt es ja an: das sichere Haften und Sein in dem eigenen Innern, durch das man sich gebunden fühlt und weiß an das Innere der Natur, der Kunst, an alle Geisteswellen der Geschichte, das Innere der Menschenseele derer, die wir kennen und lieben. Das ist die einzige Gebundenheit, die es geben soll, und in ihr ist man wahrhaft frei, frei von »Anschauungen«, d. h. mehr oder minder reifen Aufstellungen auf irgend einer zufälligen Stufe des großen Weges, der hinaufführt zu dem, was wir Wahrheit nennen. Wir dürfen nicht daran kleben bleiben oder zu großen Wert darauf legen, um nicht dem Urstrom des Lebens zu entgehen, der über alle Stufen hinwegträgt und uns neue Klarheiten und Einsichten verschafft. Das ist die Wahrheit, die in dem meistens missverstandenen und banal angewandten Satze liegt: Nicht die Bücher, sondern das Leben lehrt uns. –

An die Marburger Freundin.

Varna den 25. Februar 1916.
[Letzter Geburtstag]

Heute feiere ich ein Fest. Ich wundere mich selbst, dass ich es wieder kann, denn die Kunst hatte ich in dem letzten Jahr verlernt. Aber Du weißt ja schon: das Leben ist mir wieder begegnet mit seinem großen Reichtum; es hat mich wieder emporgeführt aus einem ach so dunklen Tale und ich stehe staunend und erkennend auf der Höhe. Ich empfinde die ganze Tiefe des Durchlebten in neuer nicht gekannter Bedeutung und all die verworrenen Wege finden ihre Entwirrung. Solche Befreiungen hat man doch nötig. Im Felde waren sie allerdings nicht selten; nach arbeitsreichen Tagen kam ein wundervolles Aufatmen. Es ist so wundervoll und tröstlich in der warmen Nähe von echten Menschen seine Jahreswende feiern zu können. Ich bin so dankbar für dieses Geschenk der Varnaer Zeit, in dem alles Unerquickliche, das natürlich auch nicht fehlt, erdrückt wird. Darum kann ich so sicher und zuversichtlich von dieser Höhe in all die Täler blicken, die vor mir liegen. Und nie war ich bereiter als jetzt, das Entgelt für dieses Geschenk des Lebens zu zahlen. Es ist sonderbar, wie stark man an dem Kärglichen hängt und wie freudig man das Mächtige fahren lassen kann. Es scheint, als ob man die Erfüllung des Wortes spürte: wer da hat, dem wird gegeben, dass er die Fülle hat. Nur wer nicht lebt, hängt an dem, was ihm doch eigentlich fehlt. Das wahre Leben ist über jede Quantität erhaben. Es will immer in die Höhe gehen und nie in die Breite, denn das ist ja doch Stagnation und Abstieg.

In meinen Blumen steht ein Bild von Gotthold, das Du nicht kennst. Es ist das beste von ihm, was meine Freundin in München in einem feinen Druck vergrößert hat. Ich lebe viel mit ihm zusammen, in aller meiner Arbeit steht er mir vor Augen. Ich fühle, dass er für mich und in mir lebendig bleibt. Es hat aber Stunden gegeben, wo ich schier verzweifeln wollte in dem Gedanken an seinen Tod. … Wer mir den Schmerz hat überwinden helfen, ist Otto Salomon. Das hat ihn mir so teuer gemacht. Wohl kaum ein Mensch hat Gotthold so lebendig gemacht als er. Sein ganzes Arbeiten und Kämpfen ist ein Suchen und Darstellen von solchen Menschen, wie Gotthold. Und Du kannst Dir denken, wie erschüttert er war, als er ihn aus dem Buche kennen lernte. Nun habe ich einen Freund, der mein größtes Erlebnis teilt! –

Aus den Dankschreiben, die mir mein Vater schickte, konnte ich sehen, welch tiefe Wirkung das Buch auch auf andere gemacht hat. Wie nah bin ich selbst vielfach den Lesern geworden, wenn ich las, wie frei und offen sie das Letzte ihrer Empfindung, ihre tiefste Meinung über uns Studierende sagten. Was könnte daraus werden, wenn ich noch einmal persönlich und wissenschaftlich Fühlung mit ihnen gewinnen würde! …

Von K. bekam ich einen längeren Brief, worin er einen Rundbrief unter den noch lebenden A. Vern anregte. Ich habe natürlich mit Freuden zugestimmt. Ich fühle so viel Lust und Kraft, den alten gelichteten Kreis wieder zusammenzuschweißen.

Varna den 12. März 1916.

… In einer Einsamkeit, die ich nicht kannte, in einem Hinsterben alles dessen, was mir lieb war, von Fähigkeiten und Tätigkeiten auf die ich stolz war, auf die ich mein Leben aufbaute, habe ich die Sicherheit erleben gelernt, die ganz allein selbständig macht. Damals, als ich ganz bewusst Abschied nahm und in der Lust des Ausziehenden den Schnitt machte, wusste ich zwar nicht, wie schwer dies Entbehren und dies Lernen auch mir noch werden würde. Das hast Du ja aus all den Briefen des vergangenen Jahres zur Genüge gehört. Aber sie sagten mit all ihren Klagen doch immer das Eine, dass ich in ein zweites Leben getreten war, das gänzlich getrennt und anders war, als das vergangene; nur dass ich mich in die neuartige Struktur dieses Lebens noch nicht so schnell hineinfinden konnte.

Jetzt habe ich endlich Menschen gefunden, die ähnlich leben müssen wie ich. Durch sie habe ich viel gelernt und schöpfe aus ihrer Freundschaft immer neue Kraft und Mut für dies Leben der stetigen Sicherheit, Einfachheit und Selbständigkeit. Früher war man so in Theorien, jetzt hat das Leben uns selbständig gemacht. So selbständig, dass wir jeden Augenblick auf es verzichten können.

Varna den 6. März 1916.

Übermorgen können wir hier in Varna das Jubiläum unseres vierteljährigen Aufenthaltes feiern. Man sollte es ja kaum glauben, dass wir schon so lange hier sind, und dass ich außerdem heute genau vier Monate Leutnantszeit hinter mir habe, ebensoviel wie Gotthold, als er mit mir ins neue Regiment 184 kam. Und schließlich ist es in einigen Tagen ein Jahr her, seitdem ich ins Feld rückte.

Das sind alles Daten, die zum Denken Anlass geben, zum Überdenken des vergangenen Jahres, wie es gewesen ist und wie es so leicht ganz anders hätte sein können. Solche Überlegungen lassen uns stille und dankbar werden für das wunderbare Licht des heutigen Tages, obwohl der Blick für gewöhnlich noch nicht auf die vollbrachte Leistung zurückblicken darf, sondern lieber die Fülle der kommenden, gänzlich unbekannten Aufgaben zu durchdringen versucht mit einer Ungeduld, die sich mit der Länge der Ruhezeit eher steigert als verringert. – So habe ich denn auch meinen Geburtstag in ganz besonders gehobener Stimmung feiern können im Rückblick auf mein schwerstes und reichstes und in erwartungsvoller Hoffnung auf mein entscheidungsreichstes Jahr. Es ist doch ganz eigentümlich, dass man jetzt – wahrscheinlich das einzige Mal im Leben in vollstem Recht, ohne zu übertreiben, von seinem Leben in Superlativen sprechen kann. Wie immer, so auch hier: πόλεμος πατνήρ πάντϖν [Krieg ist ein Vater aller Dinge]. Es fehlte auch nichts, was den Tag zu einem schönen Feste machen konnte. Geburtstagsbriefe kamen an, einige vorher, einige nachher, und einer auch am Tage selbst, nämlich Friedrichs Brief aus Halle. Und nicht zum wenigsten war es die Liebe meiner nächststehenden Kameraden, die mir das Fest zu einer wirklichen Feier werden ließ. Mein kleiner Bulgare, der mich zum Unterrichtsspaziergang abholte, wunderte sich sehr, dass ich so viele Blumen bekommen hatte, obgleich ich doch keine Beziehungen zu Damen unterhielte, die mir derartiges hätten schenken können. Er konnte nicht verstehen, dass sich auch Freunde untereinander Blumen schenken. So etwas machen wohl eben nur wir! Und auch jetzt prangt auf meinem Tisch noch ein großer Topf mit Blumen von Freund Otto Salomon und daneben die beiden jetzt schon verwelkten Riesensträuße von Freund Rieger und Führer. An Gratulationen fehlte es natürlich auch nicht, vor allem des Abends im Kasino, wo ich Mühe hatte, allen Zutrunken nachzukommen. …

Unter diesen Verhältnissen brauche ich mit meiner Meinung denn auch nie hinterm Berge zu halten, so dass jeder weiß, wie ich denke. Dass ich dadurch nur Freunde gewonnen hätte, kann ich gerade nicht behaupten. Um so fester halten *wir* natürlich zusammen. Zwar halte ich es für falsch, derartige Gegensätze zu provozieren. Man kann sich mit den grundverschiedensten Elementen oft ausgezeichnet vertragen, was ja viel erfreulicher ist, da es sich um Aufgaben handelt, die man gemeinsam lösen muss. Aber es ist eigentümlich: Man braucht gar nicht zu sagen, was man denkt – man ist doch zu bald erkannt, und dann ist eine offene Debatte im größeren Kreise, in dem man seine Meinung verteidigt, besser, als die geheimen Reibereien und Spötteleien. Bei einer Aussprache kommt es scheinbar zu Verständigungen; denn gegen klare Gründe und geschickte Beweisführung kommt niemand an. Im Grunde aber bleibt der Gegensatz, und man geht sich lieber ein wenig aus dem Wege.

Das wäre so einiges aus unserm internen Leben. Doch glaube ich kaum, dass ich Geheimnisse ausgeplaudert habe; denn das sind die ganz bekannten Erfahrungen aus dem sogenannten Gesellschaftsleben, das noch gänzlich in Unkultur und Geistesarmut verhaftet ist.

Indessen kann man auch mit seinen Untergebenen so mancherlei erleben. Man bekommt eine Macht über manche Leute, wie man sie sich kaum vorstellt. Meinen Zug habe ich schon tadellos am Bändl, und ich vermute, dass er sich im Gefecht ausgezeichnet benehmen würde. Widerspenstigkeit, seis auch nur im Gefühl, habe ich noch bei keinem von meinen Leuten bemerkt. Neulich sah ich mich gezwungen, meinen Burschen zu entlassen. Er hatte seine Freiheit, die er vor den anderen hier in Varna in ganz besonderem Maße voraus hat, stark missbraucht. Wenn dies nicht gerade Freund F. entdeckt hätte, dann hätten seine

Kameraden sehr darunter leiden müssen. Auf diese Weise konnte ich die Sache unter vier Augen abmachen. Ich war bisher durchaus zufrieden; er sorgte für alles und war ehrlich. Und obgleich er furchtbar zerknirscht war und ich wusste, dass er Derartiges nie wieder tun würde, habe ich ihn doch entlassen, was mir gar nicht leicht wurde. Aber Bursche bei seinem Leutnant zu sein, ist ein Ehrenposten, und dies würde man verwischen, wenn man einmal aus Bequemlichkeit bei seinem Burschen allerlei übersieht, was bei andern streng bestraft wird. Ich habe ihn absichtlich in meinen Zug genommen, um mit ihm in Fühlung zu bleiben. Und ich glaube, dass mir niemand mehr ergeben ist, als gerade er. Er ist mein »Schätzer« geworden und also bei Gefechtsübungen in meiner nächsten Nähe. Gestern brachte er mir das Knochengehäuse einer riesigen Schildkröte, das er gefunden hatte. Mein neuer Bursche Bruno Kussowski aus Marienburg, den ich mir aus meinem Zuge wählte, ist wesentlich jünger, 21 Jahre, von Beruf Heizer einer Meierei, wo er mit seinem Verdienst seine Eltern und Geschwister miternährte. Auf solch einen jungen Menschen lässt sich schon besser einwirken, als auf einen älteren.

An die Marburger Kommilitonen, die Akademische Vereinigung, die in dem Vorort Ockershausen verkehrte und nach diesem Dörfchen das neue Vereinsorgan »Ockershäuser Blätter« benannte.

Varna den 28. März 1916.

Ich kann Euch nicht schildern, wie erfreut ich gewesen bin, als die ersten Ockershäuser Blätter mich hier am gastlichen Meere erreichten. Es ist sicherlich nicht die schlechteste Kriegstat unseres lieben *Schalow* gewesen, als er unsere zusammengeschmolzene Schar zu neuer Gemeinschaft aufrief. Der Gedanke einer Nachrichtenstelle der A. V. hat mir immer sehr am Herzen gelegen, besonders am Anfang, als die häufigen Todesnachrichten uns zu engerem Zusammenschluss immer wieder aufforderten. Doch war es mir selbst damals nicht möglich, da ich bis Anfang

Februar, wie Ihr vielleicht wisst, als freiwilliger Sanitäter in einem Lazarettzuge tätig war, wo oft wochenlang jegliche briefliche Verbindung mit anderen Stellen unterbrochen war. Ich hoffte damals auf unsern bisherigen »Ferienvertreter« *Würzburger*. Als ich ihn das letztemal sah, – es war Ende Februar 1915, ich war einige Wochen vorher endlich in Halle als Kriegsfreiwilliger angenommen – da sagte er mir, er brächte es nicht übers Herz, immer nur Todesanzeigen unserer Freunde schicken zu müssen. Nach 14 Tagen war ich selbst bereits Erdarbeiter auf Frankreichs Feldern. In jener ersten harten Zeit verlor ich jegliche Verbindung und Fühlung mit der Heimatwelt, mit allem, was uns dort interessant und bedeutend gewesen war. Man verlernte in dem täglichen Kampf um seine nackte Existenz das alte Vorstellen und Denken, und erst später bildete sich langsam das Denken eines neuen Daseins. Dieses neue Dasein forderte eine neue Gemeinschaft. Eine Gemeinschaft, die tiefer wurzelte als die der Brüder in Feldgrau, die ich trotzdem immer sehr geschätzt habe. Meine qualvollsten Stunden sind die Stunden des Einsamseins, des sich im Innersten fremd Fühlens mitten im gemeinsamen Sterben. Der Tod mit allen seinen Abstufungen verliert seine Härte, wenn man einen Freund um sich hat. – Ein kleines Zellenwerk des A. V.-Gebäudes lebte mir im neuen Dasein trotzdem wieder auf. Das war mein Zusammenleben mit meinem Bruder *Gotthold,* mit dem ich vom Mai bis August im gleichen Bataillon war. Er war zwar seit Januar 1915 ein strammer aktiver Leutnant; doch konnten wir trotzdem manche Stunde beisammen sein. Ende September, als ich im Kursus *Munster*-Lager war, ist *Gotthold* dann in der Champagne gefallen. Seine Feldpostbriefe sind gesammelt worden, und als ich dazu eine Schilderung unseres Zusammenlebens und der Eindrücke von *Gottholds* Entwicklung schrieb, habe ich nicht zuletzt an die A. V. gedacht, der dies Buch ein klares, teures Dokument ihres eigenen Geistes werden wird. Ich brauche Euch nicht zu sagen, wie sehr ich seit dem Zusammenbruch der wundervollsten Kriegs- und Geisteskameradschaft unter dem Alleinsein gelitten und wieviel ich an ihm gelernt habe. – Ich wurde dann Anfang November Leutnant und kam nach Serbien; von dort bald nach Bulgarien hierher. Vier Monate bin ich jetzt hier am Schwarzen Meer. Als Leutnant lebe ich unter gänzlich anderen Bedingungen als bisher. Schwierigkeiten des äußeren Daseins sind kaum mehr vorhanden. Anders ist die Umgebung, anders sind die Aufgaben. Ich hatte bisher viel freie Zeit gehabt; doch seitdem eine große Anzahl überzähliger Herren fortgekommen sind, habe ich genug zu tun mit dem Unterricht und dem Exerzierdrill meines Zuges. Mein Kompaniechef ist ein aktiver Hauptmann, mit dem nicht zu spaßen ist. Jeden Abend ist »Kasinodienst«.

Während der vielen freien Stunden, die ausgefüllt waren mit Korrespondenz und mannigfacher Lektüre, ist mir oft der Wunsch aufgestiegen, wieder mit Euch in Verbindung zu treten; vor allem, als ich aus meiner dumpfen Einsamkeit herausgerissen wurde durch die Anfänge einer wundervollen Gemeinschaft mit Menschen, die mir nicht mehr fremd waren; die Ähnliches erlebt hatten und Ähnliches dachten und wollten wie ich. Ihr könnt Euch denken, wie groß mein Erstaunen war, als ich Kameraden fand, die in die A. V. passen würden! Ein lieber Freund ist mir der Dramaturg und Dichter Otto Salomon (Bernt) geworden. Ich werde einige Verse von ihm mitsenden. Sie sollen am Eingang stehen unserer neuen durch den Krieg vertieften und gefestigten Gemeinschaft. Denn nichts anderes soll doch die Entstehung der »Ockershäuser Blätter« bedeuten. Es ist nicht das zufällige Wiederzusammentreffen alter Bekannter, die sich einmal wieder erzählen wollen, wie es ihnen bisher gegangen ist. Der Krieg ist keine Reise, von der man interessant erzählen, von der man im Innern unverändert wieder zurückkommen könnte.

Die Ockershäuser Blätter sollen der erste ganz bescheidene Ausdruck dafür sein, dass wir fühlen, wie das Blut unserer gefallenen Brüder uns zusammengekittet hat zu einem neuen in sich notwendig verketteten Bunde. Ihr habt wohl auch gestaunt darüber, wie selten ein echter A. V.-er, ein schlechtweg Deutscher (nach Fichte), unter der Fülle der Menschen, denen wir begegnet sind, zu finden ist. Wir haben mit Schrecken bemerkt, *wie* einsam wir stehen. Und manchem wird sein Ideal in dunklen einsamen Stunden matt und dunkel geworden sein. Das darf aber nicht sein. Um so trotziger müssen wir stehen und kämpfen und uns gegenseitig beim Müdewerden helfen und stützen. Dazu sollen uns die neuen Blätter dienen. Das ist meine Meinung zu Eurem Vorschlag. Euer Heinz von Rohden.

Varna den 19. März 1916.

Liebe Mutter!

... Luise scheint sich mehr und mehr zu entfalten. Ich habe mich sehr über ihren offenen und natürlichen, und tatsächlich nicht mehr so kindlichen Brief gefreut. Sie scheint allmählich in die zweite Stufe des Lebens so langsam hinüber gleiten zu wollen. Ich habe das damals bei mir selbst als einen Bruch empfunden, indem ich tatsächlich wie aus einem Schlafe aufzuwachen glaubte, aus mir heraustreten konnte und von hier aus das Leben sich vor mir ausbreiten sah mit seiner gewaltigen Herrlichkeit. Luise scheint mir langsam in diesen bewussten Zustand hinüberzugleiten ohne Bruch, so dass sie wahrscheinlich immer eine einfache sichere Kindlichkeit bewahren wird, was ein großer Vorzug sein kann, wie das wohl auch bei Agnes und Hedwig der Fall gewesen ist. Dadurch, dass man einen Menschen darauf aufmerksam macht, was ihm fehlt, kann er nie weiter kommen und frei werden lernen. Er wird immer nur seine Schranke empfinden. Er kann gar nicht weiter, weil er ja andere Möglichkeiten gar nicht kennt, oder wenn er sie sich anquält, so ist das immer etwas Unerfreuliches. Man kann nur weiter kommen durch Offenbarungen und Erlebnisse, durch die dem Menschen ganz von selbst Wege und Aufgaben und dazu die ganze Freude des Daseins sich öffnen. –

2. April 1916.

Sehr verehrter Herr Professor!

Mir geht es hier noch immer recht gut, was ja weder ein Wunder noch ein Verdienst ist. Der Frühling beginnt schon mächtig, so dass das etwas öde braune Bergland Farbe gewinnt. Der Dienst nimmt mich jetzt reichlich in Anspruch, da alle überzähligen Offiziere fort sind. Außerdem bewege ich oft die Pferde meines Hauptmanns, der selbst wenig reitet. – Mein Bulgarisch macht schon Fortschritte und heute morgen habe ich den Protagoras studiert. Varna hat etwas Ähnlichkeit mit Athen. – Konfessionskunde lässt sich doch weniger gut treiben. Es gibt nur eine ziemlich kahle große orthodoxe Kirche, da das eigentliche Volk meistens türkisch ist. Daher eine Menge Winkelmoscheen. Hinter die Kirchensprache, das Altslavische, bin ich auch noch nicht gekommen. Bei ganz offiziellen Festen haben ja auch wir Gelegenheit, es zu hören.

Mit bestem Gruß, auch an Ihre verehrte Frau Mutter, bin ich Ihr ergebener v. Rohden.

Varna den 14. April 1916.

Ich sitze jetzt an einem Tisch, den sich die Kameraden der 7. Kompanie unter den Bäumen unseres Pensionatsgartens haben bauen lassen. Es ist ein zwischen den grünen Sträuchern ganz verstecktes Plätzchen, zwar noch etwas sonnig, da die Bäume erst wenig Schatten geben.

Das ist auch noch nicht nötig, denn trotz der grellen Sonne und des stahlblauen Himmels weht vom Meere immer ein so frisches Lüftchen, dass man bisher über Hitze noch nicht zu klagen brauchte, im Gegenteil, im ungeheizten Zimmer wird es auf die Dauer empfindlich kühl. Der Frühling ist in den letzten drei Wochen ganz energisch gekommen und die Obstbäume verlieren schon wieder ihre weißen und roten Blüten. Es ist kein deutscher Frühling, das spürt man wohl, trotz aller Helligkeit und Sonne, die über dem Lande liegt. In der Heimat wächst und sprosst alles so viel saftiger und farbiger; das ganze Land wird ein bunter Teppich des mannigfaltigsten Lebens. Hier hat das Land nicht solchen Reichtum an Farbe. Der braungraue Felsen- und Erdton der Berge und Weingärten hat die Herrschaft. Die blendende weiße Luft tut das ihrige dazu. Aber trotz allem: Der Frühling ist wie ein Wunder gekommen und reißt auch hier den Empfänglichen in seinen starken Rhythmus. Kein Fest sollte billigerweise so aus voller Empfindung gefeiert werden, wie das Frühlings- und Osterfest. Hier greift und spürt man mit allen Sinnen das ewige Gesetz des Lebens vom Sterben und Auferstehen. Was toter Gedanke erschien, jetzt wird er Wahrheit und Wirklichkeit, und was die Sinne so deutlich fassen, wird Symbol für das übersinnliche Gesetz, das dahinter steht. Man sollte seine Jahre nach den Ostern zählen, die man erlebt, nach den Momenten, durch die das geistige Herz, das nicht den gleichmäßigen Rhythmus kennt wie das körperliche, durch neue Nahrung, die ihm die geistdurchwirkte Wirklichkeit zuführt, zu neuem lebendigem Schlage geweckt wird. Welch wunderbares Geschenk ist es, dies noch einmal zu erleben, und noch einmal den Leib aus den Gräbern und Erdhöhlen emporsteigen zu lassen. Wie haben wir das vor einem Jahre in Frankreich stark empfunden, so ursprünglich und primitiv, denn man war ja kaum etwas anderes als ein Stück Natur, dessen ganze Kraft sich darin verzehrte, in ihrer Notwendigkeit mit zu leiden und sich mit zu freuen.

Die Erinnerung an jene Frühlingstage wird in keinem Osterfest mehr fehlen können und ein stetiger Antrieb sein, über alles neue keimende Leben in und hinter allen Dingen sich zu wundern und zu freuen und daran teilzunehmen. Dass die Leiber in den Gräbern bleiben, ist nichts Wunderbares, aber dass aus ihnen das neue Leben quellend entspringt, ist das immer wieder unglaubliche Wunder.

Ein glückliches Zeichen war es in diesen Tagen, dass unsere Marburger Akademische »Vereinigung« sich wieder anfängt zu regen. Sie war scheinbar ganz in der allgemeinen Aufgabe aufgegangen: sie hatte ihre Schuldigkeit getan und durfte jetzt Früchte ernten, Früchte die zwar nicht ihr anheimfielen, sondern dem Vaterlande. Aber es war doch schade, dass die persönliche Fühlung vielfach verloren ging. Wie gern hätte man schriftliche Zeilen von denen, die durch die Tat ihres höchsten Opfers auch der A. V. das schönste Denkmal gesetzt haben. Es war aber der

Geist der Sachlichkeit, der sich nicht an vergangene Personen band, der jeden still für sich an seinem Posten nur dem Gesetze gehorchen ließ. – Jetzt ist bei den wenigen, die noch leben, vielfach die Last leichter und der Blick freier geworden und die Denk- und Schreibfähigkeit nicht mehr so beengt. Im gleichen Moment wird auch das Bedürfnis nach neuem gemeinsamen Zusammenschluss, der eine unsichtbare Erziehungs- und Kräftigungsquelle ist, fühlbar. Und wo anders kann der Geist der Toten lebendiger wirken, als in unserer neuen Gemeinschaft?

Hier in Varna ist unterdessen das Leben in den letzten vier Tagen in etwas schnellerem Tempo weitergeflossen. Zwar kann man nicht behaupten, dass es durchaus befriedigend sei; trotz mancher schönen Stunde und befriedigender Tätigkeit lastet oft auf uns der Druck unseres gänzlich in der Luft hängenden Daseins. Solange sich die politischen Verhältnisse nicht ändern und ein außergewöhnliches militärisches Ereignis nicht eintritt, haben wir Aussicht hier zu bleiben. Und das kann vielleicht lange dauern. Hoffen wir aber das Gegenteil. Wie schön das gemeinsame Leben auf dem Vormarsch werden kann, wo alles unbefriedigte und unangenehme Wesen wegfällt und jedermann auf den gleichen Ton bestimmt ist, das merkte man neulich deutlich, als wir einen Probealarm mit dem Auszug sämtlicher deutscher Soldaten aus Varna in Richtung ... veranstalteten. Alles musste mit, das Gepäck war sogar schon am Tage vorher aufgeladen. So bewegte sich denn des Morgens früh der lange Wurm des Regiments sämtlicher Formationen und Bagagen aus der Stadt hinaus, während die Einwohner schon ängstlich lange Gesichter machten. Des Mittags wurde Halt gemacht und die Feldküchen aufgefahren. Es war dazu bereits Zeit, denn die Straßengraben füllten sich schon bedenklich mit Schlappmachern, die das ungewohnte sehr schwere Friedensgepäck nicht schleppen konnten. (In Rußland und Serbien hatten die Leute kaum mehr etwas im Tornister.) Nachmittags gegen 5 Uhr zogen die Mannschaften mit Musik vornweg, wund an den Füßen, in die Stadt wieder ein. Am nächsten Tag besah ich mir beim Fußapell den Schaden und entdeckte, besonders bei Neulingen scheußliche Wunden und hielt ihnen darauf eine nützliche

Predigt über Fußpflege. Es ist doch sehr gut, dass man all diese Sorgen des Tornisters und der Füße am eigenen Leibe durchkostet hat. Auch uns tut solcher Gewaltmarsch einmal recht gut. Man hat doch hier in erster Linie die Verpflichtung, seinen Körper möglichst gesund und kräftig zu erhalten. Uns fehlt das tägliche Exerzieren der Mannschaften, darum wollen wir auch nächstens mit dem Tennissport anfangen.

Statt des eintönigen Exerzierens wurden in den letzten Wochen viele Bataillons- und Kompanie-Übungen gemacht. Diese sind immer sehr interessant und lehrreich. In der Gefechtstaktik kann ich von meinem Hauptmann unglaublich viel lernen, muss aber alle meine Kenntnisse aus Munster und dem Exerzierreglement beiseite lassen. Die Erfahrungen eines Kompanie- und Bataillonsführers durch alle Bewegungskämpfe des Ostheeres sind doch wesentlich anders. Unnötige Verluste vermeiden und die sichersten Erfolge erringen ist das Prinzip, das der endlos lange Krieg in seinen unzähligen Gefechten gelehrt hat. Jetzt wo wir nur 2–3 Offiziere in der Kompanie sind, ist es ganz unvermeidlich, dass wir gehörig drangenommen werden und durch die Praxis viel lernen. Im Westen kennt man Derartiges gar nicht. Größer angelegt sind dann die Übungen im Bataillon. Einmal habe ich bei dieser Gelegenheit die Kompanie geführt, während Hauptmann Stockmann das Bataillon kommandierte. Es ist nicht immer leicht, im Rahmen des größeren Ganzen seine Kompanie richtig einzusetzen, und all die tausend Einzelheiten unter den Augen seiner hohen Vorgesetzten richtig zu beachten und auszuführen.

Varna (Palmsonntag) den 15. April 1916.

Lieber Papa!

Viele herzliche Geburtstagsgrüße, die zugleich als Ostergrüße ganz besondere Kraft für Dein kommendes Jahr haben mögen. Das vorige Jahr hat Dir und uns so viel begraben, wie kaum ein zweites. Um so zuversichtlicher wollen wir dies Ostern feiern. Wilhelms Heimkehr und sein prächtiges inneres und äußeres

Wachstum wird Dir ein frohes Unterpfand sein für diese Hoffnung auf die Neugründung eines starken geschlosseneren neuen Deutschlands im Großen und im Kleinen, bis hinein in die kleinsten Zellen, die Familien- und Freundeskreise. Das Fundament der Leiber der Gefallenen ist stark genug und ihr Opfersinn wird nicht nur den Sauerteig, sondern auch die Massen durchdringen. Es ist gut, dass diese Hoffnung nicht in der Phrase stecken bleiben braucht. Unsere Toten haben es ja selber gesagt und mit ihrem Opfer nichts anders gewollt, als aufsteigen vom individuellen Beschränkten zum Allgemeinen, vom einzelnen endlichen Ich mit all seiner natürlichen Schönheit und Liebenswürdigkeit, die wir nicht vergessen können, zum Leben des Reiches Gottes, in der die Einzelheit für unsere Begriffe aufgeht.

Heute hab ich ja auch einen ganz besonderen Erinnerungstag. Der Palmsonntag war neben dem Hagenauer Tag der schönste Tag im vorigen Jahre, als ich mit Gotthold in den kommenden Frühling hineinfuhr und ein Wiedersehen feierte mit all dem Köstlichen, was menschliche Beziehungen von Brüdern und Freunden bieten können. Damals war genau ein so sonniger Tag wie heute und wir dachten mit Liebe an alle, die uns teuer geworden waren … Ich wollte, wir könnten uns immer Ostergrüße senden, dann wäre das Leben ein Aufstieg und alles Leben zöge mit aus den Grüften der Vergangenheit. – – –

23. April 1916.

Liebe Elfriede!

Du hast recht, wenn Du sagst, es müsse nicht alles ausgesprochen werden, dass das Tiefste des Herzens darunter leidet, wenn es ans grelle Licht gezogen wird. Und doch: Du weißt, wie schwer es ist, nur Monologe zu schreiben.

Zuweilen gelingt es mir, wenn ich eben gern etwas los sein möchte, was mich im Innern quält. Aber das kann ich schließlich jedem schreiben, der mich kennt. … Es liegt darin das ganze Jämmerliche und Unzulängliche des Briefverkehrs. Richtiges

Verstehen haben wir doch nur in der unmittelbaren Berührung mit dem Leben. Trotzdem kann man es doch immer versuchen, das Leben in Buchstaben zu gießen. Dem Dichter gelingt es immer, Leben in die toten Buchstaben hineinzugießen, so dass es für immer darin weiter lebt. Und Dichter kannst Du auch sein; denn das heißt doch nur: ganz unbekümmert, einfach und kindlich sagen, wie es einem ums Herz ist. Und je mehr man das überkommene Wort und Bild vergisst, je leichter wächst dem Gedanken und Gefühl sein eigenes unmittelbares Wort. …

Ich stehe wohl noch viel zu sehr im Austausch mit der Außenwelt, mit Problemen, Aufgaben und Menschen. Und was nach Innen geht, steht weniger für sich da, sondern hat seine Kraft und Bedeutung nur in Beziehung zur Tat und Schaffenswelt. – Das still ruhende Sein spricht mit sich, so wie die Natur mit sich spricht; da ist kein Zuhörer nötig. Wer ihr aber wirklich zuhört, der ist ihr verwandt, der spricht auch am liebsten Monologe. So seid ihr Frauenseelen. So könnt ihr sein und sollt es auch. …

Ich lag heute morgen doch über dem Meere und als ich aufgehört hatte, genau auf die Wellen zu achten, hörte ich plötzlich, wie das Meer atmete, lebte, sprach und erzählte ganz unabsichtlich, gleich als ob ich schon fortgegangen sei und es hinterher doch belauschte, das scheue Sprechen der Meeresseele. Und ich tat, als ob ich nicht darauf achtete, und hörte es doch. So ist es mit der Seele der Natur; sie hält am liebsten Monologe und mag nicht, dass einer zuhört. So kann man das Zuhören nie erzwingen. Ähnlich spricht die Menschenseele. … Jedes in sich abgeschlossene sichere Sein spricht immer im Monologe, immer wieder will es ausdrücken das Eine, dass es lebt, vor lauter Freude an diesem Leben. Wie eben der Quell, der immer von seinem Leben erzählt. Aber der Unterschied ist doch, dass die Menschenseele, Deine Seele, jemand hat, der zuhört; das ist das Einzige was sie braucht. Denn durch diesen Zuhörer muss die Seele in Verbindung stehen mit dem großen Leben, das sich auf die Welt richtet.

An die Marburger Studiengenossin.

Varna den 16. Mai 1916.

Im Mai, da zieht der Magnet die Gedanken nach Marburg – vor zwei Jahren! Wie haben meine Briefe vor einem Jahr gelautet? Ich glaube, sie haben sich auch sehnsüchtig des schönsten Frühlings erinnert. Der vorige Mai (1915) war ja auch mein schlimmster Monat.

So grüße ich auch in diesem Mai Dich und das alte Marburg. Hat man von dem kleinen Fensterchen aus den Kirschbaum noch blühen gesehen und vom Schlafzimmer aus den Flieder an der Sonnenmauer? Hier wird der Frühling mit seinen Wunderdüften nicht so beachtet und gefeiert wie dort. Da ist keiner, der mitfeiert. Ob man ihn überhaupt noch feiern kann? Hoffen wir. –

Vom Balkankriegsschauplatz ist bekanntlich »nichts Neues« zu berichten. Es fehlt dem Dasein der Schwung trotz Reitens und sonstigen eleganten Sports. Darüber kann man sich nicht hinwegtäuschen. Die militärische Tätigkeit mit großen Übungen usw. entbehrt zwar nicht des Interessanten. Man lernt auf die Dauer doch allerlei, mehr als in ewigen Stellungen oder durch Reglements. Augenblicklich bin ich sogar sellvertr. Kompanieführer und kann die Kompanie kommandieren, wenn der Hauptmann nicht da ist. Das ist doch was anderes als nur der zahme Zug. Und schließlich habe ich an Otto Salomon immer noch sehr viel trotz mancher Gegensätze, die sich zuweilen herausgestellt haben. Er ist eine eigentümliche, eigensinnige Natur. Man versöhnt sich aber immer wieder, indem man sich auf das Gemeinsame besinnt. Ich kann meine akademische marburgisch-wissenschaftliche Schule nicht ablegen. Und die dort gefundene Form eines geschlossenen, seiner selbst sich bewussten Idealismus findet wenig Verständnis. Viele Leute nehmen Anstoß daran, dass man sich über gewisse Dinge sehr klar ist – Du weißt, welche – und über andere, die gemeinhin als selbstverständlich gelten, seine Zweifel äußert. Man steht vor festen Bäumen, die sich nicht mehr biegen lassen. Otto hat Gobineau gelesen und kann nicht ab von dessen Rassentheorie. Was für ein Unheil dies Wort anstiftet, ist kaum zu glauben. Er schwärmt für alles Germanische und hasst sich und sein väterliches Geschlecht. Eine schwere Tragik in diesem Menschen. Er fühlt allerdings wie ein Germane (um einmal selbst dies Wort zu gebrauchen) und hat eine unwandelbare Treue und Selbstvergessenheit. Aber die Energie und Ausdauer, mit der er kämpft und schafft, die macht ihm so leicht kein »Germane« nach. Er ist allerdings auch viel zu sehr Künstler, um die prinzipielle Überlegenheit der Geistesbegriffe über die Naturbegriffe erkennen zu können. Er liest zwar Platos Ideenlehre von Natorp, doch macht das nicht den Eindruck, den unser vorgeschultes Gemüt daraus empfängt; bis ich ihm neulich so den Text gelesen habe, dass er still geworden ist mit den elenden »Rassen« und von mir verlangt, ich solle ihm täglich eine Vorlesung halten über die »wahren Erkenntnisse«. Wie soll ich das machen, da die Milch der alma mater meinem durstigen Gemüt längst vertrocknet ist? – Aber nie ist es mir so aufgegangen, wie eng ich mit Marburg und seinem wissenschaftlichen Geist verbunden bin, wie gerade jetzt. Es ist da nichts mehr Angezwungenes und Angelerntes, sondern es ist unser Wesen geworden. Ich begrüße darum auch sehr die Ockershäuser Blätter. Schreibt Du einmal auch etwas hinein? Ihr seid doch die Verwalter des Marburger Geistes.

An dieselbe — Varna den 26. Mai 1916.

In meinem letzten Brief fragte ich nach Marburg. Und dann ist die Antwort eher gekommen, als ich dachte. Das muss man der Marburger Maisonne doch zutrauen, dass sie all die Qual, das Leid und Weh des Alltags und Schicksals, vor dem wir uns in einsame Höhlen flüchten und schweigen, vertreiben kann mit ihrem sanften Erinnerungsschleier vergangenen, nur in Geistern noch fortwirkenden Lebens. Wie hast Du den Schleier fein weitergewoben, dass ich wie verzaubert das alte Reich, seine Träume, Probleme und Menschen mit einem Schlage lebendig um mich spürte. Vielen Dank für diese Briefe vom 7. und 14. Mai, für die Du wohl Deine Sonntage geopfert hast. Ihr Frauen könnt doch mehr wie wir. Ihr seid die Mütter, die das, was die Parze spinnt, bewahrt und daraus die Gewänder webt mit all den Perlen, den erstarrten Tränen und den goldenen Fäden, in die ihr Eure wachsende Seele hüllt. Du hast wohl recht mit Mignons Lied. Die Perlen sind doch nur erworben im Schweigen. Man darf nicht danach fragen. Und doch steht Ihr in solchem Gewande, das getreulich alle Fäden gesammelt hat, vertrauter als alle Worte, lebendiger als alles Reden, vor uns, die ungeduldig das Kommende zum Leben erwecken wollen. Ich weiß wohl, wie Ihr mehr leiden müsst als wir dadurch, dass Ihr untätig im Artilleriefeuer des Schicksals stehen müsst, während wir vorwärtsstürmen können und uns von ihm tragen lassen. Euch geht ein Mensch nach dem anderen fort, eine Freude nach der anderen. Ganz plötzlich oder allmählich. Denn in Briefen muss man doch schweigen, immer mehr. Bis schließlich der Blumengarten ganz verwelkt ist und nur die Erinnerung ihre blassen Blumen darin pflegt. Das ist das Schwere für Euch, dass Ihr immer dabeistehen müsst, wenn eine Blume nach der anderen verblüht. Und doch seid Ihr nicht mehr als die Blumen? Müsst Ihr denn durchaus mit Euren Blumen verwelken? Nein, das tut Ihr auch nicht. Ihr seht den neuen Sommer kommen und pflanzt dankbar neue Blumen in andern Gärten. Das, was das Schicksal uns schenkt und das, was es dann nimmt, ist dasselbe. Es bleibt etwas, das nicht genommen werden kann. Das ist wie die starke Wurzel der Palmenstaude, die immer stärker wird, trotzdem sie jedes Jahr ihre Blätter verliert und scheinbar vom Erdboden verschwindet. Die Wurzel ist mehr als die Blätter. Der immer mehr seine Blätter verliert, der ruht mehr und mehr in sich selbst. –

Ich schreibe Dir den Brief, obgleich ich weiß, dass Du ihn nicht so bald lesen wirst. Habe darum keine Sorge um mich. Ich werde meine Sache so gut wie möglich machen. Ich habe auch an Otto eine gute Stütze. Wir sind sehr froher Stimmung.

Varna den 22./25. Mai 1916.

… Wenn ich vor den Leuten stehe, so bringe ich es nicht übers Herz, ihnen etwas zu sagen, was ich selbst für mich nicht anerkenne, oder eine etwas schwierige, hart erscheinende Meinung beizubringen, ohne sie ihnen mit den möglichen Vernunftgründen zu erklären. Wenn ich den Einzelnen nicht ansehe als selbständige Persönlichkeit, so werde ich sofort unsicher. – Den Unteroffizieren bringe ich Rechnen und Astronomie bei. Alte Einjährige findet man ja auch nicht mehr darunter. Im Dienst besteht auch immer eine gewisse Polarität zwischen dem Hauptmann und seinen Zugführern. Da sollen wir nichts durchgehen lassen und infolgedessen die Leute dauernd sehr hart anfassen, denn mit milder Bestimmtheit mag man Einzelne fassen, jedoch nicht eine ganze Truppe, besonders wenn sie, wie meistens, müde und unaufmerksam ist. Dauernd zu schreien und zurechtzuweisen, strengt bekanntlich äußerlich und innerlich sehr an, und man kann bei Übertreibungen das Vertrauen der Leute verlieren. Darum ist jeder von Natur aus geneigt, lieber milder als strenger zu sein, besonders wenn man seine Leute nun schon so gut kennt. Der Hauptmann muss aber eine sehr stramme Kompanie haben. Einer muss also aufschwänzen, das ist der Zugführer. Der Hauptmann darf dann den Milden spielen. Unser Hauptmann ist aber ein sehr taktvoller Herr. Er hat uns noch nie angefahren, man muss vielmehr den Grad seines Unwillens aus minimalen Verstärkungen der Stimme entnehmen oder besser erfühlen können. Er beobachtet aber gut, unser Hauptmann, macht sich seine Gedanken, die er aber nie ausspricht. Wir natürlich immer möglichst korrekt und dienstlich. Aber die Pferde gibt er mir doch. Er kann einem nichts abschlagen, oder doch nur schwer. …

Ende des Jahres darf ich vielleicht an Urlaub denken. Jedoch wird die Sehnsucht nicht so groß sein, wenn man keine Taten mit heimbringen kann. Mein anderer Kompaniekamerad, den ich wohl schon erwähnte, ist der Leutnant Jonas. Auch eine seltsame Erscheinung in der Fülle der Kriegergestalten. Er hat in Danzig studiert und sein Bauingenieur-Vorexamen gemacht. Eigentlich hätte er Musiker werden sollen. Studiert hat er ja mehr Musik als etwas Anderes. Er ist infolgedessen ein hervorragender Klavierspieler, was hier bei den schlechten Klimperkästen nicht so sehr zur Geltung kommen kann. Doch in Sarnows Zimmer, das mit einem Übungsklavier aus dem Pensionat ausgestattet ist, wird jetzt recht häufig musiziert. Entweder spielt er mir allein eine Beethovensonate nach der anderen mit vollendeter Technik – soweit man es auf dem kleinen Klavier beurteilen kann – vor, oder wir traktieren gemeinsam die Frühlingssonate und sonstige Sachen. Seit ca. 14 Tagen habe ich nämlich meine Geige hier und ich bereue nicht, dass ich sie habe kommen lassen, denn sie wird uns noch manche schöne Stunden bereiten, besonders wenn die bestellten Noten auch angekommen sind und ich mich ein wenig wieder einspielt habe, nach zweijahrelanger Pause. Zum Übern habe ich immer ganz gute Gelegenheit zu Zeiten, die doch für geistige Beschäftigung verloren sind.

Unsere großen Übungen an den unbebauten steinigen Höhen, Schluchten, Hängen und Abstürzen, nahe der rumänischen Grenze sind manchmal recht kriegsmäßig angelegt, d. h. die besondere »Angriffshetze« des Friedensmanövers wird vermieden. Alles verschwindet von der Bildfläche und ein Laie würde nicht ahnen, dass ein Regiment im Angriff ist. Dem Regiment kommen die vielen Kriegserfahrungen des Bewegungskrieges zu statten. Ist es doch in Rußland überall dabei gewesen.

[Zensurlücke.]

Solche größeren Übungen sind recht gut, damit man nicht zu verweichlicht wird, durch das stets reich versehene Kasino und das Bett mit Sprungfedermatratzen. Feldküchenessen ist auch ganz gut, und 14 Stunden auf den Beinen ebenfalls. Die Mannschaften sind allerdings weniger für derartige Bewegungen begeistert. Für sie kommt doch noch der Rucksack und die Schanzarbeit hinzu [Zensurlücke.]

Jetzt muss man sich bereit halten, jeden Augenblick von dem Körper die stärksten Anstrengungen fordern zu können ohne müde zu werden, was der Soldat darf, für den der Führer mit denken muss. Für diese Zwecke ist Reiten, Baden und Tennisspieen eine gute

Übung. Die Mannschaften erhalten heute »Tropenausrüstung«, d. h. dünne feldgraue Leinenjacken und Hosen. Ich habe mir darum auch schon eine solche Bluse bestellt. – Am 23. Mai v. Jahres kam ich zu dem neuen Regiment 184. Es waren damals auch grade sehr warme Tage, doch war man nie so hoffnungsfreudig wie in jener Zeit. Mögen sie ein gutes Omen auch für dieses Jahr bedeuten!

Den 30. Mai 1915.

Kampf der Freunde! Das ist der Kampf um eigene innere Werte, die wir uns abringen, ohne uns wehe zu tun, und indem wir uns gegenseitig helfen. Oft erleben wir in den Beziehungen zum Freunde Höhepunkte, wo wir uns ganz gleichen, ganz verwandt scheinen, einer den anderen bis ins Innerste versteht. Diese Punkte bedeuten die Stufen des Wachstums, des Reiferwerdens der inneren Werte. Aber das Schicksal der Freunde ist dann doch, dass sie jeder ihren Weg gehen müssen, dass niemand ihnen die Lasten der Gegenwart abnehmen kann. Und das Eine bleibt und muss die Hauptsache sein: das Stärkerwerden durch den Freund und Starkbleiben auf den eigenen Wegen, die man zu gehen hat. Im Grunde hat man doch allein zu sein. Freunde können nicht immer beieinander bleiben und alles teilen; es genügt, wenn sie einander den Weg weisen und sich Treue geloben, ihn zu Ende zu gehen. – Grade dies Gefühl des Auf-sich-selber-Angewiesenseins kommt einem im Kriege stark zum Bewusstsein.

Den 10. Juni 1916.

Lieber Papa!

Für Lesestoff vielen Dank. Ich benötige nichts vorläufig, da das Buch Natur und Leben wieder an neue interessante Kapitel angelangt ist. – Für die Pfingsten herzliche Glückwünsche. Auf unserer Halbinsel steigern sie [die Pfingsten] den Temperaturgrad der Sonnenhitze beinahe auf ihre Zahl. Doch lernt man solche Hitze ertragen.

Wenn Du Apostelgeschichte 16, 10 b liest, denke an mich. Mit herzlichen Grüßen Heinz.

Auf der Bahn, Sonnabend den 10. Juni 1916.

Heute morgen war also der große Tag unserer Abfahrt. Früh um 5 Uhr störte mich Bruno schon aus dem Schlafe. Dann fuhr ich mit Jonas zum letztenmal mit Iswoschik vornehm zum Pensionat. Um ½7 Uhr rückten die beiden Kompanien 7 und 8 mit der Regimentsmusik ab. Auszugsgefühle bewegten die Mannschaften. Jeder hatte eine Rose aus dem gegenüberliegenden Garten erhalten. Auch meine Brust schmückte sich mit der Zeit zu einem wahren Rosengarten. Ich führe die 8. Kompanie, da der Hauptmann und Sarnow am Bahnhof waren. Ganz unvergesslich ist solch ein Ausmarsch. Dieser erinnerte mich wieder sehr an meinen ersten aus Halle. Die lange in Varna verlebte Zeit drängte sich mit der ungewissen, lockenden Zukunft in den wenigen Minuten so lebhaft wie nur möglich zusammen, während man bei der prächtigen Musik durch die bereits belebten Straßen der Stadt zog. Die Varnaer ließen ihre Beschützer nur ungern ziehen. Am Bahnhof dauerte es noch 1 ½ Stunde bis zur Abfahrt.

Die Sonne brannte schon in Mittagsglut und verhieß eine heiße Bahnfahrt. Doch haben wir es sehr bequem, ja wundervoll, deutsche Personenwagen. Die acht Offiziere und der neue Jägeroffizier bewohnen zu je zwei ein II. Klasse-Abteil. Da lassen sich die vier vorgesehenen Tage schon aushalten. Ich teile mein Abteil mit Otto. – Zur Abfahrt fanden sich natürlich deutsche und bulgarische Kameraden ein. Ich unterhalte mich noch mit dem mir bekannten Major Jekoff, der mir von zarter Hand ein paar Rosen mitgebracht hatte, über ein eigenartiges Thema: Über Philosophie, Kant und das »chose pour elle«. Ein seltsames Abschiedsgespräch von Varna! –

Dann vollzog sich endlich der Abschied, den man schon tagelang gefeiert hatte. Am Abend vorher hatten wir noch eine wundervolle Wagenfahrt gemacht um die Bucht herum nach den Höhen von Galata und sahen dort die Sonne untergehen hinter dunklen Gebirgskämmen, während das Meer perlmutthaft und spiegelglatt die hohen Küsten umsäumte. Zurück ging die Fahrt durch geheimnisvoll kühl aus Gebüschen streifende Abendluft, die uns die Temperaturstürze Mazedoniens ahnen ließ. – Ein Abschiedskonzert hatten wir auch gegeben am letzten Vormittage vor dem allerkleinsten Kreise im Theater Rankoff. Da haben wir noch einmal Bach, Beethoven und Brahms erklingen lassen. –

Pfingstsonntag den 11. Juni 1916.

Der zweite Tag auf der Bahn! Die Sonne meint es wirklich zu gut: Eine glühende Hitze liegt über den reichen Gefilden Nordbulgariens, durch die der Zug bergauf, bergab durch Hügelland mit z. T. prächtiger Aussicht auf den Balkan uns führt. Wie sind nun schon im Iskertal mit seinen wildromantischen Fels- und Gebirgspartien. In tief eingeschnittenen Schluchten wird der Balkan durchbrochen. Es werden eifrig Aufnahmen aus dem fahrenden Zuge gemacht. – Die Stimmung ist ausgezeichnet trotz der Hitze, bei der die Tagebuch-Gedanken so dürftig werden, wie unsere Kleidung (Bonmot, das Otto eben verzapfte). Außerdem alles schwarz von Rauch der beiden Lokomotiven, die dicht vor uns ihre schlechte Kohle verfeuern. Des Abends werden wir wohl in Sofia ankommen. –

Pfingstmontag in Nisch.

Nun hat es sich hier doch entschieden, dass wir nicht nach dem schönen heißen Süden kommen, sondern dorthin, wo es jetzt am meisten zu tun gibt. Nun heißt's ade, lieber Balkan! Ob wir uns wiedersehen, ist fraglich. –

Der Pfingstmontag ist nicht so heiß wie die beiden vorhergehenden Tage. Ein taufrischer, kühler Morgen begrüßte uns im schönen Nischavatale hinter Pirot. Wer kann all die Herrlichkeit schildern! Dann bricht sich der Fluss, begleitet von der Bahn eine tiefe Schlucht durch himmelhohe Felsen und Berge, um in die weite Ebene, in der Nisch liegt, einzumünden. Während wir durch das reich bebaute Land fahren, wurden für meine Kameraden die Erinnerungen aus dem Herbst wieder wach. Ich erfahre genau, wo der und der Patrouille gegangen ist und sehe mit Ehrfurcht den Weg, auf dem das Regiment des Nachts bis an die Brust im Wasser durch das breite überschwemmte Moravatal gegangen ist. –

Von unserer Bestimmung verlautet zuerst, unser Zug bliebe vorläufig in Belgrad, um weitere Nachrichten abzuwarten. Dann heißts aber bereits, der Zug fährt ohne Aufenthalt gleich durch. Und tatsächlich ist die Abfertigung des Zuges, soweit es auf einer eingeleisigen Strecke überhaupt möglich ist, seine sehr prompte. Zufälligerweise läuft unser Zug an der Spitze der ganzen Division.

Feldmarschall Mackensen ist soeben an uns vorbei voraus gefahren.

… Nun – wir werden auch dort unsere Pflicht tun. –

In der ungarischen Donauebene.

Dienstag den 13. Juni 1916.

Um 3 Uhr morgens frühstücken wir in Belgrad. Als wir 4,45 Uhr den Bahnhof verließen und langsam zur Savebrücke hinausfuhren, war es bereits hell geworden. Wunderbar hob sich die dunkle zackige Silhouette der Stadt von dem in zarten Rosenfarben ausgespannten Morgenhimmel ab. Viele Spuren des Kampfes waren in dem sumpfigen Save- und Donauzusammenfluss zu beobachten. Die Donau überschritten wir erst nach Durchquerung des vielleicht fruchtbarsten Teil Ungarns, Syrmiens, wo das Regiment vor einem Jahr 3 Wochen gelegen hat, bei Peterwardein-Neusatz. Dort wurde man verpflegt und man benutzte den Aufenthalt, um ein wenig die kleine Stadt zu besichtigen. Mit dem uns folgenden Zuge, in dem der Regimentsstab und die M.G.K. fahren, begegnet man sich bei solchen längeren Aufenthalten. Der Oberstleutnant scheint etwas besorgt. Adjudant Hüter war jedoch lebhaft und lustig und wirklich reizend zu mir. Überhaupt ist die Stimmung der Kameraden untereinander ausgezeichnet. Alle Gegensätze sind wie weggefegt. –

In der Bahn abends 8 Uhr, in Ungarn.

Gestern Abend Verpflegung in S. In der Stadt noch einige Besorgungen gemacht. Wir studieren eifrig den Pester Lloyd, der auch alles wunderbar bemänteln kann: »Czernowitz ist noch keineswegs unmittelbar bedroht.« Und dabei ist es sicherlich schon besetzt, wenn die Russen bereits in Snyatin und Horodenka sind. Über Luck sind sie ebenfalls schon längst hinaus. Ihr Vormarsch geht unheimlich schnell. Unterdessen rollen auch wir immer schneller der Front zu. Nur die allernotwendigsten Aufenthalte. Heute früh waren wir in H. Die Gegend ist recht eintönig: Felder und Steppen. Es begegnen uns jetzt schon viele Verwundetenzüge und auch Flüchtlingszüge. Je näher wir der Front kommen, um so mehr freuen sich die Leute über unseren Anblick. Die Offiziere sind alle sehr gedrückt. Das andere jubelt uns zu. Die Verpflegung immer ganz ausgezeichnet. [Zensurlücke.]

Donnerstag den 15. Juni, morgens.

Heute ist bereits der 6. Tag, an dem wir ununterbrochen auf der Bahn liegen. Aber solange man einen solchen bequemen Wagen hat mit einem halben Abteil pro Kopf, lässts sich schon aushalten. Leider regnet es heftig, so dass die schöne Landschaft etwas verschwindet. Der Zug keucht mühsam auf der jetzt wieder eingleisigen Strecke hinaus. Er ist zudem noch geteilt. Jeder Teil mit zwei Lokomotiven. ... [Zensurlücke.] ... Die Stationen sind mit

Zügen verstopft. Auf der Morgenverpflegungsstation L. gibt es gutes Frühstück. Butter in Masse. In S. sind wir um 3 Uhr. Mittagsverpflegung. Am Bahnhof sehr lebhafter Betrieb. Die Lazarette werden geleert. Gefangene Russen müssen Bahren schleppen. Von einem Artillerieoffizier unserer Division, der aus Mazedonien kommt und sich jetzt uns anschließt, erfahren wir allerlei, sowohl über unsere früheren Bestimmungen und die Zustände in Mazedonien, wie über unsere bevorstehenden Aufgaben. Unter Hitze werden wir wohl nicht zu leiden haben, so wie in Mazedonien, wo sie bis 57° stieg. Es ist heute auch den ganzen Tag über regnerisch. Wir haben bereits unsere wärmeren Sachen angezogen. Von Stanislau aus, dem kleinen Städtchen, um das viel deutsches Blut geflossen ist, wie die Soldatengräber auf den Feldern vor der Stadt zeigen, fahren wir gen Osten. Wir überqueren den Dniester auf der neuerbauten Brücke etwas oberhalb der Stelle, an dem das Regiment vor einem Jahr seinen glorreichen Übergang gemacht hat. Die Gegend ist flach und grün, doch nicht von Saaten. In C. werden wir noch einmal sehr gut verpflegt um 6 Uhr. Um acht Uhr passieren wir R. Die Landschaft ist wellig, malerische Dörfer in den Falten und gut bebaut. Bei R. überqueren wir die Gnila Lipa. In drei Stunden werden wir wohl am Ziel sein. Dann sind unsere schönen Eisenbahnfahrten und die letzten Tage der Ruhe und Besinnung vermutlich vorbei.

Ich habe unterwegs den neuesten *Bahr*schen Roman erstanden, aus Mangel an Besserem. Er nennt sich »Himmelfahrt«. Ein Roman voller ernst zu nehmender Weltanschauungsfragen. Manche Ideen Johannes Müllers. Er endet aber mit einer Bekehrung einer modernen zwiespältigen Seele zum Katholizismus. (Das bekannte Bahrsche Problem, denn er kann ja nicht an seiner Volksreligion vorbei.) Allerdings ein seltsamer Katholizismus! – Außerdem hat sich der Phädon, das wunderbare Gespräch sicherer und frommer Menschen, in meinen Rucksack verirrt. Und dann die stets anregende Unterhaltung mit Otto. So hatte man genügend Gedankenstoff neben den mancherlei Gedanken, die die Heimat aufsuchten.

U. den 16. Juni 1916.

Wir sind an unseren vorläufigen Bestimmungsort angelangt. Die letzte Nacht hatten wir noch einmal recht gut geschlafen in unserem bequemen Abteil. Halb im Schlaf hörte ich von einem Eisenbahnunglück, das uns betroffen haben sollte. Wir standen lange an einer Stelle; hatten natürlich nichts bemerkt in unserem festen Schlaf. Allmählich stellte sich heraus, dass eine Lokomotive in die letzten drei Wagen von der Seite hineingefahren sei, so dass dieselben beschädigt und von unserem Zuge angerissen wurden. Es war gerade unsere Bagage. Es hat ihr aber scheinbar doch nicht viel geschadet. Sie wurde bald nachgefahren. Gegen 3 Uhr kamen wir wohl in K. an. Die Kompanien sammelten sich noch im Dunkeln auf einer guten Landstraße am Bahnhof. …

Auf der Straße warteten wir bis 5 ½ Uhr, bis die Bagage ausgeladen war. Unterdessen hörten wir allerlei über die Lage. Die Front vor uns sollte die alte Linie noch immer halten, trotzdem nur eine deutsche Division beteiligt war. Deutsche Truppen mischten sich abwechselnd mit österreichischen. So hat man, trotzdem alle Reserven an andere bedrohtere Punkte gebracht worden waren, gestern oder vorgestern sieben russische Angriffe abgewiesen. –

Nachdem wir unseres Führers endlich habhaft geworden waren, rückten wir ab. Ein komischer Kauz war dieser deutsch sprechende Galizier, der uns treuherzig allerlei von der »schönen Stadt« Kozova erzählte und bedauerte, dass wir nicht dort blieben, wo wir sehr schöne Quartiere und schöne Mädchen finden würden. Der Weg, den er führte und den er auch nicht zu loben unterließ, vermochte uns jedoch einigermaßen über die Schönheitsbegriffe dieses guten Mannes aufzuklären. Denn einen derartigen Weg habe ich in Frankreich nicht gesehen. Er erinnerte etwas an den Stumsdorf-Spörener Feldweg bei nassem Winterwetter, wenn er durch die Rübenkarren ausgefahren ist. Auf eine solche Straße brachte uns der Führer, nachdem er uns durch die Schlammulden des Dorfes K. hindurchgeführt hatte, lüftete seinen Hut und entfernte sich auf höfliche Weise. Wir zogen indessen weiter auf dem »schönen« Wege und freuten uns, wenn wir seitwärts in nassen Äckern oder Wiesen den Stiefeln wieder formvolleres Aussehen verleihen konnten. Der Regimentsstab überholte uns und ritt durch unsere geteilte Kolonne, dass der Dreck spritzte. Das Dorf war bald sichtbar: Ein grüner Baumflecken auf der weiten ebenen Fläche, so wie sich Spören von Stumsdorf aus präsentiert. Zum Schluss fing es noch an, tüchtig zu regnen, so dass man einigermaßen durchnässt nach zwei Stunden ankam.

Meinen Zug quartierte ich bald in eine Reihe Gehöfte und kleiner Scheunen ein und bezog selbst eine ganz annehmbare Bude. Die Ruthenen sind recht freundliche Leute. Die Familie zieht bereitwilligst aus ihrer einzigen Stube heraus und quartiert sich in irgendeine unnennbare Kammer ein. Mein Lokal ist freundlich weiß getüncht mit einem Lehmboden und einem Riesenofen, der mit seinem verzwickten Aufbau beinahe ein Viertel der Stube wegnimmt. Zwei an den Wänden entlang laufende Bänke, zwei große Truhen, als Tisch benutzbar und das unvermeidliche Flöhebett auf hohen Füßen vollenden die Ausstattung. – Mein Bursche erweist sich als unermüdlich und fleißig und kann sich in seinem Polnisch ganz gut mit den Leuten verständigen.

Den 17. Juni 1916.

Unser Verweilen in U. war nicht von langer Dauer. Gleich nach der ersten Nacht mussten wir abrücken in südlicher Richtung. Ob ich für mich allein wieder eine so freundliche Stube bekommen kann, erschien mir sehr zweifelhaft, als ich die Quartiere der Kameraden sah, die zu vier bis fünf eine kleine Stube bezogen hatten. Doch darf man sich keine zu idealen Begriffe von solchen Quartieren machen. Gleich in der ersten Nacht begann der Kampf mit dem Ungeziefer. Schöne Aussichten das! Wir marschierten wieder auf ganz unsagbaren Wegen nach Süden. Unser Ort liegt etwas nordöstlich von dem Städtchen P. Gegen 4 Uhr zogen die Bataillone hinein, nachdem wir drei Stunden davorgelegen hatten und gemütlich die Gulaschkanone von ihrem Inhalt befreit hatten. Währenddessen hatte man mit den k. und k. Truppen verhandelt wegen der Quartiere. Trotzdem funktionierte die Sache nicht. Unsere Kompanie sollte das Ostende des Dorfes besetzen und zugleich eine Feldwache beziehen. Ich stieß nun beim Quartiermachen auf energischen Widerstand, so dass ich schließlich mit Gewalt die Pferde der ungarischen Husaren herauswerfen musste. Als ich nun glaubte, alles glücklich unter Dach zu haben, kam ein sehr eleganter Ungar auf mich zu, stellte sich als Leutnant Graf so und so vor und bat um Räumung zweier Häuser für Offiziere. Ich bedauerte natürlich lebhaft und schickte ihn zum Major, bei dem er sich die Erlaubnis holen müsse. Ich musste infolgedessen schließlich doch umziehen, so dass erst spät am Abend die Quartierfrage erledigt war. Ich unterhielt mich trotzdem sehr nett mit dem Ungar. In seinem wundervollen bis an die Knie reichenden pelzbesetzten braunen Rock schien er aus Goethes Zeiten zu stammen. Weich und gefühlvoll wie ein Werther. Dabei sehr leichtfertig in der Beurteilung der gegenwärtigen Lage. »Dös is ja alls nit so gfährlich. Wenn wir die Strypa nicht halten, gehen wir einfach zur Zlota Lipa zurück. Das macht doch nichts aus.« Mein Quartier habe ich mit Jonas und den beiden Burschen in einer ganz gut erhaltenen Kate gefunden. Wir haben Stroh und lassen die junge Frau mit ihrem Jungen ruhig in dem Bett schlafen; das ist ihr auch absolut nicht genierlich.

Den 19. Juni 1916.

Noch immer in Breczany. Nichts Neues. –

21. Juni 1916.

Die letzten Tage sind ohne besondere Ereignisse vorübergegangen. Die beiden Bataillone liegen noch hier in B. in Reserve; allerdings in stetem Alarmzustand, um sofort bei gefährlichen Ereignissen vorne eingreifen zu können. Ob uns sonst noch eine aktive Bestimmung zugedacht ist, kann keiner beurteilen.

Die ganze Bewegung der Russen scheint etwas zum Stehen gekommen zu sein; wenigstens hört man nichts davon, dass sie zwischen Dniester und Pruth und bei Luck weiter gedrungen sind. Die Strypa wird gehalten; an anderer Stelle ist auch das rechte Ufer bis 15 Kilometer, vielleicht auch weiter, von den Russen besetzt, ob bis zur Mündung herunter, ist unbekannt. Buczacz wird aber wohl in ihren Händen sein.

Heute ist wieder lebhafte Tätigkeit vorn. Es wird viel geschossen. Mein Bursche hat von einem k. und k. Kollegen gehört, dass jetzt eben zum 11. Male heute von den Russen angegriffen werde. Ob es wahr ist, ist eine andere Frage. Man erfährt so sehr wenig. [Zensurlücke.]

Das Privatleben führe ich mit Jonas und den beiden Burschen noch in der gleichen Stube. Außerdem pflegt der kleine Elias sich auch gern hier aufzuhalten. Augenblicklich hat er sich auf den Lehmboden gelegt und schläft fest, unter dem Kopf etwas Brennholz. In der Zeit, in der man nicht draußen bei der Feldwache ist, vertreibt man sich die Stunden mit den jetzt angekommenen Zeitungen und Briefen, die die etwas gesunkene Stimmung – man hat ja nicht den geringsten Lesestoff – wieder anregen. Außerdem beginne ich unter Jonas sachverständiger Leitung Stenographie zu lernen. Eine ganz nützliche Beschäftigung in freien Stunden.

22. Juni 1916. Gestern Abend kam wieder Post; darunter ein Stoß von Zeitungen bis zum 18. Juni, durch die ich mich langsam durcharbeite. Endlich lässt sich auch die russische Offensive im Zusammenhang verfolgen. Ich schneide mir alles Wesentliche aus und studiere die Lage an Hand von Karten. …

[Zensurlücke.]

Von all den technischen Schikanen der Westfront: Minenwerfer, Stollen usw. habe ich hier noch nichts bemerkt. Das, was bei Arras und in der Champagne vor sich ging, war doch ganz was anderes.

An die Marburger Freunde.

G. den 23. Juni 1916.

Nachdem die Briefsperre, die seit vier Wochen über unsere Division verhängt war, aufgehoben ist, kann ich endlich wieder einen Beitrag für die O. B. liefern. Wenn wir hier unsere Gedanken austauschen und versuchen, wieder einander näher zu kommen, so kann es gar nicht ausbleiben, dass wir in erster Linie von Dingen reden, die mit unserm jetzigen Berufe zusammenhängen, denn alle unsere Erlebnisse sind doch Kriegserlebnisse und unsere Gedanken richten sich doch in erster Linie auf die Erfassung und Beherrschung unseres neuen Lebens, das durch den Krieg in allen Teilen eine besondere Wendung erhalten hat. Wir sind eben Soldaten, wenigstens diejenigen, für die in erster Linie die O. B. bestimmt sind, und es wäre schade drum, wenn wir das in irgend einer Beziehung verleugnen zu müssen glaubten. Die A. V. kennt nicht das »Philistertum«, den Beruf, der durch ein breites Wasser vom Studentsein geschieden ist. Für uns ist das eine ohne das andere nicht denkbar; beides gehört notwendig zusammen. Darum können wir auch ganz Soldaten sein, ohne den echten Akademiker zu verleugnen. Das spezifisch Akademische, zu dessen Herausarbeitung wir uns in der A. V. vereinigten, liegt doch nicht in einem besonderen Daseinsgehalt, der uns für immer in seinen Bann fesselte, ohne den unsere Existenz seine volle Bedeutung verlieren würde, sondern in einem ganz bestimmten oder vielmehr zu steter Steigerung bereiten Grad von Intensität in der Durchdringung und Belebung des beliebigen gegebenen Inhalts. Der Inhalt ist das Soldatsein. Also **hic Rhodus, hic salta!** Verkennung einer echten möglichen Einheit von Studium und gegenwärtigem Beruf hieße auch ein Nichtverstehen derjenigen von uns, die als aktive Offiziere fielen wie Feicke und Gotthold. Darum brauchen wir uns gar nicht vor »Kriegsberichten« zu scheuen mit den bekannten Quartieren und Läusen, Schützengräben und Granaten, Märschen und Ruhetagen, Vorgesetzten und Untergebenen und was des Stoffes mehr ist, in dem wir uns dauernd betätigen, in dem Glauben, hierin den Zweck des Tages, vielleicht auch des Lebens zu erreichen. Es kommt ja nur darauf an, *wie* wir diese Kriegsberichte schreiben.

Heini Werner regt einige ganz interessante Fragen an, wenn er geistige Anregung fordert, die die Führer den Mannschaften schuldig sind. Auch ich habe unter der geistigen Öde gelitten, die der Schützengraben und der Kreis der einfachen Kameraden mit sich brachte, und war für jedes persönliche Wort und jede Anregung, die von Seiten der Vorgesetzten kam, dankbar. An diese Musketiererlebnisse erinnere ich mich immer wieder, wenn mir einmal jetzt, wo ich selbst mit den Leuten als Vorgesetzter verkehre, die Schwierigkeiten solcher Pflichten zu groß erscheinen. Unsere vornehmste Aufgabe ist die schon erwähnte, unsere Leute in fester Disziplin jeden Augenblick in der Hand zu haben. Der einfache Mann ahnt ja nicht, wie viel Überlegung, Beobachtung und Aufmerksamkeit auf jedes Wort, jede Bewegung zu diesem Zweck nötig ist, wieviel Besprechungen mit dem Hauptmann über diesen Punkt abgehalten werden, der uns immer wieder einschärft, auch nicht das geringste durchgehen zu lassen. Ich habe da mancherlei gelernt. Der Mann muss immer das sichere Gefühl haben, dass der Wille seines Führers der stärkere ist. Denn bei schwierigen Situationen, in den häufigen Fällen geistiger und körperlicher Ermattung reicht der autonome Wille des Einzelnen, geschweige denn der Masse nie aus. Um so stärker muss der Wille des Führers sein. Persönliche Fürsorge und Interesse für die Leute kann der Sicherheit dieses Verhältnisses nur förderlich sein. Aber zu enger Verkehr schadet nur, besonders jungen Führern. Die Psyche der Mannschaften ist nicht so geschlossen, dass sie sich immer durch aus solcher Fürsorge erwachsener Treue leiten ließen. Ausnahmen mag es geben. Aber wir müssen jeden Augenblick jedes Mannes sicher sein, das verlangt die militärische Aufgabe von uns. Darum suchen wir uns erst des stärkeren Mittels zu versichern und erst in zweiter Linie kommt die Rücksicht auf persönliche Fühlung und geistige Anregung, doch immer nur so weit, als hierdurch das Führerverhältnis vertieft und nicht geschädigt wird. Auch hat die Sache noch andere Schwierigkeiten. Geistige Anregung und Belehrung, die mehr ist als bloße Unterhaltung und Zerstreuung, findet nach meiner Erfahrung wenig Liebhaber. In den kurzen Ruhetagen nach anstrengendem Schützengrabendienst kann man auch keine Aufmerksamkeit für solche Dinge verlangen, und das stetige Bewusstsein, den nächsten Tag vielleicht nicht mehr erleben zu können, nimmt das Interesse an Bildungsförderung, die für den Frieden berechnet ist. Größere Ruhepausen bieten bessere Gelegenheit hierfür. Ich habe aber in der täglichen Instruktionsstunde in Varna, die ich für alle möglichen Themen verwenden konnte, nicht die glänzendsten Erfahrungen gemacht. Ich konnte froh sein, wenn ich bei der Besprechung der interessantesten Fragen über Politik, die gegenwärtige Lage Deutschlands, über den Krieg die Aufmerksamkeit der Intelligenteren fesselte; jedoch ein dauerndes Wissen zu erzielen, habe ich bald aufgegeben. Dagegen fand ich bei dem Unterricht der Unteroffiziere mehr Gegenliebe. Nach meiner Meinung ist schon viel erreicht, wenn eine Unterhaltungsbibliothek, ein so schönes Soldatenheim, wie wir es in Varna hatten, und sogar ein Kino, das belehrt, indem es unterhält, vorhanden ist. – Trotzdem will ich nicht verkennen, dass man bei Einzelnen dauernde Wirkungen erzielen kann, ich denke z. B. an einen Landsturmmann, einen einfachen Arbeiter, dem von den vielen Büchern, die ich ihm gab, am besten der »Phädrus« von Plato gefiel, der zufällig dazwischen gekommen war. Soweit meine eigenen Erfahrungen in dieser Frage. Für weitere Anregung wäre ich sehr dankbar. Heil und Sieg! Euer H. v. Rohden.

K. den 30. Juni 1916.

Wir sind etwas nach Süden gerutscht. Vielleicht sollen wir bei K., das genommen sein soll, den Russen auf den Pelz rücken. Aber anstrengend waren die beiden letzten Tage für die Mannschaften. Man empfindet da erst dankbar, dass man derart übermenschliche Anstrengungen nicht mehr zu leisten braucht. Gestern morgen früh machten wir noch einen Übungsmarsch, friedlich wie wir uns fühlten. Um 7 Uhr marschierten wir ab und streiften durch das schöne wellige galizische Land. Alles bebaut, nicht immer sorgfältig infolge des Krieges, aber man sieht, was der Boden wohl leisten könnte. Wir marschierten durch das deutsch-protestantische B., in der eine wohlgemeinte, aber der Landschaft wenig schön sich anpassende deutsche Diaspora-Dorfkirche steht, im großen Bogen nach B. Es war Mittag geworden und dazu recht heiß und mit Vergnügen stürzte man sich bei einer letzten kurzen Rast in den See, der gleich an die staubige Landstraße grenzt. Kein Seebad in Varna ist wohl so genossen worden.

Die letzte Wegstunde wurde aber für viele sehr schwer und man war herzlich froh, als man um 2 Uhr die Kompanie endlich wieder in Quartier hatte. Ein ausgiebiger Schlaf folgte. Um 7 Uhr kam aber bereits wieder der Befehl zum Vormarsch, den wir eine Stunde später antraten. Unübersehbare, marschierende Bataillone und endlose Kolonnen, die sich gegenseitig hinderten, strebten nach Süden; alles eifrig und geschäftig, laute Kommandos der Häuptlinge. Necken und Schreien, Singen und Rufen der einander überholenden Bataillone, Fluchen über die Kolonnenkutscher, Tuten der Autos. Und das alles unter einem hellen Abendhimmel, an dem mächtige Wolken in seltsamen Gebilden und nie gesehenen Farben ihre eigene Welt bauten.

Bevor die Nacht beides verschlang, Menschen und Helligkeit, lagen wir noch eine Stunde auf der Chaussee bei P. und blickten über Schilf und See in den verschwindenden Abend gegen Westen. In dem einen Graben lagen die …er, in dem anderen die … er unserer Nachbarbrigade … Die Pommern und Westpreußen waren ganz still. Von drüben herüber erscholl lebhaftes Lachen, Scherzen und Singen. Die »Wuschlebube« aus Schwaben verlieren nie ihren guten Humor. Sie sangen uns allerlei schöne Lieder vor von »Preisend mit viel schönen Reben« bis »Schäume Maritza«, das sie ebenso wie einige unserer Kompanien von den Bulgaren gelernt hatten. Dann ging es in die schweigende Nacht, in der es immer stiller wurde, denn die Last fing an zu drücken. Ein schöner *Sternenhimmel* erzählte um so mehr. Um 3 Uhr war der Marsch beendet. Da tauchten die leuchtenden Augen der Autokolonnen auf, die uns eine Strecke weit fahren sollten. Gegen

4 ½ Uhr konnte ich endlich die Kompanie verladen, 20–30 Mann in jedes der Lastautos. Leider musste ich 12 Mann zurücklassen, die mit der folgenden Kolonne fahren sollten. Da diese aber nicht kam, mussten sie schließlich zu Fuß laufen ebenso wie Otto mit einem Teil der Ergänzungskompanie, die dann erst mittags um 1 Uhr ins Quartier kam. Wir aber konnten stolz mit dem Auto in den frischen Moorgen hinein fahren. Ich fuhr am Schluss meiner Kompanie und hatte ein elegantes offenes Auto für mich allein. Es war eine schöne Fahrt (30 km), obgleich die Augen zuweilen zufallen wollten. Die Gegend wurde ganz romantisch. In einem Tal, lieblich wie das Wuppertal, fuhren wir auf guter Landstraße durch schlafende Dörfer, an marschierenden Kolonnen entlang zuweilen unter dem grünen Dom mächtiger Linden. Wir passierten auch das Städtchen M. Es war gänzlich zerstört. Unheimliches Grauen lag auf diesen öden Stätten der Verwüstung. Das Auto glitt schnell hindurch und dann ging es bergauf, bergab in ein neues Tal, in dem wir schließlich gegen 6 Uhr ausgeladen wurden. An welcher Stelle, das wusste kein Mensch. Später entdeckte ich, dass sie gar nicht mehr auf meiner Karte war. Trotzdem führte ich an der Hand der Karte die Kompanie mutig ins Gelände, um unsern Quartierort zu finden. Nach einer Stunde fand ich ihn auch, ohne Umwege gemacht zu haben. Alles schlief im Dorfe. So dauerte es einige Zeit, bis ich den für uns bestimmten Teil des Dorfes ausfindig machen konnte. Nichts ist unangenehmer als mit einer müden Kompanie herumzulaufen. Da muss man sehr heftig dazwischen fahren. Hpt. Stockmann und Sarnow schliefen schon fest in ihrem Quartier. Innerhalb 10 Minuten hatte ich aber die Kompanie so verteilt, dass jeder seine wohlverdiente Ruhe hatte. Jonas und ich hatten eine reizende, sehr saubere Stube, in der wir uns zum Morgenschlafe alsbald hinlegten. Mittags aß man dann irgend ein gepfeffertes Zeug, zu dem die frische Bauernmilch sehr gut tat und um 3 Uhr nachmittags war man bereits wieder auf dem Marsche. Schade, das Quartier war sehr schön.

Wir schlugen den Weg ein, den wir gekommen waren und marschierten die Straße südwärts, auf der uns die Autos abgesetzt hatten. Den Dniester überschritten wir auf einer langen Eisenbahnbrücke. Ein endloses Dorf oder Städtchen folgte und schloss mit einer zweitürmigen Barockkirche ab. Dort wurde eine – ich weiß nicht aus welchem Grunde – überaus kurze Pause eingelegt. [Zensurlücke.]

Wir hatten an dem Tag vorher 19 Mann Ersatz bekommen. Sie hatten auch keinen Platz in den Autos gefunden und waren den ganzen Vormittag nach der durchmarschierten Nacht gelaufen. Um 7 ½ Uhr abends langten wir endlich in unserm Quartier an. Im Tal liegt das freundliche Dörfchen zwischen Bäumen versteckt. Wir fanden bequemes Quartier bei den saubern Maisbauern. Die Bevölkerung ist übrigens eine gänzlich andere als die an der Strypa, die Leute sind alle sehr klein und ganz dunkel. Die Frauen und Mädchen in gestrickten Hemden und leuchtenden roten Schürzen, die Männer tragen über der weißen Leinen-Hose einen hemdartigen Kittel, der durch einen doppelhandbreiten Ledergürtel festgehalten wird und darüber eine ärmellose Lederweste, das Haar tragen sie halblang rings um den Kopf rund geschnitten. Die Kinder haben sonderbarerweise flachsblonde Haare.

Den 1. Juli 1916.

Um 7 ½ Uhr sollte eigentlich Abmarsch sein. Doch durch einen Gegenbefehl sind wir noch den Vormittag in unserm gemütlichen Quartier. Aus einer einzigen Stube besteht solch ein Häuschen, in der jedesmal das riesige Ofengebäude einen großen Platz einnimmt. Die Burschen schlafen in dem Vorraum, in den man durch die Haustür zuerst hineintritt. Übrigens hat mein Bursche Bruno eine Entzündung des Handgelenks sich zugezogen und musste am Tage des Abmarsches ins Feldlazarett. Infolgedessen war ich froh, in Richard wieder einen Burschen zu bekommen, den ich nicht wieder anzulernen brauchte und der mir grade jetzt gute Dienste zu leisten versteht. – Ich selbst schlief auf dem Bett, einer breiten strohgefüllten, leider nicht ganz flohfreien Lade, Jonas auf der Erde, der Bauer am Ofen, der blonde hübsche Bube auf dem Ofen und die Frau wahrscheinlich unterm Dache. Es lebt sich ganz gemütlich in der sauberen, weißgetünchten Stube. An den beiden freien Wänden laufen Bänke unter den breiten, niedrigen – ganz modernen – Fenstern. Bunte Teller stehen in Reih und Glied auf den Borden. Auch fehlen die großen, eingerahmten Heiligenbilder nicht, die sich an der Wand unter der Decke hinziehen. Frau und Mann kochen, braten und backen den ganzen Vormittag! Und auch wir bekommen etwas zu kosten von dem flachen Maisbrot und dem Maismehlbrei a la polenta und den Pellkartoffeln. Sogar einen Braten haben sie im Backofen stehen. Vom Vieh haben sie nur noch Schweine im Stall. Kühe und Schafe sind ihnen vor wenigen Tagen von den Österreichern weggetrieben. Man dachte wohl daran, dies Gebiet vor den Russen zu räumen. Die Hühner kommen in die Stube, sobald sie Eier legen wollen. Die Bäuerin legt ihnen einen Sack und ein Ei unter die Bank und alsbald kommt das betreffende Huhn vorsichtig heran und setzt sich unter die BANK, ohne sich von den Menschen weiter stören zu lassen.

Im Schützengraben vor dem Dorfe Z.
Den 3. Juli 1916, 8 Uhr morg.

... Also liege ich in der schmalen Rinne, die mein Zug diese Nacht zwischen 12 und 3 Uhr vor dem gestern eroberten Dorf ausgehoben hat, ziemlich schutzlos preisgegeben sehr starker russischer Artillerie, die eben etwas nachgelassen hat. Gestern am Sonntag war der erste Kampftag. 13 km ist das Regiment vorgekommen. Hoffentlich finde ich noch einmal Zeit, diesen interessantesten Tag meines Kriegslebens zu schildern. Aber augenblicklich bin ich zu müde. Seit 30 Stunden habe ich auch nicht ein Auge zugetan. Und es wird wohl so weitergehen. Die schwersten Tage werden ja erst kommen. Gestern war unsere Kompanie in zweiter Linie. Wir hatten infolgedessen nur wenig Verluste. Zwei Leute meines Zuges wurden durch verirrte Geschosse verwundet. Und bis 12 Uhr ärgerte uns die Artillerie, bis sie dann schwieg. Ich habe während des Nachmittags das Vorgehen unserer beiden Bataillone beobachten können. Es war der Typ eines Bewegungskrieges, wie man ihn sich wohl immer wünscht. Allerdings zwei Kameraden vom Bataillon verwundet. Ich habe mich sehr gefreut, einen solchen Tag noch einmal erleben zu dürfen, wenngleich er der Anfang sehr heftiger Kämpfe sein wird.

Um 8 ½ Uhr haben wir unsern Graben verlassen und sind übers freie Feld ins Dorf zurückgelaufen, liegen augenblicklich hinter einer Mauer, während das Dorf fürchterlich behagelt wird und z. T. schon brennt. Und die Einwohner sind noch alle drin. Irgend eine neue Aufgabe wartet unser. Hpt. Stockmann ist ganz ausgezeichnet. Bessere Führung dürfte es nicht geben. Ich bin ältester Kompanieoffizier, da Sarnow die siebente führt. Wäre man nicht so entsetzlich müde! Man vergisst alles so schnell, was man gesehen und erlebt hat.

Z., den 3. Juli, 1 Uhr nachm.

Nun habe ich endlich einige wenige Stunden geschlafen. Noch immer liegen wir hinter einer Bruchsteinmauer, aus der das Unkraut herausquillt, um uns gegen den Schrapnellhagel, den die Russen über das Dorf ausstreuen, zu schützen. Doch schützt die Mauer nicht gegen die Mittagsglut, die der Himmel mitleidslos auf die Schlafenden herabsenkt. Wir sind aber doch froh, dass sie es so gut meint. Wie viel unangenehmer wäre Regen. Die zwei Züge unserer Kompanie, die heute um 8 Uhr aus der Schützenlinie herausgezogen wurden, sind dem Regiment als Reserve zur Verfügung gestellt worden, um etwaige Lücken der k. und k. Truppen, die links von uns angelehnt sind, auszufüllen. … [Zensurlücke.]
… Was mag wohl der Heeresbericht darüber sagen? Wir sind von allen Neuigkeiten abgeschlossen. Wir fassen die Russen, die vor K. stehen, in der Flanke. Vielleicht gelingt es uns, sie auf diese Weise abzuschneiden. Sie sind hier ja nicht so stark, darum gelang es auch, sie gestern zu überraschen und sie auf der ganzen Linie zu werfen.

Den 3. Juli 1916.

Liebe Elfriede!
Die Gedanken werden ganz absorbiert durch die großen Aufgaben, die mir gestellt sind, doch nachts, wenn ich unter dem freien Sternenhimmel liege, schicke ich auch Grüße an alle guten Geister meines Lebens. Ich muss es ohne Sehnsucht tun, denn hier zerrinnt jegliches Recht auf den Besitz dieses Lebens. Wie viel Gutes möchte ich Dir noch sagen, doch jetzt darf ich es nicht mehr. …

An die Marburger Studiengenossin.

Z., den 5. Juli 1916 morgens 8 Uhr.

Die Artillerie bekämpft sich schon lebhaft. Offenbar soll es einen heißen Tag geben. Seit dem 2. Juli sind wir im Gefecht. Am ersten Tage gleich 12 km vorgegangen südlich des Dnjester bei Olesza, das Dorf, das wir jetzt verteidigen, genommen. Am 3. Juli Gegenangriffe abgeschlagen. Gestern Ruhe wahrscheinlich wieder Versuche der Russen, das verlorene Gebiet zurückzuholen. Doch wir werden halten. Die Tage sind wieder hart geworden, schmieden aber um so besser. Der Bewegungskrieg ist doch viel interessanter als der Krieg in Frankreich!

Z., den 5. Juli 1916 morgens 8 Uhr

[Am Todestage!]

Gestern blieb es ruhig, vielleicht die Ruhe vor einem neuen, ernergischeren Sturm. Wir konnte den ganzen Tag in unserm Quartier bleiben und uns ausruhen. Des Nachmittags kam der Feldwebel mit der Feldküche, der Löhnung und der Feldpost. Endlich hatte man wieder Zeitungen und Nachrichten von Hause. Gegen 6 Uhr abends machten wir Zugführer mit dem Hauptmann einen Rundgang durch die Stellungen, die gerade erneuert und verbessert wurden. Die Stellung des Bataillons ist etwas vorgeschoben, um die Gesamtlinie zu verkürzen. Sie beginnt im Süden des Dorfes und zieht um das Dorf nach Osten hinüber. Die Stellungen wurden verstärkt durch Drahthindernisse. Unterstände und Annäherungsgräben sind natürlich noch nicht vorhanden. Die 8. Kompanie ist wieder Unterstützungskompanie. Wir müssen unseren Zug an gefährdeten Punkten einsetzen. Ich bekam einen selbständigen Auftrag und bin mit meinem Zuge gestern Abend in ein Haus gezogen, von wo ich den linken Flügel des Bataillons schnell erreichen kann. Ich soll gegebenenfalls die Flanke des Bataillons, an die die Honveds angelehnt sind, decken, sobald etwa die Honveds zurückgehen. Gestern Abend spät sah ich mir mit meinen 7 Gruppenführern die ganze Stellung und die Annäherungswege und Mulden an. Um 12 Uhr legte ich mich auf ein Sofa, das in dem sehr geräumigen Gutshause, in dem ein russischer Stab gelegen hat, noch vorhanden war und schlief einen schönen festen Schlaf. Heute um 7 Uhr begann das Konzert. Zuerst vereinzeltes Einschießen auf verschiedene Punkte, augenblicklich bereits lebhaftes Artillerieduell der beiden Parteien, die ihre Batterien aufsuchen. Ununterbrochen sausen die Geschosse über unsere Köpfe hinweg. Die deutsche Artillerie steht westlich des Dorfes. Schon kommen einige Brummer ins Dorf. Wenn das Feuer zu stark wird, werde ich das Haus verlassen und meinen Zug in einer Mulde vor dem Dorfe unterbringen. Es erscheinen schon Flieger, einer schießt mit Maschinengewehr in die Gräben. Das Wetter ist sehr sonnig. Am frühen Morgen schon sehr schwül. Ich versuchte schon früh, einige Zeitungen zu lesen. Sie sind zwar acht Tage alt, aber über Griechenland, Kabinett Boselli, unsere Kameraden am Styr etwas Neues zu erfahren, hat man doch nötig. Doch ist das nicht leicht. Man folgt unwillkürlich dem Artilleriefeuer, verfolgt die Abschüsse, zählt die Batterien, ordnet sie nach Kaliber, verfolgt ihre Ziele. Früher war das einem doch gleichgültiger. Jetzt verlangt die Sorge für den Zug volle Aufmerksamkeit auf die Entwicklung der Dinge. Es wird wohl ein heißer Tag werden. Jetzt beginnen sie mit der Beschießung der Gräben.

12 ½ Uhr mittags.

Das Feuer gegen das Südende des Dorfes wurde immer heftiger. Drei leichte und zwei schwere Batterien gossen ununterbrochen ihre Lagen dorthin aus. Ich hielt es jetzt für ratsam, das Haus zu verlassen, um nicht durch Volltreffer den ganzen Zug zu gefährden. Ich hatte mit dem Hauptmann schon gestern eine runde Mulde ausgespäht, in die ich den Zug in Schützenlinie legte. In diese ging ich nun durch einen kurzen Hohlweg hinunter. Um 10 Uhr begann das Infanteriefeuer. Ich konnte zwei ganz dichte russische Schützenlinien beobachten, die hintereinander gegen den rechten Flügel der Ungarn ankamen. Sie konnten offenbar von dem vor ihnen liegenden Abschnitt nicht gesehen werden, denn sie kamen in Schritt ruhig näher. Aber die Artillerie hatte sie bemerkt, legte Sperrfeuer davor. Ich staunte doch, als ich sah, dass sie zunächst ruhig ins Artilleriefeuer hineingingen. Als aber die Granaten und Schrapnells in den Linien selbst krepierten, stutzten sie doch; zuerst liefen einige, dann plötzlich die ganze Linie im Marsch-Marsch zurück hinter die schützende Höhe. In die zurückgehende Masse kam dann noch deutsches Infanterie-Flankenfeuer, so dass die Verluste nicht gering gewesen sein können. Alles dies spielte sich auf eine Entfernung von 500 m vom eigenen Graben ab. Ich sah, wie fünf Mann doch noch näher zu kommen suchten. Vielleicht Überläufer. Aber die kamen nicht weit.

Bei einem solchen Angriff nervös werden, ist gänzlich ausgeschlossen. Höchstens zittert man über die Kühnheit, mit der diese Leute ins sichere Feuer laufen. Wo die eigenen Linien bei uns und den k. und k. Truppen sozusagen gänzlich unversehrt waren, war Furcht und Nervosität gänzlich unbegründet. Von dort oben gesehen, wo man die eigenen Linien und den Gegner übersieht, kommt man aus dem Staunen einfach nicht heraus …

Vollendung

Olesza, 7. Juli 1916.

Sehr geehrter Herr Konsistorialrat!

Mit blutendem Herzen muss ich Ihnen die Nachricht bestätigen, die wir Ihnen schon gestern telegraphisch mitteilten, dass Ihr dritter und letzter Sohn nun auch sein junges Leben für das Vaterland dahingegeben hat. Das Vaterland verlangt viel! Was Sie verloren haben, wir wissen es. Er war der Stolz des Regiments, ein leuchtendes Vorbild seinen Soldaten, ein goldener Mensch, der noch viel, viel Gutes wirken konnte. Im persönlichen Duell gegen einen russischen Offizier, der ihm die Höhe, von der das Schicksal des ganzen Tages abhing, streitig machen wollte, fiel er durch Bauchschuss, der die große Körperschlagader zerriss. Er war sofort bewusstlos und verschied nach wenigen Minuten. Seine Leute schossen den russischen Offizier nieder. Ihr Sohn blieb sterbend Sieger. ... Hätte er die Stellung nicht bekommen, wäre die ganze Division aufgerollt worden und hätte zurückgehen müssen. Eben haben wir Ihren Sohn neben zwei andern Kameraden auf dem hiesigen Kirchhof bestattet. Der Div.-Kommandeur General Stehr war zugegen. Gott tröste Sie und Ihre Familie.

In herzlicher Anteilnahme und Mittrauer

Lüdecke, Oberstlt. und Regts-Kmdr.

Von demselben K. den 5. August 1916.

Der Vizefeldwebel, der nach dem Tode Ihres Sohnes die von ihm erstürmte Höhe weiter behauptete, hat das Eiserne Kreuz I. Klasse bekommen. Ihrem Sohne wäre diese Auszeichnung sicher gewesen. Zum Eisernen Kreuz II. Klasse war er schon vorher eingegeben worden. Nun hat er all diese äußeren Ehren und Auszeichnungen nicht mehr erlebt, aber er ist einen Heldentod gestorben, wie er nur wenigen beschieden ist und nachfolgende Geschlechter werden seinen Namen mit Bewunderung in der Geschichte des Regiments lesen. Ich verfolgte von dem Dorfe aus in großer Sorge das Vorgehen Ihres Sohnes mit seinem Zuge und fragte mich, wird er die Höhe noch erreichen, oder bekommt sie der Feind, der bereits ein ganzes Regiment hinter der Höhe zum Angriff bereitgestellt hatte. Aber er führte den Befehl aus, bis er seine Aufgabe erfüllt hatte und das alles bei einer Hitze, dass ein großer Teil der Offiziere und Mannschaften am Hitzschlag zusammen gebrochen war. Ich war am nächsten Tage an dem Punkt, wo Ihr Sohn gefallen ist. …

Solange wir in Olesza waren, habe ich sein Grab täglich besucht. Gott, ohne dessen Willen kein Haar von unserm Haupte fällt, noch viel weniger ein Mensch stirbt, weiß allein, weshalb er den lieben Menschen so früh abberufen musste. Vielleicht wird er ihn, der in Kleinem so treu war, noch zu Größerem gebrauchen.

Es grüßt Sie herzlich Ihr sehr ergebener Lüdecke.

Von Divisionspfarrer Seedorf.

G. den 11. Juli 1916.

Um die Jahreswende war es, wo ich Ihren Herrn Sohn kennenlernte: Das Bild ist mir unauslöschlich, ich habe noch am gleichen Abend meiner Frau brieflich schreiben müssen von dem feinen jungen Offizier, den ich da gefunden. Je mehr ich ihn dann kennenlernte, um so tiefer, versonnener leuchteten mir seine Augen. …

Dass die befohlenen Stellungen im Augenblick stärkster Gefährdung dem Regiment verblieben, ist nach den Worten seines Regiments- und Brigadekommandeurs jedenfalls Ihres Sohnes Verdienst, der sich rechtzeitig restlos einsetzte, »der Besten einer«. Die Nachricht von seinem Heldentode traf mich schwer; ich habe hinüberreiten können nach O., als sie ihn dort im Schatten der Kirche bestatteten. Dass ich dabei reden durfte von dem, der dem Tod die Macht genommen, dazu hatte ich das Recht von dem Heimgerufenen selbst.